U0821310

基本面分析与价值投资

FUNDAMENTAL ANALYSIS AND VALUE INVESTING

吕怀立◎著

中国财经出版传媒集团
中国财政经济出版社
·北 京·

图书在版编目（CIP）数据

基本面分析与价值投资 / 吕怀立著. --北京：中国财政经济出版社，2024.4

ISBN 978-7-5223-2950-5

Ⅰ. ①基… Ⅱ. ①吕… Ⅲ. ①会计报表－会计分析 ②企业－价值论－研究 Ⅳ. ①F231.5 ②F270

中国国家版本馆CIP数据核字（2024）第055273号

责任编辑：闫　娟　李肇晗　　　　责任印制：史大鹏

封面设计：陈宇琰　　　　责任校对：胡永立

基本面分析与价值投资

JIBENMIAN FENXI YU JIAZHI TOUZI

中国财政经济出版社 出版

URL：http：//www. cfeph. cn

E-mail：cfeph@ cfeph. cn

（版权所有　翻印必究）

社址：北京市海淀区阜成路甲28号　邮政编码：100142

营销中心电话：010-88191522

天猫网店：中国财政经济出版社旗舰店

网址：https：//zgczjjcbs. tmall. com

北京鑫海金澳胶印有限公司印刷　各地新华书店经销

成品尺寸：170mm × 240mm　16开　19.25印张　244 000字

2024年4月第1版　2024年4月北京第1次印刷

定价：58.00元

ISBN 978-7-5223-2950-5

（图书出现印装问题，本社负责调换，电话：010-88190548）

本社图书质量投诉电话：010-88190744

打击盗版举报热线：010-88191661　QQ：2242791300

序言

PREFACE

资本市场成熟的标志是什么？你可能从多个角度给出答案：有良好的经济面支撑；有便利的融资渠道；有成熟的机构投资者；有完善的经理人市场；有勤勉尽责的中介机构；有严格执法的监管部门；等等。除了这些，在我看来，一个成熟的资本市场还应该“富含以价值为导向”的投资理念。

价值投资就是以价值为导向投资理念的重要体现，在这一投资理念下，投资者旨在获取中长期投资收益，而不是短期的超额回报。价值投资是实业投资思维在资本市场的应用，对于价值投资者而言，他们追求资本的“稳健”增长，认为“投资者购买的不是股票，而是企业本身”。

价值投资者投资制胜的关键是掌握一套有用的投资分析方法，而基本面分析恰好是这么一种符合价值投资理念的分析方法。价值投资者通过分析与企业相关的各种基本面信息，包括宏观信息、微观信息，外部信息、内部信息，财务信息、非财务信息等，来预测企业未来的收益或现金流情况，据此判断企业的内在价值，并做出价值投资决策。

要想掌握基本面分析的基础方法，就要求我们站在股东和管理层的角度去分析企业内外部环境、思考企业战略决策、熟悉企业生产经营，了解企业家所想和所做。由于现代企业存在着管理层和股东之间的两权分离，管理层作为代理人，只能按照股东的利益行事，经营决策的目的是实现股东财富的最大化。因此，企业家的所想和所做，也代表着股东的利益。

本书从实现股东财富最大化的目标出发，提出基于价值投资的基本面分析框架——“五个钱”。任何性质或类型的企业在经营过程中都离不开这“五个钱”：“筹钱”“用钱”“挣钱”“有钱”和“值钱”。“筹钱”用于解决企业经营资金“从哪里来”的问题，是企业价值创造的起点；“用钱”用于解决企业经营资金“到哪里去”的问题，是企业价值创造的关键；“挣钱”用于衡量企业在一段时间内的经营所得，即会计上所说的“利润”，是企业价值创造的保障；“有钱”用于衡量企业经营的现金所得，是企业价值创造的源泉；最后，得到企业经营和价值创造的终极目标，即“值钱”。企业可以不挣钱，甚至也可以没有钱，但不能不值钱。这也是基本面分析和价值投资的最终目的。

近年来，本人为商学院财务会计专业的本科生讲授“财务管理”“企业财务报表分析”等课程，其中“企业财务报表分析”获批为“上海市重点课程”。同时，本人还为工商管理和财务会计专业的研究生讲授“公司理财”“财务报表分析与证券估值”等课程。在多门课程的讲授过程中积累了大量的专业知识，也逐渐形成了本书的知识体系。除此之外，本人近几年还系统开发了若干篇有代表性的教学案例，被“全国百篇优秀管理案例”等国内优秀案例库收录，涉及乐视网、康得新、中国恒大、比亚迪等公司。在持续不断的教学和案例开发中，本书的核心内容也日渐丰富，包括基本概念、逻辑框架、分析体系和关键指标等。

本书的内容囊括了多门课程的综合知识，有“会计学”“财务管理”“财务报表分析”“投资学”“金融学”等，这些课程也都是价值投资的基础。笔者期望基于“五个钱”的分析框架，将不同课程的关键知识点纳入进来，提出基本面分析的逻辑思路，从而服务于价值投资决策。

本书写作的目的不是让大家掌握投资制胜的法宝，而是让广大投资者逐渐了解和接受价值投资理念，在投资中养成分析企业基本面信息的习惯。对于会计、财务或者金融出身的专业人士来说，也许本书的内容看上去相对比较简单，未免觉得有些入门，那就权当茶余饭后的一本读物吧。但是对于非专业人士而言，里面还是涉及不少的专业术语，不失为一本掌握基本面分析和价值投资基础知识的有益书籍。

本书可以作为经济学、会计学、金融学、投资学等专业的本科生、硕博士研究生的科普、入门书籍，对于他们系统掌握会计、财务、金融领域的专业基础知识大有裨益。另外，本书也可作为商学院工商管理硕士（MBA）研究生的课程教材或课外读物，对于培养他们的财务管理思维和公司理财理念也很有帮助。当然，对于证券市场的投资者、财务分析人员、财务总监等实务工作者，本书也有利于提升他们的专业水平和财务管理能力。

书稿付梓之际，特别感谢在本书写作过程中给予无私帮助的众多专家学者。本书的写作得益于由上海大学总会计师苟燕楠教授组织学界和业界专家成立的“《公司理财》读书会”，我们每周讨论一次“公司理财”课程的内容。专家团队成员主要有上海财经大学的董静教授、上海大学的尹应凯教授和王晶晶副教授、上海浦发村镇银行的厉吉斌行长、渐健家医的财务总监何晓楠、维亚生物的财务主管李明等。本人在“读书会”的分享交流中获得了大量新颖的跨学科观点，不断丰富我对公司理财的认识，在此对上述专家学者表示感谢。也对我指导的研究生李安、陈琦雯、费佳慧、陈新璐和杨博文在本书的数据整理和分析中做出的卓越贡献表示感谢。

特别说明的是，本书所用的数据均为上市公司公开披露的财务数据，对其的分析仅作分析方法的举例说明，并非对企业进行投资价值的判断。本人试图采用通俗易懂的语言撰写一本专业书籍，当然，限于理论和实践水平，书中所提出的基本面分析方法可能不够成熟，甚至存在着不当之处，仅代表一家之言。但仍希望本书能够给资本市场的理论和实践工作者提供一些启发，成为有用的阅读和参考资料，同时也恳请各位读者对书中的不足之处不吝赐教。

吕怀立

2024年3月15日

目录

CONTENTS

第3章 基本面分析的逻辑框架 / 71

第4章 “筹钱”分析：企业价值创造的起点 / 93

第5章 “用钱”分析：企业价值创造的关键 / 126

第1章 / Chapter One

投资与价值投资

1.1 投资的目的

1.1.1 追求增长

如果有人问你，现代经济社会出现频率最多的词有哪些？“发展”“建设”“投资”“创新”“改革”“开放”“复兴”“现代化”“双碳”“数字化”“绿色转型”等等，这些词可能会出现在你的脑海中。当你仔细翻读这些词，你会发现它们都指向一个共同的目的，那就是追求经济的“增长”（Growth）。

关于经济增长的论述可以追溯到亚当·斯密的《国富论》，亚当·斯密将经济增长理解为劳动生产率的提高，认为劳动分工是其中的关键因素，分工能够带来更大的技巧、熟练程度和判断力，从而推动劳动生产率的提高。

如果从一个极长期的视角来审视经济增长，我们会发现经济增长在不同时代具有很大差异。表1-1显示了经济增长在一个极长时期内的变化，我们可以看出：（1）从公元0—1700年，全球经济增长极其缓慢、微乎其微，全球总产值年均增长率仅为0.1%；（2）在公元1700年以后，全球经济增长迅速提升，尤其是19世纪以来，年均增长率达到1.5%，进入20世纪更是高达3%（资料来源：托马斯·皮凯蒂《21世纪资本论》）。

表1–1 全球年均经济增长率

年份	全球总产值（%）	全球人口（%）	人均产值（%）
0—1700年	0.1	0.1	0.0
1700—2012年	1.6	0.8	0.8
1700—1820年	0.5	0.4	0.1
1820—1913年	1.5	0.6	0.9
1913—2012年	3.0	1.4	1.6

之所以在1700年之后全球经济增长如此之快，是因为欧洲在那之后发生了引起巨变的工业革命，带动全球经济快速增长。经济增长可以体现在多个维度，有农业生产、商品贸易、工业制造、技术进步等等。在工业革命之前，农业生产中自给自足的小农经济，日出而作、日落而息的农耕经济占据人们生产生活的大部分，而这些活动往往生产力低下，再加上时常发生的自然灾害、瘟疫、战争，导致经济的快速增长、财富的大量积累很难实现。而工业革命之后，由于劳动分工带来的社会化大生产，人们将经济活动由农业生产转移到工业制造中，快速提升了全社会的劳动生产率。

另外一个很重要的原因是公司制的出现。公司制作为聚合资本的重要载体，它的出现加速了资本的积累，并推动国民经济的快速发展。公司制的主要特点是采取有限责任（Limited Liability），有限责任是指公司股东最多以出资额为限对公司债务承担偿付责任，而不涉及股东个人和家庭财产。

股东以出资额为限承担有限责任，使得投资人在各项投资之间风险隔离，这有利于股东在投资失败之后没有后顾之忧，从而激发大众的创业热情。一个典型的例子就是上市公司乐视网（股票代码：300104.SZ，已退市）的创始人贾跃亭，虽然由于乐视网的大规模扩张导致经营不善，但贾跃亭的个人和家庭财产在一定程度上并没有受到太大影响，所以他还可以在国外重新开启自己的造车事业。

可以说，公司制的出现让资本插上了翅膀，实现了资本的爆炸式增长。美国通用电气公司、谷歌、苹果、特斯拉、Facebook等，日本的索尼、松下、丰田等，以及中国的百度、腾讯、阿里巴巴等都是世界范围内的著名公司，也是玩转资本的高手。

1.1.2 财富形态的变迁

随着经济的增长，世界财富形态发生了巨大变迁，伴随公司制的出现，这一变化更是翻天覆地的。公司制带来的财富形态最大的变化是过去以实物形态衡量的财富逐渐虚拟化、证券化了。试想在公司制出现之前，或者工业革命之前的封建社会时期，农场主、地主主要是以对土地、房屋的占有作为拥有财富的象征，而现在逐渐被虚拟化的金融资产取代。

股票、债券等金融资产作为财富的象征对经济发展具有诸多积极作用。首先，相比土地等实物资产，金融资产更易于变现和流通，也可以进行人为的分割和交换，这大大提升了资产交易和资源配置的效率。其次，在风险防范上，金融资产可以进行多种类型的组合，在产品选择上实现互补和共融，从而达到分散风险的目的。最后，也许是最重要的意义，它有利于有限责任制的推行，通过虚拟化证券的形式将投资人的个人财产与家庭、家族财产相分离，相比于实物资产既可行又可控。图

1-1列示了中美两国居民财富的构成及占比情况（截至2021年，数据来源：研究报告和统计年鉴）。

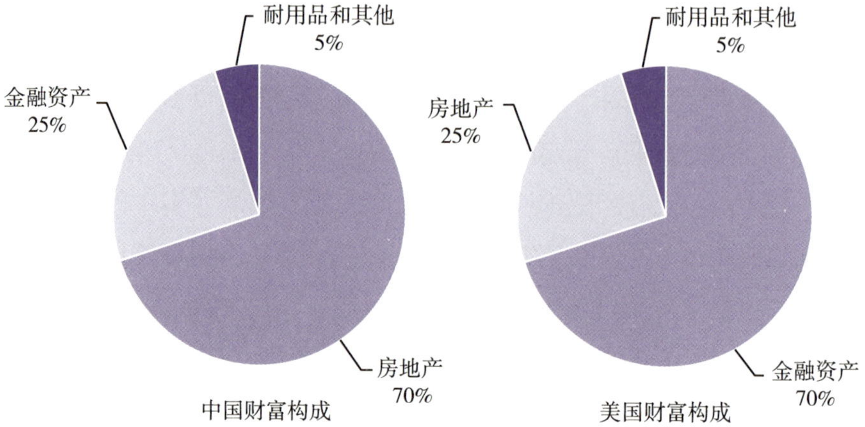

图1-1　中美两国居民财富的构成及占比情况

由图1-1可以看出，中美两国居民在财富形态的构成比例上存在着很大的差异。在中国居民财富的构成中，70%是房地产资产，而金融资产仅占25%；但美国居民财富的构成正好相反，70%是金融资产，而房地产资产仅占25%。随着我国经济的发展和资本市场的不断完善，居民财富的构成也会发生变化，金融资产在家庭资产配置中的占比将会得到持续提升。

1.1.3　货币时间价值

（1）追求增值是货币的天然属性

货币时间价值（Time Value of Money）是资本增值和经济增长的一个缩影，之所以有货币时间价值，是因为资本增值是一个不争的事实。也就是增值是资本的天然属性，没有增值的资本就是在毁损财富。马克思曾在《资本论》中这样表述，“资本必然追求价值增值，是资本在各种社会经济形态中所具有的共性”“资本家害怕没有利润和利润太少，就像自然界害怕真空一样”。因此，一旦有适当的利润，资本家就胆大起来，甚至敢于冒绞首的危险。

货币时间价值是指相同金额的货币在不同的时间点具有不同的购买力，随着时间的流逝，货币的价值会发生毁损。也就是今天的100元钱，与一年以后的100元钱相比，一定是今天的100元钱更值钱。举个例子，如果你在十年前花费100元购买一件衣服，那么在2024年，考虑其他条件不变的情况下，同样的一件衣服可能需要花费200元，这意味着相同金额的货币随着时间的推移，其购买力在下降。因此，货币时间价值就告诉我们，如果你有100元，那么今天它的购买力要高于未来！

货币时间价值源于资本追求增值的属性，理论上来讲，应该是先有资本追求增值，才会出现货币时间价值。每一份资本都在追求增值，没有增值的资本那就是在毁损财富。这既是一种社会规范，也是刻在我们每个人骨子里的价值观和社会信仰。

与货币时间价值相对应的另外一个概念就是折现（Discount）。既然随着时间的推移，相同金额的货币购买力在下降，那么未来一定金额的货币相当于现在值多少钱？这便有了折现和折现率的概念。折现是指将未来某一时点处的资金按照一定的折现率折算为现值的过程，即将一个未来值以一个折现率加以缩减的过程。

（2）两个常见的应用

在证券投资领域，有两个常见的货币时间价值的应用，即现值的计算，它们分别是复利现值（Present Value with Compound Interest）和年金现值（Present Value of Annuity）。复利现值是指在复利计息的情况下，未来一定时间的特定资金按复利进行折现计算的现在价值。假设一个投资者在N年后获得总金额为FV元的投资回报，那么他现在需要付出多少钱的初始投资？假设该投资者的年投资回报率为r。根据复利现值，我们可以写出以下计算公式：

$$PV=\frac{FV}{(1+r)^N}$$

在上式中，PV表示现值，FV表示终值，r表示折现率，N表示复利计息期限。举例来说，一个投资者预期两年后拥有的资金总额达到10,000元，在年投资回报率为10%的情况下，他现在需要付出的初始投资资金为：$PV=10,000/(1+10\%)^2=8,264$（元）。

另外一个货币时间价值的常见应用是年金现值。年金（Annuity）是指一系列有规律的、固定金额的，并且持续一定时期的现金收付款项。年金现值是在考虑货币时间价值的情况下，计算出的未来一段期间内每年给付或收到的年金现金流的折现值之和。

最常见的便是普通年金的现值。假设一个投资者站在当前，从下一年开始，在N年内每年收到固定金额为C元的年金现金流入。如果该投资者的年投资回报率为r，根据年金现值，我们可以写出以下计算公式：

$$PV=\frac{C}{(1+r)}+\frac{C}{(1+r)^2}+\frac{C}{(1+r)^3}+\cdots+\frac{C}{(1+r)^N}$$

在上式中，PV表示现值，C表示年金，r表示折现率，N表示复利计息期限。举个例子，一个投资者预期在五年内，从第一年末开始每年可以得到固定金额为1,000元的现金流入，在年投资回报率为10%的情况下，年金现值也即累计现金流入的现值之和为：$PV=1,000/(1+10\%)+1,000(1+10\%)^2+1,000/(1+10\%)^3+1,000/(1+10\%)^4+1,000/(1+10\%)^5=3,791$（元）。

当然，如果每年收到的固定金额的现金流入C是一系列没有止境的现金流，这就是永续年金（Perpetuity）。永续年金是一类特殊的年金形式，虽然特殊，但在证券投资中却会被经常使用，尤其是在企业价值评估中。根据普通年金现值的计算公式，我们可以将永续年金现值简单地写成：

$$PV=\frac{C}{r}$$

同样用上面的例子，如果一个投资者从第一年末开始每年得到固定金额为1,000元的现金流入为一个永续年金，在年投资回报率为10%的情况下，该永续年金的现值为：PV=1,000/0.1=10,000（元）。

虽然永续年金现值的计算公式看上去十分简单，却蕴含着一个非常朴素的投资哲理。举个例子来讲，假设一个企业家需要向你筹集一笔金额为10,000元的资金，并承诺每年给你1,000元作为投资回报，年年都有，直到永远……请问这10,000元的投资对你来说划算吗？

如果不了解永续年金的概念，你可能会觉得这是一笔非常划算的投资。但如果稍作思考，你可能会觉得不见得那么划算了。如果你的年投资回报率为10%，1,000元永续年金的现值正好为10,000元，这时你会觉得这笔投资还行，不赚不赔。但如果你是个投资高手，年投资回报率为15%，1,000元永续年金的现值为6,667元，远远小于你的初始投资10,000元，这笔投资对你来说就不那么划算了。所以说，看上去是十分诱人的投资项目，对于有些人来说，也许是一笔永远都无法收回的投资！

1.2 增长与风险

1.2.1 增长与风险的关系

在亚当·斯密之后，宏观经济学家开始用大量的数学模型来探讨经济增长的问题，有索罗模型、新古典增长模型、内生增长模型等。增长取决于资本、劳动、技术进步等因素，同时受到投资、消费、货币政策、财政政策、通货膨胀、失业等因素的影响。这些观点都是从宏观的角度对增长给出的理论解释。

在企业微观层面，增长往往取决于企业持久的竞争优势、技术创新、投资机会，或者企业家敏锐的洞察力、广泛的社会资源。这些因素都会推动企业的快速增长。作为一个创业者、企业家或者公司的大股东，在创办企业时需要投入大量的货币资本、人力资本或者技术资本，以推动企业为自己创造更多的财富。因此，创业企业家或公司的创始人会时刻关心着自己的资金是否充足，劳动力是否短缺等问题，以及企业的创新和研发技术是否能够帮助自己打败对手、立于不败之地。

在证券投资领域，投资者买卖股票等有价证券的目的也是追求增长，即自身财富的增加。实际上，追求财富增加的方式至少有两种：一种是创办实体企业，自己拿钱去挣钱，这要求实体企业的创始人要懂产业、懂实业；另一种就是把钱交给懂产业、懂实业，会挣钱的人去挣钱，买卖有价证券就属于第二种形式。

当然，增长不是一帆风顺的，也不是一劳永逸的，任何追求增长的行为都会存在着一定程度的不确定性，即风险（Risk）。举一个简单的例子，设想为了追求自身财富的增长，你选择自己拿钱去挣钱，比如创办一家实体企业，或者开一家超市，或者一个水果店，抑或是一家奶茶店，你会面临着诸多风险，有选址不当的风险、产品销售不佳的风险、食品安全风险、投融资决策风险等等。

风险是指某种不利事件发生的可能性，不利事件是那些以一个低于预期的回报发生的事件。可以看出，风险衡量的是一种可能性或者不确定性。因此，投资者对企业增长的判断往往是一个不确定的事情，我们通常将这种现象称为投资者的预期增长，即企业增长来源于投资者对于不确定性事件在将来某个时期变为确定性事件的预期。企业把不确定性事件转化为确定性事件的可能性越大，增长潜力越高。

虽然风险代表着增长发生的不确定性，投资者一般会厌恶风险，但风险并不那么可怕。实际上，在投资领域，没有风险才会十分可怕。风险可以看成是追求增长的必要条件，为了追求增长，投资者就必须承担一定程度的风险。风险伴随投资的整个过程，不会消失。

1.2.2 系统风险与非系统风险

风险不会消失，但可以通过投资组合进行转移和分散，也就是我们经常说的“不把鸡蛋放在一个篮子里”。在进行证券投资时，我们可以用一笔资金购买单只股票，也可以把这笔资金配置到多只股票上。相比于购买多只股票，购买单只股票的风险会很高。因为在股价下跌时，单只股票只会带来投资损失，而多只股票由于有的下跌有的上涨，反而会降低投资损失。

因此，根据风险的可分散或转移程度，我们可以将风险分成两类：不可分散风险和可分散风险。不可分散风险又叫市场风险，或系统风险（System Risk），是由影响大多数公司的系统性因素造成的，例如通货膨胀、经济衰退、货币政策、资本市场改革等。由于大多数公司受到这些因素的影响，因而分散投资不能消除市场风险。非系统风险（Unsystematic Risk），即可分散风险是由一些随机事件引起的，这些随机事件往往影响单个公司，比如法律诉讼、经营困难、签订合同、丧失市场等。由于这些事件是随机的，可以通过分散投资消除它们对投资组合的影响，一家公司的坏事件可以由另一家公司的好事件抵消。

可以说，系统风险是或多或少影响着大量资产的风险，非系统风险是特定地影响某一个资产或者某一类资产的风险。当然，系统风险和非系统风险之间的区别并不像我们理解得那样确切，有时候关于某个公司的特殊新闻也可能会波及整个市场，带来系统性风险。例如，2018年中兴通讯（股票代码：000063.SZ）受到美国的贸易制裁，虽然制裁事件只针对中兴通讯，但却波及全部的通信和信息技术产业，甚至整个资本市场都会受到影响。

前面提到投资组合可以分散风险，随着投资组合中个股数量的增多，证券投资的风险会逐渐下降。但是投资组合并不能让总风险降为0，因为虽然非系统风险可以通过投资组合来消除，但系统风险却无法消除。也就是随着证券个数的不断增加，非系统风险将会逐步下降并直到最终消失，但系统风险却不会减少。投资组合的风险和组合中个股数量的关系见图1–2。

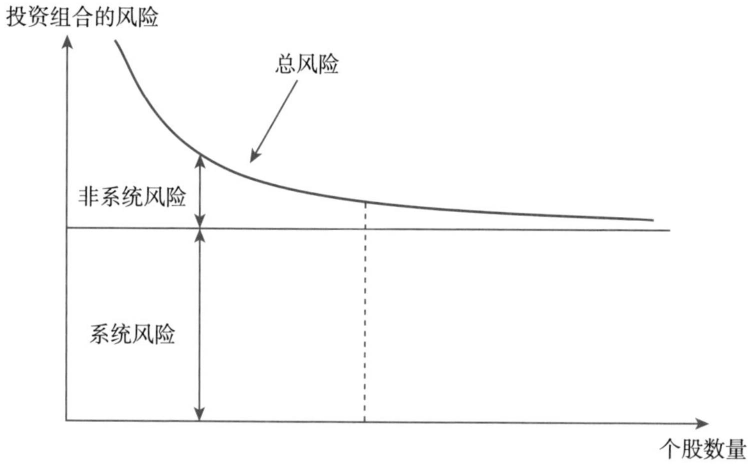

图1–2 投资组合的风险与组合中个股数量的关系

1.2.3 贝塔系数

在证券投资领域，一般用股票收益的波动率即方差来衡量风险。既然风险代表某一事件发生的不确定性，不确定性越大代表风险程度越高。这跟概率统计中的方差概念不谋而合，方差用来度量随机变量与其数学期望（即均值）之间的偏离程度。股票收益与其平均值的偏离程度越高，代表方差越大，不确定性越高，即风险越大。

另外一个衡量风险的指标就是贝塔系数（Beta Coefficient，β），它是一个相对风险的概念，因为风险往往需要在跟一个参照系的比较中才能确定相对大小。贝塔系数是衡量个别股票相对于整个股票市场的价格波动情况的指标，又称为风险系数。贝塔系数是衡量系统风险的指标，一般用以下公式来表示：

$$\beta = \frac{COV(R_E, R_M)}{\sigma^2(R_M)}$$

在上式中，$COV(R_E,R_M)$ 是资产的收益与市场收益之间的协方差；$\sigma^2(R_M)$ 是市场收益的方差，所以贝塔系数是个股与市场收益的协方差除以市场收益的方差。

我们可以将贝塔系数简单地理解为个股价格与市场价格之间变动的相对大小。贝塔系数为1时，表示市场价格变化时，个股价格会以相同的百分率变化；贝塔系数为2时，表示市场价格发生1%的变动，个股价格会呈现2%的变动；贝塔系数为0.5时，表示市场价格发生1%的变动，股票价格会呈现0.5%的变动。当然，更有甚者，如果贝塔系数为负值，表明市场价格上升时，反而个股的股票价格会下降。

因此，在行情上涨时，我们一般选取贝塔系数偏高的股票进行投资；而行情下跌时，一般选取贝塔系数偏低的股票，这样才能取得最佳收益。表1-2列示了国内主要汽车制造上市公司2021年的股票贝塔系数，我们采用当年的股票收益率和市场指数收益率计算所得。

表1-2　　主要汽车制造企业的贝塔系数（2021年）

股票代码	公司简称	贝塔系数
600213.SH	比亚迪	2.20
000957.SZ	长城汽车	1.80
000625.SZ	江淮汽车	1.71

续表

股票代码	公司简称	贝塔系数
601633.SH	福田汽车	1.67
600733.SH	长安汽车	1.48
601238.SH	广汽集团	1.32
600104.SH	东风汽车	1.30
600609.SH	北汽蓝谷	1.24
600166.SH	江铃汽车	1.03
000550.SZ	亚星客车	0.95
600686.SH	金龙汽车	0.90
600006.SH	中通客车	0.88
002594.SZ	上汽集团	0.79
600418.SH	金杯汽车	0.62
000980.SZ	众泰汽车	-0.02

1.3 风险与收益

增长会带来不确定性，不确定性会产生风险，为了弥补风险，投资者会要求一定的回报进行风险补偿，即收益（Return）。但是，风险和收益并不是孤立存在的，二者之间存在着必然的联系。类似于投资领域的一句名言："高风险高收益、低风险低收益。"

风险和收益相辅相成、协同存在，没有风险的收益是不存在的，同样没有收益的风险也是不被投资者接受的。天下没有免费的午餐，在资本市场更是如此！证券投资的真谛就是追求风险和收益之间的权衡。增长、风险和收益之间的关系可以用图1-3来表示。

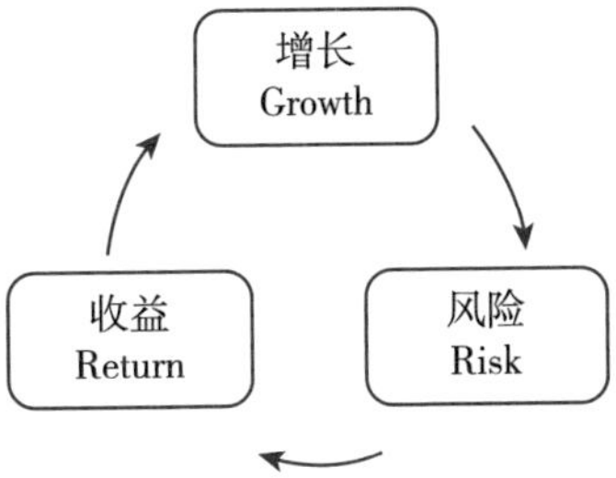

图 1–3　增长、风险和收益

1.3.1　非对称偿付与剩余索取权

在证券投资中，从广义上来讲我们可以把投资者划分为两种类型：股权投资者和债权投资者，即形成企业的股东和债权人。根据《公司法》的规定，股东是向企业出资，但出资额没有到期日，只能享受利润分红的出资人；债权人是向企业出资，但出资额有固定的到期日，能够获取利息和本金的出资人。对于股东而言，他们的主要权利是控制公司的权利，以及获得控制权收益的权利；对于债权人而言，他们的主要权利是获取利息和本金的权利，而对公司没有控制权。

股东和债权人二者的权利差异，可以用“非对称偿付”的概念加以理解。“非对称偿付”（Asymmetric Payment）是指股东和债权人在资金的偿付时间、偿付方式、偿付顺序上有很大差异。虽然股东和债权人都在追求“风险”和“收益”之间的平衡，但是现代公司法律制度将债权人对企业收益的求偿权置于股东之上。相比债权人，股东承担更多的风险，他们不能够像债权人那样到期收回本金，也没有利息可言。

股东的投资没有到期日，不需要公司偿付本金。债权人的投资有固定的到期日，需要公司在到期日偿付本金和利息，而且其求偿顺序早于股东。因此，二者之间的求偿权是非对称的，即非对称偿付。

由于存在着非对称偿付现象，导致股东享有公司的剩余索取权（Residual Claims），即分享企业剩余收益的权利，一般包括剩余收益权和剩余分配权。剩余收益权（Residual Earnings Claims）是指企业全部收入减去成本、费用和税金后的剩余全部归股东所有；剩余分配权（Residual Distribution Claims）是指股东对公司清算时的剩余资产有分配的权利。

在公司破产清算时，破产财产优先清偿破产费用后，按照职工工资、所欠税款、普通破产债权的顺序进行清偿，若还有剩余，再分配给股东。这便是股东承担的剩余索取权。公司破产清偿顺序见图1-4。

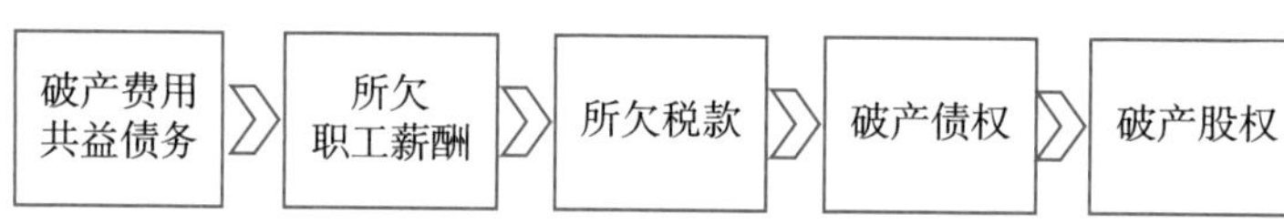

图1-4 公司破产清偿顺序

回想一下前面提到的有限责任概念，我们会发现剩余索取权和有限责任是相互对应的，剩余索取权看上去是一项权利，实际上是股东在破产清算时承担的一项义务，即将求偿顺序让渡给债权人。同样，有限责任看上去是一项责任，实际上是公司赋予股东的一项权利，只以出资额为限承担债务偿付的权利。这样来看，权利和义务才是对等的。

股东承担剩余索取权也意味着承担了剩余风险。理所当然地，他们会要求更多的风险补偿，即享受更高的投资收益率。因此，股东和债权人对待风险和收益的态度完全不同。对于股东来说，由于承担了更多的风险，他们更看重公司资产的增值能力，以帮助其实现财富的增加。而债权人更关注公司的资产是否处于保值状态，帮助他们到期收回本金和利息。

1.3.2 投资恒等式

无论是股东还是债权人，只要是提供资金进行投资，都要面临着风险与收益的权衡，即证券投资领域的那句名言：“高风险高收益、低风险低收益。”对于投资者而言，所期望获得的投资收益率可以用如下等式来衡量：

期望收益率 = 无风险收益率 + 风险溢价

即一项投资的期望收益率等于无风险收益率加上风险溢价。这个等式可以看作证券投资领域具有“公理”或“定理”性质的等式。我们知道，在自然科学领域有很多“公理”和“定理”，例如：数学中的“1+1=2”，物理学中爱因斯坦的质能方程“$E=MC^2$”。这个等式可以说是证券投资领域的恒等式。其中，期望收益率（Required Rate of Return）是指投资者投资某一项风险资产想要获得的回报率；无风险收益率（Risk-Free Rate of Return）是指该投资者把资金投资到没有任何风险的资产上所能够获得的回报率，比如把钱存到银行或者购买国债等；风险溢价（Risk Premium）是指投资者冒风险所得的收益与不冒风险所得收益之差，是投资者要求对其自身承担风险的补偿。

无论是对于股东还是债权人，这个等式都是适用的，只不过股东和债权人对待风险及其溢价的程度不同罢了。由于股东承担着剩余风险，因此他们要求的风险溢价会更高。

甚至在证券投资领域之外，这个等式也同样适用。例如：你为什么愿意拿出资金去开一家超市、水果店或者奶茶店，是因为对于你来说，开超市、水果店或者奶茶店所获得的收益要高于把钱存到银行收到的利息。把钱存到银行，你只能获得最低的、无风险的利息收入，而开超市可以获得额外的收益。当然，开办一家超市对于你来说也是一件具有风险的事情，选址不当、食品安全、商品积压、行政处罚等都是风险，都会要求一定的风险溢价进行补偿。

1.3.3 资本资产定价模型

对上述等式进行简单的变形，我们就得到一个在证券投资领域的经典模型：资本资产定价模型（Capital Assets Pricing Model，CAPM）。该模型是现代金融市场资产定价理论的支柱，广泛应用于证券投资领域。

实际上，资本资产定价模型跟我们的投资恒等式非常类似。根据资本资产定价模型，股票的期望收益率由两个部分组成：无风险收益率以及对所承担风险的补偿，即风险溢价。用公式的形式可以表示为：

$$R_E=R_F+\beta（R_M-R_F）$$

其中，R_E表示股票的期望收益率；R_F表示无风险收益率，一般用十年期国债收益率，或者一年期银行贷款利率或者五年期银行存款利率来代替；β 表示我们在前文所讲到的贝塔系数，又称为风险系数；R_M表示市场收益率，可以理解成整个大盘或者市场指数的收益率。

根据资本资产定价模型，如果将无风险收益率（R_F）看成一个固定常数的话，我们可以看出单只股票的期望收益率取决于两个因素：整个市场的收益率大小（R_M）和该股票相对于市场收益的风险大小（β 系数）。如果市场的收益率越高，而且单只股票相对于市场收益的风险越大，预示着该股票的期望收益率越高，因为投资者会要求更高的风险补偿。

假设我们知道当前市场的无风险收益率R_F，再知道 β 系数，以及市场收益率与无风险收益率之差（R_M-R_F），我们就可以计算一家企业的股票期望收益率。我们以新能源汽车企业比亚迪（股票代码：002594.SZ）为例，来计算其2021年的期望收益率。根据表1-2，比亚迪2021年的贝塔系数为2.2，那么其期望收益率R_E=2.77%+2.2×3%=9.37%，其中2.77%是无风险收益率，3%是市场收益率与无风险收益率之差。

我们可以看出股票的期望收益率与其贝塔系数的关系非常密切，贝塔系数本来就是用于衡量单只股票相对于市场大盘的风险大小，因此，贝塔系数越高，股票的期望收益率越大。汽车制造企业贝塔系数和期望收益之间的关系见表1-3，贝塔系数为2021年的指标值，采用当年的股票收益率和市场指数收益率计算所得，年化收益率是指下一年也即2022年的年度股票收益率。

可以看出，除了个别异常情况外，贝塔系数越高的股票，在个股价格变动与市场价格变动趋势一致的情况下，往往下一年度的年化收益率也越高。其中，众泰汽车（股票代码：000980.SZ）之所以在较低贝塔系数的情况下出现较高的年化收益率，是2021年该公司破产重整所致。

表1-3　汽车制造企业股票收益率与贝塔系数的对应关系（2022年）

股票代码	公司简称	贝塔系数	年化收益率
600213.SH	比亚迪	2.20	38.07%
000957.SZ	长城汽车	1.80	29.91%
000625.SZ	江淮汽车	1.71	42.46%
601633.SH	福田汽车	1.67	9.21%
600733.SH	长安汽车	1.48	–1.41%
601238.SH	广汽集团	1.32	15.80%
600104.SH	东风汽车	1.30	–26.98%
600609.SH	北汽蓝谷	1.24	15.57%
600166.SH	江铃汽车	1.03	–4.14%
000550.SZ	亚星客车	0.95	–8.84%

续表

股票代码	公司简称	贝塔系数	年化收益率
600686.SH	金龙汽车	0.90	-26.92%
600006.SH	中通客车	0.88	-35.05%
002594.SZ	上汽集团	0.79	-13.05%
600418.SH	金杯汽车	0.62	-6.98%
000980.SZ	众泰汽车	-0.02	370.37%

当然，资本资产定价模型看似简单，却是由一系列复杂模型推导而来，涉及投资组合、有效边界、最优投资组合、资本市场线等概念。为了不影响本书的简洁性和可读性，在此不再做详细介绍。

除了资本资产定价模型外，还有许多其他模型用于资产定价，代表性的模型有套利定价模型（Arbitrage Pricing Model，APT）、三因子模型（Three Factor Model）和五因子模型（Five Factor Model）等。套利定价模型认为影响资产定价的因素有多种，股票等有价证券的收益率是各种因素综合作用的结果，诸如GDP的增长、通货膨胀水平等因素都会影响到资产的收益率。三因子和五因子模型认为股票的收益率除了受到市场收益率的影响外，还受到公司规模、公司价值、盈利水平和投资风险等因素的影响。

上述模型是现代金融理论的基础，也是资产定价的核心。除此之外，还有多因子模型，认为之所以证券投资能够产生收益，是因为有定价因子在发挥作用。不同的因子会带来不同的超额收益，新发现的因子相对于已有因子产生的超额收益会更高。因为已有因子一旦被发现，投资者就会踊跃采用该因子进行套利，最后导致套利空间的消失。因此，在证券投资实务领域，会不断地有新的因子加入进来，以期获得证券投资的超额回报。

1.4 价值投资

1.4.1 企业价值

（1）价值与企业价值

价值（Value）是什么？价值是一种客观存在，还是一种主观感受？根据马克思主义的哲学观点，价值是凝结在商品中的无差别的人类劳动，就是生产一件商品需要花费多少功夫，也即标准化的人类劳动。这是一个非常客观的表述，强调了价值是一种无差异的客观存在。

但是，价值除了其客观性，还存在着主观性。价值是一种“有效”的观念，是主观假定、主观满意、主观兴趣或占有情感的表达，因此价值只存在于人类的意识中，而根本不存在其他的价值本源，也就是说，只有人类才是价值的感受主体。因此，我们可以认为，价值是人类对客观存在的主观感受，既具有客观性的一面，又具有主观性的一面。

我们要特别强调价值的主观性，对于同一个事物，每个人心目中都有一个专属于自己的价值！

有了价值的概念，我们就很容易理解企业价值了。企业价值可以理解成凝结着整个企业的无差别的人类劳动，这些人类劳动是由资本提供或推动的，因此企业价值是指企业为其资本提供方创造的所有财富的总和，当然这些财富既包括现在的，也包括过去的，更包括未来的，资本提供方包括股东，也包括债权人。实际上，企业价值更多表现为资本提供方，即投资者对于企业未来创造财富的预期。预期越高，价值越大。

由于股东和债权人均具有企业价值的索取权，因此企业价值又可分为股权价值和债权价值。我们在前文已经提到，股东和债权人对于价值的诉求并不一致，股东看重其资本的增值能力，而债权人更看重保值能力。相对于保值能力，企业为其股东提供的资本增值能力空间越大，其价值越高。因此，为股东创造价值，实现股东财富的最大化，才是企业价值的核心。

（2）企业价值的分类

在证券投资领域，我们会经常碰到五个常见的与企业价值相关的概念：经济价值、内在价值、会计价值、账面价值和市场价值。

第一，经济价值（Economic Value）。经济价值是企业在经济意义上所表现出来的价值，是投资者愿意为企业支付的最高价格或金额，它是一个企业的整体价值的概念。企业作为一个整体所表现出来的价值总和，就是经济价值。它是企业最本源的价值。那些可以用货币计量的资产，例如存货、固定资产，可以构成经济价值；那些不能或无法用货币计量的资源，例如企业的员工学历、高管背景、社会关系等，也可以构成经济价值。经济价值是一个最为广泛的概念，强调了企业能够给投资者带来的所有经济利益的总流入。

第二，内在价值（Intrinsic Value）。内在价值是企业自身所具有的价值，它是一种客观存在的、内在固有的价值，也是一种本源的价值。可以将内在价值理解成经济价值的内在体现，价值评估中所估计的价值就是企业的内在价值，也是一种理论上的价值。决定企业内在价值的基本变量不是企业过去给投资者创造的财富、带来的收益，而是企业未来能够给投资者创造财富的能力。当然，企业未来创造财富的能力跟过去的能力相关，但也可能不相关。企业未来给投资者创造财富的能力越强，企业的内在价值越高。

第三，会计价值（Accounting Value）。与经济价值相比，会计价值是较小的一个概念，它是根据会计的计量属性和确认规则所核算的价值。虽然说会计是企业的语言，但这一语言并不能表达企业的所有。实际上，会计价值源于会计的货币计量这一重要的假设前提，即会计上所反映的资源是采用记账本位币（元、美元、欧元等）作为单位来计量和记录。会计价值反映的是能用货币衡量的企业资源所带来的价值，也是企业财务报表中所列示的价值。因此，会计价值的范围相对于经济价值就显得比较小了，因为并不是所有的企业资源都能够用货币来衡量。比如，企业的人力资源和社会资源等，拥有的高素质和高学历的员工，依靠的政府资源，品牌资源等。

第四，账面价值（Book Value）。账面价值是比会计价值更小的一个概念，是根据企业过去的交易或事项进行的账面计算，所以账面价值反映的是企业过去的情况。账面价值有广义和狭义之分，广义的账面价值是企业会计账上的价值，企业每一项资产、每一笔借款和每一笔投资都具有账面价值。但狭义的企业账面价值是归属于股东的价值，即账面上所能反映的股东总财富，又称为账面净资产或者所有者权益。

第五，市场价值（Market Value）。又称市场价格，是指企业及其资产在市场上通过买卖交易而呈现出来的价值，它是买卖双方竞价后产生的双方都能接受的价格。市场价值是与内在价值相对应的一个概念，内在价值与市场价值有密切关系。可以理解成市场价值是企业内在价值的市场表现。如果市场是有效的，即所有资产在任何时候的价格都反映了公开可得的信息，则内在价值与市场价值应当相等。如果市场不是完全有效的，一项资产的内在价值与市场价值会在一段时间里不相等。

综合以上分析，我们可以将内在价值和经济价值看成同一个概念，它们既是企业价值评估中所要评估的价值，也是一个企业或一项资产的本源价值。市场价值就是一个企业或一项资产拿到市场上出售所表现出的价格，它是买卖双方所能够接受的心理价位。会计价值只是价值的一小部分组成，是那些仅能够用货币计量的价值。许多构成经济价值或内在价值的要素，可能并没有会计价值，因为在会计中它们无法用货币进行计量，例如企业的员工学历、高管背景、社会关系等，这些资源要素长期来看肯定能够为企业带来经济利益，但根据会计准则的要求，它们无法用货币进行计量，所以不构成会计价值。账面价值就是那些归属于股东的账面会计价值。

在这里，我们要注意内在价值和会计价值、账面价值之间的关系，可以将二者理解成一种包含关系，即内在价值包含会计价值和账面价值，如果用一个等式来表示，可以理解成：

内在价值＝会计价值（或账面价值）＋市场溢价

即，企业的内在价值等于能用货币计量的会计价值或者账面价值，加上一个市场溢价构成。市场溢价源于那些无法用货币计量的经济价值，以及虽然能用货币计量但账面价值与市场价值不一致的部分。企业价值的分类形式及主要特征见表1–4。

表1–4 企业价值的分类形式及主要特征

价值形式	特征	属性
经济价值	企业的整体价值，本源价值	所有经济利益的总流入
内在价值	企业的固有价值，本源价值	企业未来能够给投资者创造财富的能力
会计价值	能用货币计量的、企业财务报表中所列示的价值	反映历史的价值
账面价值	账面上所能反映的股东总财富	账面净资产或者所有者权益
市场价值	企业的市场价格，即内在价值的市场表现	反映现在的价值

1.4.2 投资者的类型

根据企业价值的定义和分类，我们认为证券投资就是找出那些内在价值高于市场价值（即价格）的公司股票，并进行证券买卖的行为。

在证券投资中，投资者是在跟整个资本市场进行博弈。面对股票的市场价值，投资者往往只能被动接受或者拒绝市场价值。如果公司股票的市场价值高于内在价值，预示着股票价值被高估，这个时候投资者会拒绝市场价值，即不购买该公司的股票；反之，如果公司股票的市场价值低于内在价值，预示着股票价值被低估，此时投资者会接受市场价值，选择购买该公司的股票。

当然，由于价值具有主观性的一面，虽然内在价值是企业固有的、本源的价值，但每个投资者心目中都有一个特定的价值认定。例如，一家公司的股票，其内在价值假设是50元，但是有些投资者认为它值52元，而另外一些投资者认为它值48元，这就产生了投资者之间主观感受的分歧。

就是因为存在着投资者主观感受的分歧和不一致，才会产生股票的买卖行为。一只股票，有人认为它被低估了，才会买进，而有人认为它被高估了，就会卖出。

除了企业价值的定义和分类外，我们还要了解证券市场上投资者的类型。在证券投资中，除了股权投资者和债权投资者的划分外，我们还可以有多种分类方式，例如从投资者对风险容忍的角度，可以划分为敢于冒风险的风险型投资者和不愿意冒风险的保守型或稳健型投资者；从投资者对投资知识的运用程度，可以划分为成熟的投资者和“幼稚”的投资者，也可以划分为积极的投资者和消极的投资者，甚至比消极的投资者还要消极的凭直觉的投资者；对于成熟的投资者或者积极的投资者，从投资者对投资技术的利用差异，又可以划分为价值投资者和技术投资者。

（1）成熟投资者

成熟投资者（Sophisticated Investor），是指拥有丰富的投资知识，包括金融、财务、会计、证券投资、经济管理，甚至法律等领域的专业知识，能够熟练运用证券投资技术和工具，能够经常跑赢大盘或者获取超额投资收益的一群投资人。成熟投资者既可以是机构投资者，也可以是个人投资者，机构如证券公司、基金公司、保险公司等，个人如沃伦·巴菲特、查理·芒格、乔治·索罗斯，或者量化交易之父詹姆斯·西蒙斯，以及他们所创立的投资基金。

（2）积极投资者

积极投资者（Active Investor），是一个与成熟投资者相类似的概念，用来表明投资者针对投资标的的态度。积极投资者在投资中持有积极应对的态度，针对投资标的会进行主动分析而不是被动接受。与之相对应的就是消极的投资者（Passive Investor）或凭直觉的投资者（Intuitive Investor），他们往往认为自己是市场价格的接受者，针对投资标的的市场价格不是主动分析而是被动接受，甚至是凭个人直觉进行投资。

（3）价值投资者

价值投资者（Value Investor），是成熟投资者或者积极投资者的一种类型，较多地采用财务会计、经济金融等领域的专业知识，以企业价值分析为核心，并采用相应的方法和手段进行选股投资的一群投资人。对于价值投资者而言，通过选取有投资价值的行业或企业来赚取投资收益，他们赚取的是公司内在价值的增值。价值投资者秉持着实业投资的理念，他们认为“买股票就是买企业”。价值投资者一般是中长期投资者。

（4）技术投资者

技术投资者（Technical Investor），是指采用技术分析方法，运用市场择时手段进行证券投资的一群投资人。技术投资者认为市场不是完全有效的，股票交易价格是有迹可循的，未来的股票价格可以根据历史的价格走势来推断和预测。他们关注股票价格的波动和市场趋势，通过技术分析来判断买入和卖出的时机。技术投资者往往以短线投资者居多，追求短期的高额收益。高级的技术投资者也被称为量化交易者（Quantitative Investor），是指采用量化分析工具进行投资的专业人员。

1.4.3 什么是价值投资？

（1）证券投资的两种分析方法

在证券投资中，对于成熟的理性投资者来说，往往有两种常见的投资分析的策略方法，分别是基本面分析和技术分析，对这两种方法不同程度的应用就构成了投资者的不同类型。

基本面分析（Fundamental Analysis）是投资者采用基本面信息对投资标的企业进行分析的方法。基本面信息包括宏观经济的基本面、行业基本面和企业基本面信息，例如宏观经济运行态势、行业发展前景和企业基本情况等信息。宏观经济运行态势和行业发展前景反映企业所处的整体宏观经济环境、国家政策环境和行业环境等，宏观环境与公司的股票价格及其变化密切相关，这也是形成证券投资系统风险的关键因素。企业尤其是上市公司层面的基本面信息包括财务状况、盈利状况、市场占有率、经营管理体制、公司治理、人才构成等各个方面，这也是形成非系统风险的主要因素。

技术分析（Technical Analysis）是指以市场行为为研究对象，以判断市场趋势并跟随趋势的周期性变化来进行股票投资的方法。技术分析认为市场行为会包容消化一切信息，价格以趋势方式波动，历史会重演。技术分析认为证券价格的变化是有迹可循的，证券的过去交易活动和价格变化是未来价格变动的基础。常见的技术分析手段有K线值法、道氏理论、波浪理论、江恩法则等。基本面分析和技术分析的区别主要表现在：

第一，基本面分析注重分析影响股票价格的基本面因素；技术分析注重分析股票价格本身的变化规律。

第二，基本面分析立足于未来，利用对经济发展的预测分析股价的变动走势；技术分析着眼于过去，用股价的历史走势来分析预测未来变化。

第三，基本面分析主要解决投资对象的选择问题；技术分析主要解决投资时机的选择问题。

第四，基本面分析着重分析股市的长期变动趋势；技术分析主要分析股市的短期波动。

第五，与基本面分析相比，技术分析的种类更多，分析角度更为广泛，分析难度也更大。

第六，基本面分析注重运用财务、会计与金融领域的知识；技术分析注重运用统计、计量和计算机领域的知识。

（2）价值投资及其基本理念

有了关于分析手段、投资策略和投资者类型的界定，我们便很容易理解价值投资。价值投资是以基本面分析为投资策略的分析手段，以追求中长期收益为目的的投资方式。价值投资可以看成是实业投资在股票市场上的应用，对于价值投资者而言，他们往往坚持的投资理念是“购买的不是股票，而是企业”，他们追求资本的“稳健”增长。

因此，价值投资者在选择投资标的时要充分运用基本面分析手段，对企业的基本面信息进行深度分析，包括企业的财务状况、业务情况、运营现状，以及企业所处的宏观环境、行业现状和发展前景等。

价值投资要求投资者采用基本面分析的投资思路，并且秉持着“买股票就是买实体企业”的投资理念。价值投资被认为是实业投资在证券市场的延续，投资者购买一家企业的股票就是把资金交给这家企业去经营，即成为公司的股东。

试想，作为一家公司的股东，你会特别关注公司的哪些方面？无外乎企业的经营范围、产品特性、产业链地位、财务状况、公司治理结构、行业政策环境、竞争地位和优势等等，这些都跟企业长期的发展能力相关，从而保证为股东带来持续稳定的投资回报。

价值投资要求投资者“追求稳健地增长”，即追求一个较为稳健的投资回报，而不是一味地追求资金几倍、几十倍的增值。根据前文所述，对于投资者而言，虽然证券投资的目的是在追求“增长、风险和收益”之间的权衡，即投资者为了追求财富的增长，把初始资金投资到有风险的资产中，从而获得一定的收益。但是，对于价值投资者而言，“稳健”的意思是不要高估财富增长的速度，从而盲目地将资金投资到高风险的项目。

对于价值投资者而言，需要做到“不要为增长付太多的钱”，这也是价值投资的基本原则。之所以“不要为增长付太多的钱”，是出于以下几个方面的原因：

第一，投资者所认为的增长往往并不可靠。投资者在证券投资时会特别关注公司的利润指标，但往往存在着一个投资误区，认为只要公司实现了大额利润一定会出现股票价格上涨。例如，一家公司公布今年实现了2个亿的净利润，但公布后并不一定出现股价上涨，甚至会出现下跌，因为这家公司去年实现了5个亿的净利润。即便是去年实现了5,000万的净利润，股价也不一定上涨，因为同行业公司都实现了5个亿的净利润。这家公司与同行业相比还是增长不足。因此，证券投资的目的不是在跟自己博弈，而是跟整个市场进行博弈，即打败市场（Beat the Market）。

第二，投资者所认为的增长往往并不真实。虽然基本面分析是价值投资者所依赖的基本分析方法，但基本面分析所依赖的公司财务数据却均是由过去的交易或事项产生的，这一数据往往存在着并不真实的特点。一方面是因为过去的交易和事项容易造假，一家公司公布今年实现了2个亿的净利润，但可能是通过造假做出来的，虽然相比去年5,000万的净利润增长不少，但这一增长并不真实；另一方面，即便财务数据没有造假，但也只代表过去的、历史的增长情况，未来受到多种因素的影响，也许增长并不可持续。

第三，投资者所认为的增长往往存在陷阱。在计算增长率时，我们经常混淆算术平均增长率和几何平均增长率的概念，导致出现增长陷阱。例如，一家公司公布今年实现了2个亿的净利润，去年实现了1个亿的净利润，而前年实现的净利润还是2个亿。因此第一年损失了50%=（1−2）/2，第二年赚取了100%=（2−1）/1，如果计算算数平均增长率，应该是（−50%+100%）/2=25%！但是，如果计算几何平均增长率，我们会发现从前年到今年，净利润都是2个亿，并没有实现增长，即增长率为0。

因此，价值投资需要做到“不要为增长付太多的钱”。为了追求稳健的增长，价值投资者在购买股票时，会选择那些价格低于内在价值的股票，甚至是远远低于。价格低于内在价值，代表着股票价格被市场低估，预示着投资者花较少的钱买了一只内在价值较高的股票，未来具有增长的潜力。虽然有时候价值投资也可以做到几倍、几十倍的资本增值，但作为一个价值投资者，要特别重视稳健投资的重要意义。

第 2 章 / Chapter Two

价值投资的财务报告基础

2.1 财务报告

2.1.1 为什么要披露财务报告?

（1）两权分离的产物

现代企业制度的一个典型特征就是两权分离，即所有权与经营权的分离（Separation of Ownership and Operation Rights）。股东拥有资本的所有权，并把资本委托给企业的管理者进行运作和经营。管理者作为代理人，拥有资本的经营权或者控制权。资本虽然为股东所有，但被管理者经营和控制，这就产生了两权分离现象。公司的组织结构如图2-1所示。

管理者充当着企业看门人（Gatekeeper）的角色，他们代表着公司股东的利益，按照股东的要求和目的行事。股东把资本投入企业，要实现资本的增值，即股东财富的最大化。管理者既然按照股东的利益行事，就要帮助股东实现财富的最大化。

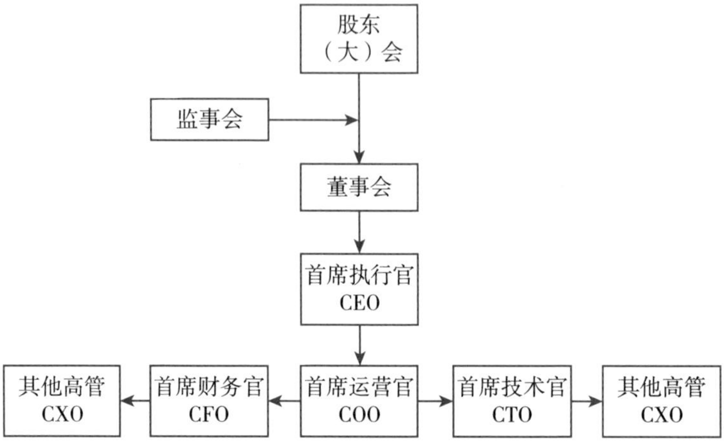

图2-1　公司的组织结构

两权分离带来的最大麻烦是导致股东与管理者之间出现信息不对称现象（Information Asymmetry）。管理者拥有企业日常经营的所有信息，但股东并不掌握。看门人也是人，他们往往拥有我们人类身上的一切惰性和缺点，导致管理者有时候并不那么听话，也没有代表股东的利益行事。

第一，管理者存在着在职消费现象。在职消费（Perquisite Consumption）是公司管理层获得的除工资薪酬之外的额外收益，包括私人用房、用车，公款消费、娱乐、旅游，私人报销等等。在职消费是公司管理层和股东之间的重要的委托代理冲突，会损害股东的利益。管理层的在职消费水平越高，企业价值往往越低。

第二，管理者存在着帝国构建现象。帝国构建（Empire Building）是管理层为了自己的私人目的而违规构建商业帝国的现象。虽然表面上在不断地做大做强企业，但往往通过过度举债、过度投资、多元化经营等方式来实现，最终损害股东的利益。更有甚者，管理者构建自己的私人小帝国，把企业的资源转移到自己名下的公司，危及股东利益。

第三，管理者存在着盈余操纵现象。盈余操纵（Earnings Manipulation）

或盈余管理（Earnings Management）是指管理层操纵、粉饰或者调节利润的行为，以实现自身利益最大化的目的。在管理层与企业订立契约时，往往将个人收益与企业业绩相挂钩，因此管理层为了获得更多的福利报酬，而选择做多企业利润。当然，管理层有时为了特殊目的而选择做低利润，俗称“洗大澡”（Big Bath）。

（2）受托责任观

股东作为委托人，管理层作为代理人（又称为受托人），二者之间存在着委托代理关系，管理层需要按照股东的意愿行事。受托责任观（Commission Responsibility View）认为受托人有责任确保自己的行为与委托人的意愿一致，受托人需要向委托人披露信息以反映受托责任的履行情况。可以说企业运营中的所有责任都属于管理层应该担负的受托责任，主要有合理使用资金的责任、管理企业资产的责任、实现资本保值增值的责任、真实披露信息的责任、遵纪守法的责任等等。

因此，受托责任观特别强调受托人要向委托人披露真实、可靠的信息，从而有助于股东了解企业的经营情况，缓解信息不对称，对管理层的行为起到一定的监督作用。

（3）定期披露与非定期披露

为了解决由于两权分离带来的委托代理冲突，股东一般要求管理者向其披露信息以降低企业外部人和内部人之间的信息不对称程度。对于上市公司，股东要求管理者提供的信息披露方式多种多样，主要可分为定期披露和非定期披露两种。

定期披露的报告主要包括年报、半年报和季报等。对于年报和半年报，上市公司还会定期披露报告摘要，即将年报和半年报中的关键信息摘录出来进行披露。

定期披露有特定的披露时间要求。根据规定，上市公司应当在会计年度结束后4个月内，即最晚于4月30日前披露年度报告，应当在会计年度的上半年结束之日起2个月，即最晚于8月31日前披露中期报告。对于季度报告，上市公司应当在每个季度结束后的1个月内向市场披露，即第一季度报告最晚于7月31日前披露，第三季度报告最晚于10月31日前披露。

相对于定期披露，上市公司非定期披露的信息更是多种多样，主要包括公司重要的投融资情况、大股东的股权质押和股份解禁情况、投资者关系和机构投资者的调研情况、独立董事的履职情况、管理层的任命和变更情况、股利政策情况等等。

无论是定期披露，还是非定期披露，只要影响到投资者做出投资判断的信息，都属于有用信息，都应该向市场披露。

2.1.2 财务报告的基本结构

（1）十个组成部分

从广义上讲，所有的定期披露报告都可以称为财务报告，包括年报、半年报和季报等。财务报告有特定的格式要求，以年度报告为例，对于上市公司而言，财务报告的基本结构一般包括十个重要组成部分。

第一节，重要提示、目录和释义。这部分内容相对比较简单，主要披露报告期内公司重要风险和重要事项的提示，以及年度报告目录和一些简写、简称的内容释义。重要风险主要包括未来发展战略执行中的风险、关联方资金占用和对外担保的风险等；重要事项主要指股利分配的事项等。

第二节，公司简介和主要财务指标。这部分包括两个方面的内容，一是公司基本情况简介，例如公司注册地址、董事会秘书及其联系方式、信息披露的网站和媒介、业务范围及变更情况，以及事务所和审计师信息；二是关键的核心财务数据，主要是一些绝对指标及其变化情况，例如营业收入、净利润、扣除非经常性损益的净利润、经营活动产生的现金流量净额、总资产、净资产等，以及这些指标的分季度数据及其变化情况。

第三节，管理层讨论与分析。主要包括三个方面的内容，一是公司所处的行业及发展前景、公司从事的业务、公司所具有的核心竞争力和优势；二是跟公司业务相关的主要经营数据，例如营业收入和营业成本的分产品、分区域、分销售模式的明细，前五大客户和供应商的名称、销售额和占比等信息，研发投入和研发人员情况，资产负债表相关科目的重大变化情况等；三是公司主要的控股、参股子公司的信息，未来的经营计划和发展前景，以及机构投资者的调研情况等。

第四节，公司治理。披露有关公司治理的信息，主要包括三个方面的内容，一是跟公司治理、内部控制相关的制度文件情况，股东大会和董事会的召开情况；二是公司董监高的个人简介和薪酬情况，董监高对于董事会和股东大会等重要会议的出席情况，股权激励情况，公司员工和员工持股计划情况等；三是内部控制建设情况，内部控制自我评价报告和审计报告情况。

第五节，环境和社会责任。披露报告期内公司的环境和社会责任信息，包括两个方面的内容，一是环境责任，例如上市公司及其子公司、分公司有关废水、废气、噪音等污染物或有害物的排放情况；二是社会责任，披露对外捐赠、扶贫或乡村振兴等有关的信息。

第六节，重要事项。披露报告期内会影响到投资者投资决策的公司重要事项，这些重要事项有十几类，代表性的有：公司IPO和再融资、并购重组和再融资的承诺情况、控股股东资金占用情况、会计师事务所的聘任和解聘情况、重大诉讼和仲裁事项、重大关联交易事项、重大对外担保事项，以及有关子公司的重要事项等。

第七节，股份变动及股东情况。主要披露公司的所有权结构情况、股东构成及其股份变动情况、公司前十大股东和前十大流通股股东的持股及其变动情况等。

第八节，优先股相关情况。主要披露报告期内公司优先股的发行情况，包括优先股的发行价、票面股息，以及前十名优先股的股东情况，优先股的股利分配情况等。

第九节，债券相关情况。主要披露报告期内公司信用类债券的发行情况，包括公司债券的基本信息，例如发行起始日和到期日、票面利率、发行金额、付息方式等，债券发行的承销商、事务所等中介机构，以及债券的募集资金使用用途等。

第十节，财务报告。包括审计报告、财务报表和报表附注，这是公司定期披露报告中的核心内容，也是狭义上我们通常所讲的财务报告。

（2）财务信息和非财务信息

根据上述十个方面的内容，我们可以将财务报告披露的信息划分为两大类：财务信息和非财务信息。财务信息是指与财务数据、财务指标、财务报表相关的信息，是由企业过去的、历史的交易或事项产生的，确定的、既定的信息。财务信息一旦确定一般不能随意修改，又被认为是企业的硬信息（Hard Information）。非财务信息是指那些与战略性、前瞻性、预测性相关，表征企业未来发展空间和发展方向的信息，具有较强的主观性，往往又被称为企业的软信息（Soft Information）。

财务信息和非财务信息同属于企业的基本面信息（Fundamental Information）。随着时间的推移，非财务信息通过转化形成财务信息。因此，对于价值投资者而言，一家企业是否值得投资的关键是判断其将非财务信息转化为优质的财务信息的能力。

财务硬信息和非财务软信息共同决定企业价值，如果将二者对应起来，可以看出，财务信息决定企业价值中的账面价值，非财务信息影响着企业价值中的市场溢价部分。账面价值和市场溢价共同构成了企业价值的整体。财务报告和企业价值之间的逻辑关系见图2-2。

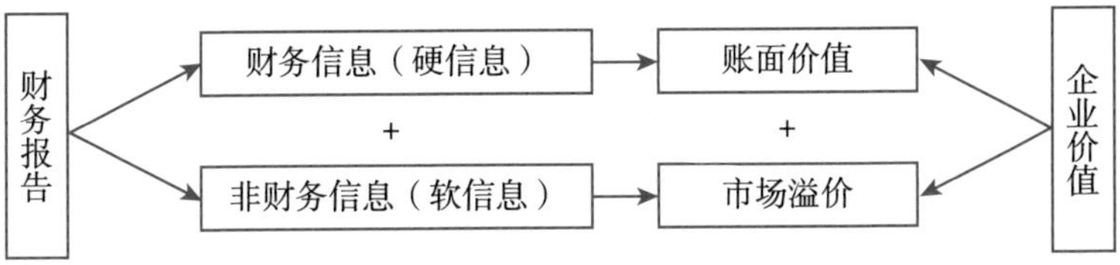

图2–2 财务报告和企业价值之间的逻辑关系

2.2 审计报告

2.2.1 审计意见的类型

审计报告是财务报告的核心内容之一，根据规定，上市公司披露的年度财务报告需要经过注册会计师的审计，注册会计师按照独立性的要求，对上市公司的年度财务报告实施审计，获得充分的审计证据，并发表独立的审计意见。

上市公司之所以会出具审计报告，还是源于管理层和股东之间的信息不对称。前面已经提到，股东通过要求管理层进行信息披露可以解决二者之间的信息不对称，但是如果管理层出于自身私利的目的，就有可能向市场披露虚假信息。因此，一个把关信息披露质量的中介机构就应运而生，即会计师事务所。

根据监管要求，上市公司在向股东披露信息之前，需要接受会计师事务所的审计，并出具审计报告。在审计报告中，由注册会计师给出专业的审计意见，并签字保证审计意见的真实有效。审计报告的意见类型主要有五种：标准无保留意见、带强调事项段的无保留意见、保留意见、否定意见和无法表示意见。

第一，标准无保留意见（Unqualified Opinion），是指注册会计师认为财务报表在所有重大方面按照适用的财务报告编制基础编制，并实现公允反映。

第二，带强调事项段的无保留意见（Unqualified Opinion with Emphasis Paragraph），是指注册会计师认为财务报表在所有重大方面按照适用的财务报告编制基础编制，并实现公允反映，但存在需要说明的事项，例如对持续经营能力产生重大疑虑及重大不确定事项等。

第三，保留意见（Qualified Opinion），是指注册会计师对被审计单位财务报表审计后，认为被审计单位财务报表反映就其整体而言是恰当的，但存在着影响重大且不广泛的错报，例如会计政策选用不符合会计准则规定等。或者注册会计师审计范围受到限制，无法获取充分、适当的审计证据，但认为错报可能产生的影响虽重大却不广泛，不至于发表无法表示意见。

第四，否定意见（Adverse Opinion），是指注册会计师在获取充分、适当的审计证据后，认为错报对财务报表的影响重大且具有广泛性。

第五，无法表示意见（Disclaimer of Opinion），是指注册会计师审计范围受到限制，无法获取充分、适当的审计证据，且错报可能产生的影响重大且具有广泛性。

在上述五种意见中，标准无保留意见是事务所出具最多的意见类型。目前我国A股资本市场拥有上市公司5,000余家，每年出具标准无保留意见的大概有4,700多家，其余四种意见类型至多不过200余家。

另外，虽然带强调事项段的无保留意见也属于无保留意见，但强调事项段一般是那些影响非常大的事项，事务所出具这样的意见类型，也往往表示对管理层披露的财务报告“有意见”。如果事务所对财务报告出具其他三种意见类型，包括保留意见、否定意见和无法表示意见，均表示他们对上市公司披露的财务报告持严重怀疑态度，投资者也可以据此认为财务报告的质量较差。

2.2.2 审计报告的构成

审计报告有其固定的格式，一般由六个主要部分构成，分别是：审计意见、形成审计意见的基础、关键审计事项、其他信息、管理层对财务报表的责任和注册会计师对财务报表审计的责任。表2–1列示了比亚迪2022年的年度审计报告。我们可以看出，在审计报告中，审计意见、关键审计事项，以及会计师事务所和注册会计师的信息最为重要。

表2–1 比亚迪的审计报告（2022年）

比亚迪股份有限公司全体股东：

一、审计意见

我们审计了比亚迪股份有限公司的财务报表，包括2022年12月31日的合并及公司资产负债表，2022年度合并及公司利润表、股东权益变动表和现金流量表以及相关财务报表附注。

我们认为，后附的比亚迪股份有限公司的财务报表在所有重大方面按照企业会计准则的规定编制，公允反映了比亚迪股份有限公司2022年12月31日的合并及公司的财务状况以及2022年度的合并及公司的经营成果和现金流量。

二、形成审计意见的基础

我们按照中国注册会计师审计准则的规定执行了审计工作。审计报告的“注册会计师对财务报表审计的责任”部分进一步阐述了我们在这些准则下的责任。按照中国注册会计师职业道德守则，我们独立于比亚迪股份有限公司，并履行了职业道德方面的其他责任。我们相信，我们获取的审计证据是充分、适当的，为发表审计意见提供了基础。

三、关键审计事项

关键审计事项是我们根据职业判断，认为对本期财务报表审计最为重要的事项。这些事项的应对以对财务报表整体进行审计并形成审计意见为背景，我们不对这些事项单独发表意见。我们对下述每一事项在审计中是如何应对的描述也以此为背景。

我们已经履行了本报告“注册会计师对财务报表审计的责任”部分阐述的责任，包括与这些关键审计事项相关的责任。相应地，我们的审计工作包括执行为应对评估的财务报表重大错报风险而设计的审计程序。我们执行审计程序的结果，包括应对下述关键审计事项所执行的程序，为财务报表整体发表审计意见提供了基础。

续表

关键审计事项：	该事项在审计中是如何应对：
收入确认	
• 比亚迪股份有限公司的营业收入主要来自于汽车、汽车相关产品及其他产出、手机部件、组装及其他产品。2022年度，比亚迪股份有限公司合并财务报表中营业收入金额为人民币4,241亿元，主要包括汽车、汽车相关产品及其他产品销售收入人民币3,247亿元和手机部件、组装及其他产品销售收入人民币988亿元。营业收入总额较2021年度增加人民币2,079亿元，增长率为96%。 • 考虑到本年收入增长较大，收入的不恰当确认对财务报表有重大影响。因此，我们将收入确认识别为关键审计事项。 • 该会计政策、重大会计判断和估计以及相关财务报表披露参见附注五、24、34，以及附注七、46。	我们在审计过程中对收入确认执行的审计程序主要包括： • 了解、评价和测试与营业收入相关的内部控制的设计及执行有效性； • 获取主要的销售合同，检查和识别与控制权转移及收入确认相关的合同条款与条件，评价收入确认的会计政策是否符计准则的要求； • 结合应收账款函证，以抽样方式向主要客户函证本期销售额，对未回函的样本执行替代测试； • 就资产负债表日前后的销售商品交易选取样本，检查出库单和物流单据等支持性文件，评价相关收入是否被记录于恰当的会计期间； • 执行收入确认的细节测试，检查出库单、物流单及销售发票等支持性文件； • 执行分析性复核程序，对比各类别收入及毛利率的变动情况，分析收入与毛利率变动的合理性； • 检查报告期后是否存在重大收入冲回或大额退货的情况； • 复核合并财务报表附注中有关营业收入的披露。
应收款项、合同资产和长期应收款的预期信用损失	
• 截至2022年12月31日，比亚迪股份有限公司合并财务报表中应收账款余额为人民币388亿元，合同资产余额为人民币136亿元，长期应收款余额为人民币11亿元，对合并财务报表总资产而言金额重大。	我们在审计过程中对应收账款、合同资产和长期应收款的预期信用损失执行的审计工作主要包括：

续表

• 比亚迪股份有限公司运用简化计量方法，按照风险特征划分不同组合，采用信用风险矩阵对上述金融工具的减值进行评估。管理层对预期信用损失的估计考虑所有合理且有依据的信息，包括客户信用评级、期末余额的账龄、是否存在纠纷以及历史回款情况等信息，还需要结合预期宏观经济环境等因素考虑前瞻性信息。 • 管理层对应收款项、合同资产和长期应收款不同的信用风险特征组合类别的划分、预期信用损失率的估计等存在重大的判断和估计，因此我们认为该事项为关键审计事项。 • 该会计政策、重大会计判断和估计以及相关财务报表披露参见附注五、9、25、34，以及附注七、3、8、10。	• 了解、评价和测试与预期信用损失估计相关的内部控制设计和运行的有效性； • 与管理层讨论信用风险特征组合类别的划分、预期信用损失率的估计，根据历史损失率评估其准确性，并结合当前经济状况来评价管理层使用的预期信用损失模型的合理性； • 对单项计提坏账准备的应收款项，与管理层讨论划分标准的合理性并对该类款项的可回收性进行分析； • 对按信用风险特征组合计提坏账准备的应收款项，根据客户性质以及历史损失率评价计算预期信用损失的关键假设的合理性； • 重新测算应收款项、合同资产和长期应收款预期信用损失的计算过程，复核减值准备的金额。

四、其他信息

比亚迪股份有限公司管理层对其他信息负责。其他信息包括年度报告中涵盖的信息，但不包括财务报表和我们的审计报告。

我们对财务报表发表的审计意见不涵盖其他信息，我们也不对其他信息发表任何形式的鉴证结论。

结合我们对财务报表的审计，我们的责任是阅读其他信息，在此过程中，考虑其他信息是否与财务报表或我们在审计过程中了解到的情况存在重大不一致或者似乎存在重大错报。

基于我们已执行的工作，如果我们确定其他信息存在重大错报，我们应当报告该事实。在这方面，我们无任何事项需要报告。

五、管理层和治理层对财务报表的责任

管理层负责按照企业会计准则的规定编制财务报表，使其实现公允反映，并设计、执行和维护必要的内部控制，以使财务报表不存在由于舞弊或错误导致的重大错报。

续表

在编制财务报表时，管理层负责评估比亚迪股份有限公司的持续经营能力，披露与持续经营相关的事项（如适用），并运用持续经营假设，除非计划进行清算、终止运营或别无其他现实的选择。 治理层负责监督比亚迪股份有限公司的财务报告过程。 **六、注册会计师对财务报表审计的责任** 我们的目标是对财务报表整体是否不存在由于舞弊或错误导致的重大错报获取合理保证，并出具包含审计意见的审计报告。合理保证是高水平的保证，但并不能保证按照审计准则执行的审计在某一重大错报存在时总能发现。错报可能由舞弊或错误所导致，如果合理预期错报单独或汇总起来可能影响财务报表使用者依据财务报表作出的经济决策，通常认为错报是重大的。 在按照审计准则执行审计工作的过程中，我们运用了职业判断，并保持职业怀疑。同时，我们也执行以下工作： （1）识别和评估由于舞弊或错误导致的财务报表重大错报风险，设计和实施审计程序以应对这些风险，并获取充分、适当的审计证据，作为发表审计意见的基础。由于舞弊可能涉及串通、伪造、故意遗漏、虚假陈述或凌驾于内部控制之上，未能发现由于舞弊导致的重大错报的风险高于未能发现由于错误导致的重大错报的风险。 （2）了解与审计相关的内部控制，以设计恰当的审计程序。 （3）评价管理层选用会计政策的恰当性和作出会计估计及相关披露的合理性。 （4）对管理层使用持续经营假设的恰当性得出结论。同时，根据获取的审计证据，就可能导致对比亚迪股份有限公司持续经营能力产生重大疑虑的事项或情况是否存在重大不确定性得出结论。如果我们得出结论认为存在重大不确定性，审计准则要求我们在审计报告中提请报表使用者注意财务报表中的相关披露；如果披露不充分，我们应当发表非无保留意见。我们的结论基于截至审计报告日可获得的信息。然而，未来的事项或情况可能导致比亚迪股份有限公司不能持续经营。 （5）评价财务报表的总体列报（包括披露）、结构和内容，并评价财务报表是否公允反映相关交易和事项。 （6）就比亚迪股份有限公司中实体或业务活动的财务信息获取充分、适当的审计证据，以对财务报表发表审计意见。我们负责指导、监督和执行集团审计，并对审计意见承担全部责任。 我们与治理层就计划的审计范围、时间安排和重大审计发现等事项进行沟通，包括沟通我们在审计中识别出的值得关注的内部控制缺陷。 我们还就已遵守与独立性相关的职业道德要求向治理层提供声明，并与治理层沟通可能被合理认为影响我们独立性的所有关系和其他事项，以及相关的防范措施（如适用）。

续表

从与治理层沟通过的事项中，我们确定哪些事项对本期财务报表审计最为重要，因而构成关键审计事项。我们在审计报告中描述这些事项，除非法律法规禁止公开披露这些事项，或在极少数情形下，如果合理预期在审计报告中沟通某事项造成的负面后果超过在公众利益方面产生的益处，我们确定不应在审计报告中沟通该事项。 安永华明会计师事务所（特殊普通合伙） 中国注册会计师：　李剑光（项目合伙人） 中国注册会计师：　张羚晖 中国　北京 2023年3月28日

对于审计意见，我们要特别关注是否为标准无保留意见。除标准无保留意见外，其他四种意见均不符合价值投资者的投资理念。

关键审计事项是注册会计师根据职业判断，找到的对财务报表审计工作中最为重要的事项。只要对财务报表或审计工作具有重大影响的事项或交易都有可能成为关键审计事项。关键审计事项受到被审计单位业务复杂程度，以及被审计项目重要性程度的影响。关键审计事项有多种类型，例如金融资产的公允价值计量、应收账款坏账准备的计提、存货的计量和减值、固定资产的折旧、无形资产和商誉的减值、收入的确认、关联交易、预计负债的计提等等。

最后，会计师事务所和注册会计师的信息也十分重要。作为中介机构，会计师事务所能够发挥作用的关键机制便是声誉机制。一旦声誉受损，将会使他们陷入“万劫不复”的境地。例如，2002年美国安然造假事件，导致国际“五大”会计师事务所之一的安达信会计师事务所倒闭；2018年上市公司康得新（股票代码：002450.SZ，已退市）造假案件导致国内瑞华会计师事务所几近陷入破产的边缘。

因此，会计师事务所或者注册会计师的声誉越好，出具的审计报告质量一般也越高。我们可以根据会计师事务所或者注册会计师的业务量排名、行业专长、既往的违规和处罚记录等来判断他们声誉的好坏，从而推断审计报告和财务报告，即上市公司信息披露的质量。

2.3　财务报表

财务报表是财务报告最为核心的内容，是企业按照会计准则的要求，采用既定的编制格式，定期编制和披露的反映企业资产负债状况、利润和现金流水平、所有者构成及其变动情况的会计报表。财务报表由四张主表及其附注构成，四张主表分别是资产负债表、利润表、现金流量表和所有者权益变动表。

在讲解财务报表之前，我们要了解财务报表的编制基础，有四大会计假设、两大会计基础和报表科目的五大计量属性。四大会计假设包括会计主体、持续经营、会计分期和货币计量。根据企业会计准则的要求，资产、负债、收入和费用等相关科目的确认具有两大基础：权责发生制和收付实现制。在会计计量属性上，有公允价值、历史成本、重置成本、现值和可变现净值等。

2.3.1　报表的编制基础

（1）会计假设

四大会计假设是财务报表编制的重要基础，包括会计主体、持续经营、会计分期和货币计量。

会计主体（Accounting Entity）是指财务报表编制的单位和组织，即会计核算和服务的对象。对于集团公司而言，各个子公司都是独立的会计主体，但当编制合并财务报表时，整个企业集团又可以作为一个会计主体。

持续经营（Going Concern）是指会计上假设企业将继续存在下去，在可预见的未来不会清算或者解散，企业会按照当前的规模和状态继续经营下去，是一种理想的假设状态。只有在持续经营假设的前提下，企业才有投资价值，价值投资者才有基本面分析的必要。

会计分期（Accounting Period）是对持续经营假设的补充，是指将企业持续的生产经营活动划分为一个个连续的、间隔相同的期间。会计期间可以是月份、季度、半年和年。因为在持续经营的假设前提下，企业不会“死”，但投资人有生命期限，他们需要定期获得企业信息。

货币计量（Monetary Measurement）是指企业在财务会计确认、计量和编制财务报表时以记账本位币作为基准货币单位，如实反映会计主体的生产经营活动。

（2）会计基础

权责发生制和收付实现制是编制财务报告的重要确认基础。

权责发生制，又称为应计制（Accrual Accounting），是指企业债权、债务、收入、费用的确认不是以收到现金为条件，而是以权利和义务是否发生转移为确认条件。凡是属于本期的资产、负债、收入和费用，不论其款项是否收到或付出，都应该在本期确认；凡是不属于本期的资产、负债、收入和费用，即使款项在本期收到或付出，也不应在本期确认。

企业对于权责发生制应用的最典型的例子就是商品的赊销业务。企业在赊销商品时，虽然没有收到现金，但已经发生了商品权利和义务的转移，也应当根据权责发生制的要求确认销售收入。

收付实现制，又称为现金制（Cash Accounting），是确认企业现金流的流入和支出的一种方式，企业只要收到现金就确认为当期的现金收益，支付现金就确认为当期的现金支出，而不关注权利和义务是否发生转移。

具体到四张财务报表，其中资产负债表、利润表和所有者权益变动表采用权责发生制来编制，而现金流量表采用收付实现制来编制。权责发生制和收付实现制之间并不矛盾，二者甚至可以相互印证和补充。

从一个长周期来看，即企业从成立到破产清算，用权责发生制确认的收益和用收付实现制确认的收益二者的总金额是相同的，但是财务报表的编制并不是从企业成立到破产清算这一长周期，而是按照既定的会计期间进行编制，即形成会计分期。由于会计分期的存在，导致在某一特定期间，采用权责发生制确认的收益与采用收付实现制确认的收益并不相同。

相对于收付实现制，在权责发生制下管理层拥有更多的自由裁量权（Discretionary Rights）。由于管理层和股东之间存在着委托代理冲突，管理层往往会滥用这一自由裁量权，导致出现盈余操纵或盈余管理现象，使得在权责发生制下衡量的收益变得并不那么真实。例如，管理层会出于特殊目的而采用虚假销售的方式提前确认收入，同时确认一项未来收取现金的权利——应收账款，而应收账款又可以根据不同的目的采用不同的收款方式、坏账计提方式等，从而达到操纵利润的目的。盈余操纵或盈余管理可谓是权责发生制带来的最大麻烦!

（3）计量属性

计量属性是财务报表中相关会计科目金额的计量基础，主要有公允价值、历史成本、重置成本、现值和可变现净值等。

公允价值（Fair Value）是指交易双方在公平交易的条件下所确定的价格，或无关联的双方在公平交易的条件下出售一项资产所能收到或者转移一项负债所需支付的价格。一般情况下，市场价和合同价就是公允价值。

历史成本（Historical Cost），又称实际发生成本，是指过去在购买或制造一项资产时所实际支付的价款，即当时在购买或制造时的市场价格。一项资产在购买后，其市场价格会发生变化，会出现上升或下降的现象，但这项资产的入账价值不会改变，即购买时的市价，这就是历史成本。

重置成本（Replacement Cost），又称现行成本，是指按照当前市场条件，重新取得同样一项资产所需支付的价款。采用重置成本计量时，资产按照现在购买相同或者相似资产所需支付的价款进行计量，负债按照现在偿付该项负债所需支付的金额计量。

现值（Present Value），是指在资产计量时，用其持续使用和最终处置中产生的现金流量以恰当的折现率进行折现后的价值，是考虑货币时间价值的一种计量属性。

可变现净值（Net Realizable Value），一般用于对企业存货资产的计价，是预计的由该存货生产的可供出售商品的售价，减去从存货到可供出售商品的进一步加工成本，以及预计销售费用和相关税费后的净值。根据会计准则的要求，存货在期末采用成本与可变现净值孰低法进行计价，即选择成本与可变现净值二者之间的较低者。

如果上述五个计量属性不太好理解，我们可以简单地将其理解为三大类：第一类是按照当前的市价进行衡量，即公允价值。第二类是按照过去历史上购买时的市价进行衡量，即历史成本。公允价值、重置成本和可变现净值都是跟当前的市价相关，只不过重置成本和可变现净值是在当前市价的基础上减掉一些成本、费用而已。第三类是按照未来产生的收益进行衡量，即现值。

2.3.2 资产负债表

（1）资产负债表的编制原理与结构

资产负债表是反映企业在某一特定日期全部资产、负债和所有者权益情况的会计报表，列示所有者在某一特定日期所拥有或控制的经济资源、所承担的现有义务和所有者对净资产的要求权。

资产负债表是静态地反映企业财务状况的一张报表，列示的是时点指标，常见的是年度资产负债表，即截止到20××年12月31日企业所拥有的资产、所承担的债务和所有者权益情况。因此，翻开资产负债表就相当于“推开了公司的大门”，我们可以看到截止到这一时点，企业银行账户上结余的资金、仓库堆积的货物、拥有的厂房设备、所欠的借款和货款情况等等。

资产负债表的编制原理是第一大会计恒等式，即“资产=负债+所有者权益”，是一个平衡等式，因此资产负债表又称为平衡表（Balance Sheet）。资产负债表分为单栏式和双栏式两种，单栏式资产负债表采用上下结构排列，上面为资产，下面为负债和所有者权益。双栏式资产负债表采用左右结构排列，左边为资产，右边为负债和所有者权益。

资产负债表中的每个科目有其固定的排列位置和排列方式，根据会计准则的要求，资产和负债类科目是按照流动性进行排列，流动性就是变成现金的速度，流动性越强，变成现金或者用现金偿还的速度越快，排序越靠前。表2–2列示了新能源汽车企业比亚迪三个会计年度的资产负债表，截止日分别为2020年12月31日、2021年12月31日和2022年12月31日。

表2–2　　比亚迪的资产负债表（2020—2022年）

单位：元

科目	2020年12月31日	2021年12月31日	2022年12月31日
流动资产：			
货币资金	14,445,030,000	50,457,097,000	51,471,263,000
交易性金融资产	24,000	5,606,052,000	20,626,930,000
以公允价值计量且其变动计入当期损益的金融资产			

续表

科目	2020 年 12 月 31 日	2021 年 12 月 31 日	2022 年 12 月 31 日
衍生金融资产			
应收票据			
应收账款	41,216,427,000	36,251,280,000	38,828,494,000
应收款项融资	8,862,340,000	8,743,126,000	12,894,284,000
预付款项	724,350,000	2,036,577,000	8,223,567,000
其他应收款	1,050,686,000	1,410,751,000	1,910,009,000
其中：应收利息	7,976,000	136,569,000	
应收股利			
存货	31,396,358,000	43,354,782,000	79,107,199,000
合同资产	5,346,105,000	8,493,382,000	13,552,998,000
持有待售资产			
一年内到期的非流动资产	1,250,853,000	1,231,667,000	1,052,562,000
其他流动资产	7,312,937,000	8,525,475,000	13,136,201,000
流动资产合计	111,605,110,000	166,110,189,000	240,803,507,000
非流动资产：			
债权投资			
可供出售金融资产			
其他债权投资			
持有至到期投资			
长期应收款	1,804,913,000	1,170,058,000	1,118,637,000
长期股权投资	5,465,588,000	7,905,001,000	15,485,402,000
其他权益工具投资	1,420,080,000	2,913,836,000	4,418,584,000
其他非流动金融资产	284,896,000	233,972,000	2,147,140,000
投资性房地产	94,217,000	87,500,000	85,005,000
固定资产	54,584,620,000	61,221,365,000	131,880,369,000
在建工程	6,111,767,000	20,277,309,000	44,621,935,000
使用权资产	945,745,000	1,573,232,000	3,137,327,000

续表

科目	2020年12月31日	2021年12月31日	2022年12月31日
无形资产	11,804,174,000	17,104,942,000	23,223,497,000
开发支出	4,885,708,000	2,605,031,000	1,683,000,000
商誉	65,914,000	65,914,000	65,914,000
长期待摊费用	67,195,000	77,432,000	458,108,000
递延所得税资产	1,768,975,000	1,913,316,000	3,686,905,000
其他非流动资产	108,419,000	12,521,050,000	21,045,316,000
非流动资产合计	89,412,211,000	129,669,958,000	253,057,139,000
资产总计	201,017,321,000	295,780,147,000	493,860,646,000
流动负债：			
短期借款	16,400,690,000	10,204,358,000	5,153,098,000
交易性金融负债	57,541,000		54,605,000
以公允价值计量且其变动计入当期损益的金融负债			
衍生金融负债			
应付票据	8,925,694,000	7,331,459,000	3,328,419,000
应付账款	42,982,610,000	73,160,167,000	140,437,310,000
预收款项	7,500,000	1,300,000	
合同负债	8,185,888,000	14,932,576,000	35,516,571,000
应付职工薪酬	4,835,248,000	5,848,870,000	12,037,011,000
应交税费	1,858,782,000	1,779,018,000	4,326,394,000
其他应付款	9,279,640,000	41,348,102,000	122,123,841,000
其中：应付利息	414,168,000		
应付股利	10,000,000		
预计负债	1,938,689,000	2,355,564,000	1,287,452,000
持有待售负债			
一年内到期的非流动负债	11,412,460,000	12,983,416,000	6,464,828,000
其他流动负债	545,954,000	1,359,114,000	2,615,032,000

续表

科目	2020年12月31日	2021年12月31日	2022年12月31日
流动负债合计	106,430,696,000	171,303,944,000	333,344,561,000
非流动负债：			
保险合同准备金			
长期借款	14,745,495,000	8,743,519,000	7,593,596,000
应付债券	8,880,459,000	2,046,439,000	
其中：优先股			
永续债			
租赁负债	843,286,000	1,415,291,000	2,617,274,000
长期应付款			
长期应付职工薪酬			
预计负债			
递延收益			
递延所得税负债	393,150,000	609,566,000	2,018,530,000
其他非流动负债	5,270,323,000	7,417,179,000	26,896,848,000
非流动负债合计	30,132,713,000	20,231,994,000	39,126,248,000
负债合计	136,563,409,000	191,535,938,000	372,470,809,000
所有者权益：			
股本	2,728,143,000	2,911,143,000	2,911,143,000
其他权益工具	1,094,592,000		
其中：优先股			
永续债	1,094,592,000		
资本公积	24,698,663,000	60,807,219,000	61,705,893,000
减：库存股			1,809,920,000
其他综合收益	–556,066,000	–124,055,000	428,332,000
专项储备	4,086,000	10,369,000	12,078,000
盈余公积	4,448,300,000	5,009,088,000	6,838,541,000
一般风险准备			

续表

科目	2020年12月31日	2021年12月31日	2022年12月31日
未分配利润	24,456,556,000	26,455,907,000	40,943,232,000
归属于母公司所有者权益合计	56,874,274,000	95,069,671,000	111,029,299,000
少数股东权益	7,579,638,000	9,174,538,000	10,360,538,000
所有者权益合计	64,453,912,000	104,244,209,000	121,389,837,000
负债和所有者权益总计	201,017,321,000	295,780,147,000	493,860,646,000

（2）资产负债表各科目的计量属性

在资产负债表中，资产（Assets）是按照流动性进行排列，流动性越强排列越靠前。首先是流动资产（Current Assets），是指一年以内或者一个经营周期以内变成现金的资产，包括货币资金、金融资产、应收票据、应收账款、预付款项、其他应收款、存货、合同资产、一年内到期的非流动资产和其他流动资产等；其次是非流动资产（Non-current Assets），是指一年以上或者一个经营周期以上变成现金的资产，包括可供出售金融资产、持有至到期投资、长期应收款、长期股权投资、其他债权投资、其他权益工具投资、其他非流动金融资产、投资性房地产、固定资产、在建工程、使用权资产、无形资产、开发支出、商誉、长期待摊费用、递延所得税资产和其他非流动资产等。

负债（Liabilities）也是按照流动性进行排列，流动性即还款的紧迫性，流动性越强，排列越靠前。首先是流动负债（Current Liabilities），是指需要在一年以内或者一个经营周期以内偿还的负债，包括短期借款、金融负债、应付票据、应付账款、预收款项、合同负债、应付职工薪酬、应交税费、其他应付款、预计负债和其他流动负债等；其次是非流动负债（Non-current Liabilities），是指在一年以上或者一个经营周期以上偿还的负债，包括长期借款、应付债券、租赁负债、长期应付款、长期应付职工薪酬、预计负债、递延收益、递延所得税负债和其他非流动负债等。

在资产和负债类科目的计量上，有些是按照公允价值，有些是按照历史成本、可变现净值、现值或重置成本来计量。一般情况下，流动性越强的科目，越容易采用公允价值进行计量，或者采用可变现净值来计量，而流动性越差的科目，越容易采用历史成本或者重置成本来计量。

具体而言，对于流动资产，货币资金、金融资产类科目（包括交易性金融资产、以公允价值计量且其变动计入当期损益的金融资产和应收款项融资），以及商业债权类科目（包括应收票据、应收账款、预付款项、合同资产）都是按照公允价值来计量；存货采用成本与可变现净值孰低法来计量。

对于非流动资产，金融资产类科目（包括可供出售金融资产、持有至到期投资等）、其他权益工具投资和投资性房地产都是按照公允价值来计量；长期应收款、长期股权投资、固定资产、在建工程、使用权资产、无形资产、开发支出、商誉等采用历史成本或重置成本来计量。

负债类科目也同样具有不同的计量属性。但由于在计算负债的价值时，其内在价值往往用账面价值来替代。负债的内在价值之所以用账面价值来替代，是因为前面章节讨论的债权人追求保值的属性，对于债权人而言，并不会过多地关注其债权有多大程度的市场溢价，而是关注本金和利息是否能够到期收回。而且，相对于本金而言，利息又是微不足道。因此，我们对每个负债类科目的计量属性不做过多的探讨，均认为其按照账面价值来衡量。

所有者权益（Equity）又称为公司的净资产或账面价值，其会计科目一般包括两大类：归属于母公司所有者权益和少数股东权益。归属于母公司所有者权益由六个科目构成，即实收资本（或股本）、其他权益工具（即优先股或永续债）、资本公积、其他综合收益、盈余公积和未分配利润。对于股东而言，其净资产无非来源于两大类，一类是自己的出资，指实收资本、其他权益工具和资本公积，另一类是历年的经营所得，包括其他综合收益、盈余公积和未分配利润。少数股东权益是反映除母公司以外的其他投资者在子公司中的权益。

（3）资产负债表的局限

虽然资产负债表包含的会计科目琳琅满目，而且每个科目的排列顺序也十分讲究，但从价值投资的角度，对于投资者而言，资产负债表仍然存在着不足之处。

首先，资产负债表并没有衡量企业所有的经济资源。根据会计准则的规定，资产是指由企业过去的交易或事项形成的、由企业拥有或者控制的、预期会给企业带来经济利益的资源。这一资源能否放进资产负债表中，却存在着一个大前提，即货币计量。只有那些能够用货币计量的经济资源才是会计上认为的资产，并且反映到资产负债表中。企业拥有或控制的人力资源、社会资源等，由于无法用货币计量，往往并不能在资产负债表中进行列示。

其次，资产负债表所衡量的企业价值只是会计价值或账面价值。根据会计计量属性的要求，资产负债表中的大量会计科目是按照历史成本来衡量的，例如固定资产、在建工程、无形资产等，只能代表企业在过去购买这些资产所支付的价格。因此，资产负债表所衡量的企业价值只是会计价值或账面价值，而没有按照相关资产的当前市价来折算。即便是所有的资产、负债类科目都按照公允价值来衡量，资产负债表所衡量的企业价值仍然是账面价值，因为资产与资产之间的协同效应没有办法反映出来。

最后，资产负债表中的科目会受到管理层的自由裁量权的影响。资产负债表是按照权责发生制为基础来编制的，在这一确认原则下，管理层的自由裁量权的空间会很大，导致资产负债表中所反映的数据并不真实，例如坏账准备的计提、固定资产累计折旧和无形资产摊销等。更有甚者，管理层可能出于特殊的目的并没有把相关资产、负债列示到资产负债表中，形成表外资产、表外负债。因此，表面上看资产负债表中的各科目是一堆精确到小数点后两三位的数字，但这些数字的得来经过了复杂的会计加工过程，由于管理层和股东之间委托代理问题的存在，往往导致这些数字虽然精确但并不精准！

2.3.3 利润表

（1）利润表的编制原理与结构

利润表是反映企业在一定会计期间（如月度、季度、半年度或年度）生产经营成果的会计报表，全面列示了企业在某一特定时期实现的各种收入、发生的各种费用、成本或支出，以及企业实现的利润或发生的亏损情况。

利润表是动态地反映企业财务状况的一张报表，列示的是时期指标，常见的是年度利润表，即在20××年整个会计期间企业所产生的收入，承担的成本、费用情况，以及获得的利润等。因此，翻开利润表就相当于“打开了公司的监控探头”，我们可以看到在整个会计年度，企业产品的销售情况、收入和成本费用的确认情况和利润的结转情况等。

利润表的编制原理是第二大会计恒等式，即“收入－费用＝利润”。利润表是衡量企业收益和损失情况的报表，又称为损益表（Income Statement）。利润表采用多步式结构编排，即采用对收入、费用、支出项目按性质加以归类，按利润形成的主要环节列示一些中间性利润指标，有营业利润、利润总额、净利润等，最后计算出综合收益的过程。表2–3列示了比亚迪2020年、2021年和2022年三个会计年度的利润表。

表2-3　　比亚迪的利润表（2020—2022年）

单位：元

科目	2020年	2021年	2022年
一、营业总收入	156,597,691,000	216,142,395,000	424,060,635,000
其中：营业收入	156,597,691,000	216,142,395,000	424,060,635,000
二、营业总成本	149,010,372,000	212,602,339,000	
其中：营业成本	126,251,380,000	187,997,689,000	351,815,680,000
税金及附加	2,154,415,000	3,034,878,000	7,267,110,000
销售费用	5,055,613,000	6,081,678,000	15,060,676,000
管理费用	4,321,493,000	5,710,193,000	10,007,370,000
研发费用	7,464,861,000	7,990,974,000	18,654,453,000
财务费用	3,762,610,000	1,786,927,000	–1,617,957,000
其中：利息费用	3,123,801,000	1,907,642,000	1,316,350,000
利息收入	214,613,000	631,841,000	1,829,617,000
加：其他收益	1,695,227,000	2,270,196,000	1,721,136,000
投资收益（损失以“–”号填列）	–272,810,000	–57,134,000	–791,903,000
其中：对联营企业和合营企业的投资收益	–186,837,000	–145,295,000	–685,885,000
以摊余成本计量的金融资产终止确认收益	–299,523,000	–88,765,000	–22,719,000
公允价值变动收益（损失以“–”号填列）	–51,267,000	47,356,000	126,098,000
信用减值损失（损失以“–”号填列）	–951,902,000	–388,074,000	–989,521,000
资产减值损失（损失以“–”号填列）	–906,530,000	–857,475,000	–1,386,458,000
资产处置收益（损失以“–”号填列）	–14,264,000	77,067,000	–10,836,000
三、营业利润（亏损以“–”号填列）	7,085,773,000	4,631,992,000	21,541,819,000
加：营业外收入	281,660,000	337,654,000	526,974,000

续表

科目	2020 年	2021 年	2022 年
减：营业外支出	484,846,000	451,643,000	989,064,000
四、利润总额（亏损总额以“–”号填列）	6,882,587,000	4,518,003,000	21,079,729,000
减：所得税费用	868,624,000	550,737,000	3,366,625,000
五、净利润（净亏损以“–”号填列）	6,013,963,000	3,967,266,000	17,713,104,000
（一）按经营持续性分类			
1.持续经营净利润（净亏损以“–”号填列）	6,013,963,000	3,967,266,000	17,713,104,000
2.终止经营净利润（净亏损以“–”号填列）			
（二）按所有权归属分类			
1.归属于母公司股东的净利润	4,234,267,000	3,045,188,000	16,622,448,000
2.少数股东损益	1,779,696,000	922,078,000	1,090,656,000
六、其他综合收益的税后净额	–508,919,000	427,766,000	546,230,000
归属母公司所有者的其他综合收益的税后净额	–509,407,000	432,011,000	
（一）不能重分类进损益的其他综合收益	–438,579,000	459,222,000	
1.重新计量设定受益计划变动额			
2.权益法下不能转损益的其他综合收益			
3.其他权益工具投资公允价值变动	–502,223,000	533,089,000	852,068,000
4.企业自身信用风险公允价值变动			
5.所得税	63,644,000	–73,867,000	–204,001,000
6.其他			

续表

科目	2020年	2021年	2022年
（二）将重分类进损益的其他综合收益	–70,828,000	–27,211,000	–95,680,000
1.权益法下可转损益的其他综合收益			
2.其他债权投资公允价值变动			
3.金融资产重分类计入其他综合收益的金额			
4.其他债权投资信用减值准备			
5.现金流量套期储备			
6.外币财务报表折算差额	–58,477,000	–64,025,000	–67,490,000
7.应收款项融资公允价值变动	–12,680,000	42,702,000	–30,653,000
8.应收款项融资信用减值损失	329,000	–5,888,000	2,463,000
9.其他			
归属于少数股东的其他综合收益的税后净额	488,000	–4,245,000	–6,157,000
七、综合收益总额	5,505,044,000	4,395,032,000	18,259,334,000
归属于母公司所有者的综合收益总额	3,724,860,000	3,477,199,000	17,174,835,000
归属于少数股东的综合收益总额	1,780,184,000	917,833,000	1,084,499,000
八、每股收益：			
（一）基本每股收益	1.47	1.06	5.71
（二）稀释每股收益	1.47	1.06	5.71

（2）利润的构成与配比原则

从利润表我们可以看出，企业的利润由多个层面构成，有营业利润、利润总额、净利润和综合收益。其中，营业利润（Operating Profit）是由营业总收入减去营业总成本所得，是企业从生产经营活动中取得的全部利润，也是企业利润的主要来源。

利润总额（Total Profit）是由营业利润加上营业外收支净额得到，即加上营业外收入减去营业外支出后的余额。营业外收入、营业外支出最大的特点是区别于正常的生产经营活动，是指那些与日常活动无直接关系的各项利得和损失，例如政府补助、捐赠、盘盈盘亏等。

净利润（Net Profit）是指利润总额减去所得税费用，是最常用的企业利润衡量指标。综合收益（Comprehensive Income）反映企业净利润与其他综合收益（税后净额）的合计金额，其中其他综合收益是指企业未在当期损益中确认的各项利得和损失。

之所以引入其他综合收益这样的会计科目，是近几年我国会计准则做出的一些“改良”。前面讲到资产负债表的时候，我们认为资产负债表存在着局限性，它所衡量的企业价值只是会计价值或账面价值，是因为许多科目是按照历史成本来衡量的，导致资产负债表的价值相关性变弱。因此，为了增强报表的价值相关性，现行会计准则就要求一些科目采用公允价值来衡量，而公允价值和历史成本之间的差额便计入其他综合收益。

顾名思义，其他综合收益就是那些影响到企业的综合收益，但不影响净利润的收益。净利润可以理解为当期已实现的收益，而其他综合收益不是在当期确认的收益。例如，某些债权类金融资产的公允价值变化，如果金融资产没有出售，收益不能在当期确认，就可以计入其他综合收益。其他综合收益科目既在资产负债表中列示，又在利润表和所有者权益变动表中列示。

利润表的编制特别强调一个重要的会计原则，即配比原则（Matching Principle）。配比原则是指某个会计主体在特定会计期间所取得的收入应该与为取得该收入所发生的费用、成本相匹配，以正确计算该会计主体在特定会计期间所获得的净损益。

配比原则强调时间和空间多个维度的匹配，包括特定会计期间、特定子公司、特定产品、特定区域、特定事业部等等在内的收入和成本、费用的匹配。我们可以通过配比原则来判断企业经营绩效的好坏，一旦发生不配比，即企业某个子公司、某个事业部或某个产品所赚取的收入无法弥补成本费用，将会导致合并报表出现亏损。

（3）利润表的局限

与资产负债表一样，利润表中的各科目也有其固定的排列位置，而且也要满足会计恒等式。利润表中各科目的数据同样非常精确，甚至精确到小数点后两三位。但是，它们虽然精确也并不完全精准，利润表也存在着不足之处。

首先，企业获得的利润容易受到人为的操纵。利润表是以权责发生制为基础编制的，由于权责发生制给予管理层的自由裁量权空间很大，导致出现盈余操纵或盈余管理现象。例如，企业可能采取提前确认收入，或者少计提折旧等方式来做多利润，也可能将本该于当期确认的收益推迟确认，以实现做低利润的目的。

其次，企业有利润并不一定有现金，容易出现利润很高但没钱的现象。由于权责发生制和收付实现制在确认时点上的不一致，导致企业出现有利润但是没现金的现象。例如，企业由于应收账款周转不畅，虽然通过商品销售确认了收入并结转了当期利润，但是货款没有及时回笼，甚至久而久之出现坏账损失。

最后，净利润指标没有考虑到股东的资金使用成本。根据第二大会计恒等式，企业通过收入减去费用的形式得到利润，减掉的费用包括商品销售成本（即营业成本）、公司的运营成本（即销售费用、管理费用）、研发成本（即研发费用）、归属于政府的成本（即税金及附加、所得税）、归属于债权人的成本（即财务费用）等，但并没有扣减归属于股东的资金使用成本。由于每家公司的股东资金使用成本并不一样，导致利润指标的可比性变差。

2.3.4 现金流量表

现金流量表（Cash Flow Statement）是基于收付实现制的确认原则编制的，反映一定时期内（如月度、季度、半年度或年度）企业现金流状况及其变化的财务报表。根据我国会计准则的要求，企业的现金流量表由主表和补充资料两部分构成。

（1）现金流量表主表

现金流量表主表是按照企业的三类活动编制的，反映一定时期内企业经营活动、投资活动和筹资活动对其现金及现金等价物影响的财务报表。三类活动按照现金流入、现金流出单独列示，并分别计算现金流量净额。表2-4列示了比亚迪2020年、2021年和2022年三个会计年度的现金流量表主表。

表2-4　比亚迪的现金流量表（主表）（2020—2022年）

单位：元

科目	2020年	2021年	2022年
一、经营活动产生的现金流量：			
销售商品、提供劳务收到的现金	138,666,915,000	202,666,455,000	413,209,226,000
收到的税费返还	6,411,799,000	4,855,421,000	7,628,162,000
收到其他与经营活动有关的现金	3,643,292,000	5,896,932,000	20,542,599,000
经营活动现金流入小计	148,722,006,000	213,418,808,000	441,379,987,000
购买商品、接受劳务支付的现金	69,260,117,000	104,399,121,000	220,842,504,000
支付给职工以及为职工支付的现金	22,521,472,000	28,759,751,000	53,519,728,000
支付的各项税费	6,167,988,000	7,805,152,000	18,537,188,000
支付其他与经营活动有关的现金	5,379,761,000	6,988,102,000	7,642,910,000
经营活动现金流出小计	103,329,338,000	147,952,126,000	300,542,330,000
经营活动产生的现金流量净额	45,392,668,000	65,466,682,000	140,837,657,000

续表

科目	2020年	2021年	2022年
二、投资活动产生的现金流量：			
收回投资收到的现金			13,779,000
处置合联营公司及其他营业单位收到的现金净额	48,000		95,800,000
取得投资收益收到的现金	245,268,000	203,886,000	129,333,000
处置固定资产、无形资产和其他长期资产收回的现金净额	258,977,000	826,389,000	268,237,000
处置子公司及其他营业单位收到的现金净额	97,828,000	222,329,000	
收到其他与投资活动有关的现金	18,216,300,000	11,469,422,000	12,803,494,000
投资活动现金流入小计	18,818,421,000	12,722,026,000	13,310,643,000
购建固定资产、无形资产和其他长期资产支付的现金	11,774,094,000	37,343,609,000	97,456,862,000
投资支付的现金	1,836,814,000	3,526,828,000	
取得子公司及其他营业单位支付的现金净额			
支付其他与投资活动有关的现金	19,651,761,000	17,255,581,000	10,572,908,000
投资活动现金流出小计	33,262,669,000	58,126,018,000	25,876,870,000
投资活动产生的现金流量净额	-14,444,248,000	-45,403,992,000	-120,595,997,000
三、筹资活动产生的现金流量：			
吸收投资收到的现金	2,800,000,000	37,313,719,000	507,625,000
其中：子公司吸收少数股东投资收到的现金			
取得借款收到的现金	40,633,747,000	32,872,379,000	27,635,948,000
发行债券收到的现金	2,000,000,000		
发行其他权益工具收到的现金			
收到其他与筹资活动有关的现金			3,031,473,000
筹资活动现金流入小计	45,433,747,000	70,186,098,000	31,175,046,000
偿还债务支付的现金	67,123,655,000	49,878,805,000	44,048,894,000

续表

科目	2020 年	2021 年	2022 年
分配股利、利润或偿付利息支付的现金	3,686,029,000	2,619,303,000	1,632,852,000
其中：子公司支付给少数股东的股利、利润	54,776,000	185,931,000	79,464,000
支付的其他权益工具利息	222,987,000	61,600,000	
支付其他与筹资活动有关的现金	231,481,000	525,473,000	4,981,983,000
其他权益工具持有者赎回的现金	3,300,000,000	1,100,000,000	
筹资活动现金流出小计	74,341,165,000	54,123,581,000	50,663,729,000
筹资活动产生的现金流量净额	–28,907,418,000	16,062,517,000	–19,488,683,000
四、汇率变动对现金及现金等价物的影响	23,199,000	–43,845,000	609,620,000
五、现金及现金等价物净增加额	2,064,201,000	36,081,362,000	1,362,597,000
加：期初现金及现金等价物余额	11,674,297,000	13,738,498,000	49,819,860,000
六、期末现金及现金等价物余额	13,738,498,000	49,819,860,000	51,182,457,000

无论是什么性质的企业，制造业、旅游业、房地产业，甚至金融业，其业务活动均可以划分为三种类型：经营活动、投资活动和筹资活动。企业的现金流量也来源于这三类活动，即经营活动产生的现金流量、投资活动产生的现金流量和筹资活动产生的现金流量。

经营活动产生的现金流量（Cash Flow from Operating Activities）是指与企业日常经营活动有关的交易或事项产生的现金流，包括经营活动产生的现金流入量、经营活动产生的现金流出量和经营活动产生的现金流量净额三个部分。经营活动产生的现金流量净额等于经营活动产生的现金流入量减去经营活动产生的现金流出量，其中流入量和流出量均是由销售商品、提供劳务收到或支付的现金，以及与之相关的税费等组成。一般情况下，企业经营活动产生的现金流量净额应该为正值，即流入量要大于流出量才行。

投资活动产生的现金流量（Cash Flow from Investing Activities）是指与金融资产、非流动资产的取得或处置有关的活动产生的现金流量。投资活动产生的现金流量由投资活动产生的现金流入量（例如金融资产的出售，固定资产的处置、销售产生现金流入）、投资活动产生的现金流出量（例如金融资产的购买，固定资产的购建产生现金流出）以及投资活动产生的现金流量净额构成。投资活动产生的现金流量净额等于投资活动产生的现金流入量减去投资活动产生的现金流出量。对于一个处于正常生产周期的企业，应该是持续不断地购买设备进行扩大化再生产，而不是过多地进行资产处置。因此，投资活动产生的现金流入量一般会小于流出量，即投资活动产生的现金流量净额为负值。

筹资活动产生的现金流量（Cash Flow from Financing Activities）是指涉及企业财务规模的更改或财务结构组成变化的活动，也就是导致企业资本及债务规模和构成发生变动的活动产生的现金流量。筹资活动产生的现金流量分为筹资活动产生的现金流入量、筹资活动产生的现金流出量以及筹资活动产生的现金流量净额三个部分。筹资活动产生的现金流量净额等于筹资活动产生的现金流入量减去筹资活动产生的现金流出量。企业的扩大化再生产需要进行对外筹资，于是会产生筹资活动的现金流入。因此，一般处于正常扩张期的企业，筹资活动产生的现金流量净额应该为正值。

（2）现金流量表补充资料

根据会计准则的规定，为了会计信息使用者更全面直观地了解企业财务变动情况及企业净利润与经营活动产生的现金流量净额之间的差异，企业不仅要提供以直接法编制，分别列报经营活动、投资活动和筹资活动现金流量的现金流量表主表，还要在附注中提供以净利润为基础调节到经营活动产生的现金流量净额的信息，即以间接法编制的现金流量表补充资料。

现金流量表补充资料是以净利润为起点，通过一些“加加减减项”，将净利润调整到经营活动产生的现金流量净额的过程。实际上，就是将权责发生制下的净利润调整成收付实现制下的现金流的过程。在会计上，我们会将进行调整的“加加减减项”称为应计项，就是那些影响企业利润但不影响现金流的项。

于是，我们可以将现金流量表补充资料的编制原理定义为另外一个恒等式，一般称为第三大会计恒等式，即“净利润=现金流+应计项”。净利润是进行调整的起始项，现金流即经营活动产生的现金流量净额是进行调整的结果项，应计项就是那些在调整过程中的“加加减减项”。比亚迪2020年、2021年和2022年三个会计年度的现金流量表补充资料见表2-5。

表2-5 比亚迪的现金流量表（补充资料）（2020—2022年）

单位：元

科目	2020年	2021年	2022年
一、将净利润调节为经营活动现金流量：			
净利润	6,013,963,000	3,967,266,000	17,713,104,000
加：资产减值准备	906,530,000	857,475,000	1,386,458,000
信用减值损失	951,902,000	388,074,000	989,521,000
固定资产折旧、油气资产折耗、生产性生物资产折旧	9,242,103,000	10,877,352,000	14,602,466,000
使用权资产折旧	169,970,000	272,929,000	584,227,000
无形资产摊销	3,073,097,000	2,928,244,000	5,099,231,000
投资性房地产折旧	2,685,000	2,574,000	2,495,000
长期待摊费用摊销	30,821,000	27,283,000	81,586,000
处置固定资产、无形资产和其他长期资产的损失（收益以“-”号填列）	375,662,000	112,802,000	876,123,000

续表

科目	2020年	2021年	2022年
公允价值变动损失（收益以“–”号填列）	51,267,000	–47,356,000	–126,098,000
财务费用（收益以“–”号填列）	3,123,801,000	1,907,642,000	616,273,000
投资损失（收益以“–”号填列）	–26,713,000	–31,631,000	769,184,000
递延所得税资产减少（增加以“–”号填列）	–392,596,000	–144,341,000	–1,773,589,000
递延所得税负债增加（减少以“–”号填列）	428,841,000	142,549,000	1,204,963,000
存货的减少（增加以“–”号填列）	–6,701,761,000	–12,892,770,000	–36,564,504,000
经营性应收项目的减少（增加以“–”号填列）	1,549,519,000	1,382,660,000	–17,546,586,000
经营性应付项目的增加（减少以“–”号填列）	26,515,194,000	55,595,180,000	152,528,799,000
其他	78,383,000	120,750,000	394,004,000
经营活动产生的现金流量净额	45,392,668,000	65,466,682,000	140,837,657,000
二、不涉及现金收支的重大投资和筹资活动：			
承担租赁负债方式取得使用权资产	506,529,000	961,161,000	2,189,430,000
三、票据背书转让：			
销售商品、提供劳务收到的银行承兑汇票背书转让	13,272,160,000	31,264,933,000	77,425,226,000
四、现金及现金等价物净变动情况：			
（一）现金及现金等价物的年末余额	13,738,498,000	49,819,860,000	51,182,457,000

续表

科目	2020 年	2021 年	2022 年
减：现金及现金等价物的年初余额	11,674,297,000	13,738,498,000	49,819,860,000
现金及现金等价物净增加额	2,064,201,000	36,081,362,000	1,362,597,000
（二）本期收到的处置子公司的现金净额			
处置子公司于本期收到的现金或现金等价物		223,931,000	
减：丧失控制权日子公司持有的现金及现金等价物		1,602,000	
处置子公司收到的现金净额		222,329,000	
（三）现金及现金等价物			
1. 现金	13,738,498,000	49,819,860,000	51,182,457,000
其中：库存现金	193,000	345,000	1,525,000
可随时用于支付的银行存款	11,788,305,000	35,119,515,000	46,448,591,000
可随时用于支付的其他货币资金	1,950,000,000	14,700,000,000	4,732,341,000
2. 年末现金及现金等价物余额	13,738,498,000	49,819,860,000	51,182,457,000

根据现金流量表的补充资料，我们可以看出影响到企业净利润的应计项包括十余种，主要有资产减值准备、信用减值损失、非流动资产折旧、无形资产和长期待摊费用摊销、处置非流动资产的损益、公允价值变动损益、财务费用、投资损益、递延所得税资产或负债的变化、存货的变化，以及经营性应收或应付项目的变化等。

在基本面分析中，我们千万不要忽视这个报表的重要性。现金流量表补充资料通过第三大会计恒等式将净利润和现金流联系起来，即将权责发生制下的收益与收付实现制下的收益联系起来。

根据第三大会计恒等式，我们可以将企业的利润拆分成两个部分，一部分是能够产生现金流的利润，另一部分是没有产生现金流的利润，即应计项。管理层出于特殊目的进行的盈余操纵行为，往往是对应计项的操纵，因为相对于现金流，应计项的操纵空间更大。

因此，在权责发生制下，更容易出现管理层的盈余操纵或盈余管理现象。可以说，应计项越大，企业的利润质量越差！我们还可以将应计进行进一步分解，可分解为非操纵性应计和操纵性应计。

非操纵性应计（Non-discretionary Accrual）是在权责发生制下，企业正常生产经营和业务往来所产生的应计，例如正常的产品赊销业务产生的应收账款，这个应计就属于非操纵性应计。操纵性应计（Discretionary Accrual）是管理层出于人为目的，为了实现盈余操纵和盈余管理的目的而计提的应计项，例如管理层为了增加盈利而多确认的应收账款，或者在应收账款计提坏账准备的时候进行的人为操纵，都属于操纵性应计。

（3）现金流量表分析要点

在分析企业的财务信息时，投资者会重点关注资产负债表和利润表，而往往忽视现金流量表。实际上，现金流量表的信息含量更为丰富，甚至比资产负债表和利润表还要重要。我们在解读现金流量表时，需要注意以下事项：

第一，经营活动产生的现金流是源于企业本源业务的现金，这也是企业现金流的核心。我们在分析现金流量表时，要特别关注企业经营活动的现金流入、流出和净额情况。经营活动产生的现金流量净额可以用于支付对外投资，也可以用于归还借款等外部筹资。如果企业经营活动产生的现金流量净额较低，不足以支付对外投资，就需要通过向银行贷款，发行股份、债券等方式筹措资金。

第二，现金流入和流出往往与企业的生命周期相匹配。处于不同生命周期的企业，其资金需求是不一样的，比如成长期、成熟期和衰退期的企业，往往在经营活动、投资活动和筹资活动中存在着截然不同的现金流表现。如果我们看到投资活动产生的现金流量净额为负值也不要感到奇怪，是由于成长期或成熟期的企业对外投资，会出现现金流出量大于流入量的现象。当然，如果投资活动产生的现金流量净额和经营活动产生的现金流量净额均为负，就需要高度警惕了，可能是多元化扩张所致，而且本源业务还无法产生足够的现金流支撑多元化扩张。

第三，现金流往往比企业利润真实有效。现金流相对于利润而言，并不容易受到操纵，在权责发生制下操纵利润容易，但在收付实现制下操纵现金十分困难。企业经营活动的现金流入量较高，一方面说明产品市场的销路好，往往采取现销甚至先款后货的方式，具有广阔的盈利空间；另一方面也说明企业采用先收款后发货的方式，不过早地确认收入，实际上也节约了一大笔税款。

2.3.5 所有者权益变动表

所有者权益变动表（Statement of Shareholders Equity），反映公司所有者权益的构成及其变动情况的报表。所有者权益变动表以矩阵的形式列示，通过期初金额加减本期变动金额，得到期末余额的计算过程，以表明构成所有者权益的各组成部分在一定会计期间的增减变动情况。

所有者权益变动表列示了两大类所有者权益的变动情况，即归属于母公司所有者权益和少数股东权益，这两大类所有者权益也在资产负债表中按照期末余额汇总列示。表2–6为比亚迪2022年度的所有者权益变动表。我们可以看出，比亚迪的股东权益包括归属于母公司所有者权益和少数股东权益两部分，而归属于母公司所有者权益又由股本、资本公积、其他综合收益、盈余公积和未分配利润等项目构成。

表 2–6　　比亚迪的所有者权益变动表（2022 年）

单位：元

科目	归属于母公司股东权益								少数股东权益	股东权益合计
	股本	资本公积	减：库存股	其他综合收益	专项储备	盈余公积	未分配利润	小计		
一、上年年末及本年年初余额	2,911,143,000	60,807,219,000		−124,055,000	10,369,000	5,009,088,000	26,455,907,000	95,069,671,000	9,174,538,000	104,244,209,000
二、本年增减变动金额				552,387,000			16,622,448,000	17,174,835,000	1,084,499,000	18,259,334,000
（一）综合收益总额										
（二）股东投入和减少资本										
1. 股东投入的普通股								567,694,000	507,625,000	507,625,000
2. 股份支付计入股东权益的金额		567,694,000							23,615,000	591,309,000
3. 授予限制性股票的影响			1,809,920,000					−1,809,920,000		−1,809,920,000
4. 其他		94,491,000						94,491,000	43,639,000	138,130,000
（三）利润分配										
1. 提取盈余公积							−1,829,453,000			
2. 对股东的分配						1,829,453,000	−305,670,000	−305,670,000	−79,464,000	−385,134,000
（四）专项储备										
1. 本年提取					1,709,000			1,709,000		1,709,000
（五）其他		236,489,000								
1. 子公司少数股东回购权								236,489,000	−393,914,000	−157,425,000
三、本年年末余额	2,911,143,000	61,705,893,000	1,809,920,000	428,332,000	12,078,000	6,838,541,000	40,943,232,000	111,029,299,000	10,360,538,000	121,389,837,000

值得注意的是，相对于资产负债表、利润表和现金流量表，企业的所有者权益变动表提供的增量信息并不多，基本上都可以根据前三张报表计算出来。因此，在基本面分析中，我们重点是关注前三张财务报表，即企业的资产负债表、利润表和现金流量表。

2.4 报表附注

除了四张财务报表外，企业财务报告还有一个重要组成部分，那就是报表附注，它们共同构成了我们通常所说的“四表一注”。报表附注（Footnotes）是对四张财务报表的编制基础、编制方法，以及重要科目的明细、文字描述和说明。具体而言，报表附注主要包括以下几个方面的内容：

第一，介绍四张报表的编制基础和重要的会计政策、会计估计方法。一般而言，在内地上市的企业，会采用国内企业会计准则，以人民币为计价本位币编制财务报表。但如果是在海外资本市场交叉、双重上市，还需要按照上市地的会计准则要求，采用外币为计价本位币编制财务报表。

另外，重要的会计政策、会计估计还包括金融资产的初始和后续计量采用的方法、存货的计价和盘存制度、长期股权投资采用的核算方法、固定资产的计量和折旧方法、收入和成本的确认与计量方法等。

第二，列示四张报表中重要会计科目的明细及期间内的增减变动情况，这也是报表附注的核心内容。主要包括：货币资金的构成以及是否存在抵质押和冻结的情况，应收账款的账龄构成，前五大客户以及坏账准备的计提方法，存货的构成及跌价准备计提方法、明细，长期股权投资的构成及会计期间内的变动情况，投资性房地产的期初数、期末数以及变动情况，固定资产的明细以及折旧和减值情况，无形资产的构成及明细，应付账款的账龄构成和明细，应付职工薪酬的构成及期间内变动情况，以及四张报表的其他科目和构成等等。

第三，披露一些重要的、四张报表之外的信息，主要有与金融工具相关的风险、关联交易等。由于金融工具往往是股票、债券类有价证券，期末采用公允价值计量，即特定时点的市价，极易随着市场环境发生变化，因此金融工具的投资风险就变得十分重要。企业一般会从信用风险、流动性风险、市场风险等角度披露金融工具在公允价值计量中可能存在的风险。

另外，关联交易也是在报表附注中披露的重要内容。母公司与子公司之间，以及子公司与子公司之间的交易都属于关联交易。关联交易往往存在着定价不公允、赊销赊购、回款困难，甚至直接的资金占用等现象。对于投资者来说，关联交易会产生风险，需要企业进行关联交易的信息披露，包括关联方的信息、交易的内容、交易金额等。

第四，或有事项也是需要向市场披露的重要信息，包括公司的对外承诺、诉讼、仲裁等。或有事项虽然不在报表中披露，但是一旦转化为确切的事项，往往会对公司的财务状况产生影响，形成风险事件。

第 3 章 / Chapter Three

基本面分析的逻辑框架

3.1 基本面信息的使用者

企业的所有利益相关者都有可能成为基本面信息的使用者，包括股东、债权人、供应商、管理层、客户、企业职工、竞争对手、法律诉讼方，甚至政府部门等。

（1）股东

股东（Shareholder）主要关心其权益投资的风险和回报，即资本的增值能力。投资报酬的多少，以及投资报酬能否满足股东期望的投资回报，是决定股东向企业投资，以及追加投资，抑或收回或转让投资的关键。因此，股东可以通过基本面信息判断企业的获利能力、投资回报率及经营的风险水平，以此做出自己的投资决策。

（2）债权人

债权人（Debtholder）包括银行、非银行金融机构（如财务公司、信托公司等）、企业债券的购买者等。债权人并不像股东那样十分关心企业的获利能力，但对企业的偿债能力却是时刻保持警惕。债权人一般分为短期和长期两种类型，短期债权人关注企业的短期偿债能力，而长期债权人关注企业的长期偿债能力。无论是短期还是长期债权人，他们均特别关注资本的保值能力。因此，对于债权人而言，他们可以通过基本面信息判断企业的偿债能力，以做出是否收回贷款或者进一步向企业追加资金的决策。

（3）供应商

供应商（Supplier）是向企业提供原材料、设备，或者劳务等的利益相关方。与债权人向企业提供债务融资情况类似，供应商在向企业提供商品或劳务后也成为企业的债权人。因而他们必须判断企业是否有足够的能力支付所购商品或劳务的价款。一般而言，大多数供应商更关注企业的短期偿债能力，但有些供应商由于与企业存在着较为长久稳固的业务联系，他们也会对企业的长期偿债能力予以额外关注。一般情况下，供应商可以通过基本面信息来判断是否继续向企业提供商品或劳务，尤其是通过赊销的方式授予企业商业信用。

（4）管理层

管理层（Manager）作为企业的经营管理人员，他们受股东或债权人的委托，对股东或债权人投入企业资本的保值和增值能力担负责任。管理层负责企业的日常经营活动，确保公司支付给股东与风险相适应的投资回报，及时偿还企业的到期债务，使企业的各种经济资源得到充分有效的利用，为企业不断获得盈利。他们不仅关心企业经营成果的表现，更关心企业财务状况变化的原因和企业经营发展的趋势。管理层既是企业基本面信息的提供者，也是使用者，他们可以通过基本面信息做出经营管理的决策。

（5）客户

客户（Customer）指企业产品的购买者或使用者，在许多情况下，企业可能成为某个客户的重要商品或劳务的提供方。客户特别关心企业能否长期持续经营下去，能否与之建立并维持长期的业务关系，能否为其提供稳定的货源。因此，客户可以通过基本面信息来判断企业的长期发展前景，从而有助于客户做出商业信用往来的决策。

（6）企业职工

企业职工（Employee）也是基本面信息的重要使用者。员工通常与企业保持长期稳定的雇用关系，他们关心工作岗位的稳定性、工作环境的安全性、获取报酬的前景，以及与员工持股或股权激励相关的激励计划等。因此，他们对企业的获利能力和偿债能力都会予以关注。

（7）竞争对手

竞争对手（Competitor）希望获取关于企业发展前景和财务状况的信息，以判断企业在行业中的地位和未来的发展空间。当竞争对手需要开发一种新产品，或者进入一个新的投资领域时，他们往往需要借助同行业企业的基本面信息加以分析和研判，从而做出投资决策。

（8）法律诉讼方

法律诉讼方（Litigant）是依法对企业提起诉讼的利益相关方。企业在商业往来、债权债务、对外投资、产品研发等过程中，难免会与利益相关方产生法律纠纷，包括债权人、客户、供应商和公司员工等，导致出现诉讼或者仲裁风险。因此，法律诉讼方在起诉企业或者约定仲裁时，也会关注基本面信息。

（9）政府部门

政府部门（Government）包括财政、税务、国有资产管理局和企业监管部门等。一般来讲，财政部门和企业主管部门通过基本面信息了解企业发展状况；税务部门侧重确定企业生产经营成果和税源；国有资产管理部门侧重掌握、监控国有资产保值增值情况。证监会等监管部门也会阅读企业基本面信息，以做出监管决策。企业的主要利益相关方如图3-1所示。

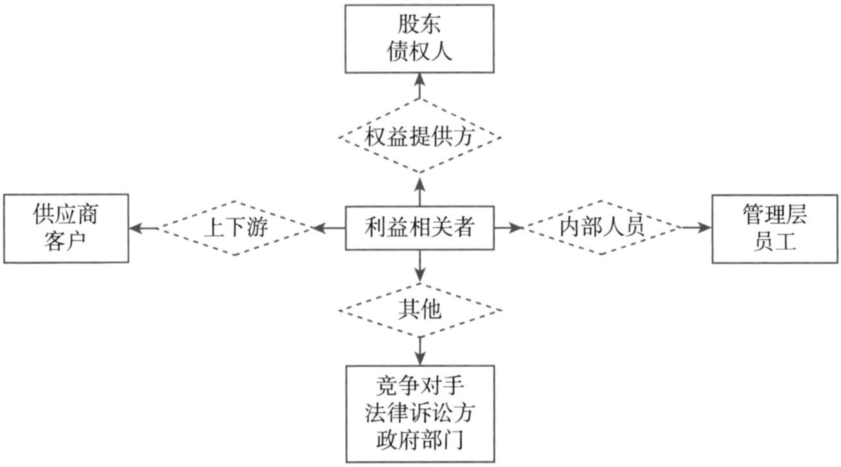

图3-1 企业的主要利益相关方

除了上述利益相关者外，资本市场的中介机构也是基本面信息的重要使用者，有证券投资公司、分析师、审计师、资产评估机构等。虽然企业的利益相关方众多，他们对于企业基本面信息的关注点也各不相同，但出于价值投资的目的，我们主要还是基于股东的视角来分析企业的基本面信息。当然，其他利益相关者一般与股东的利益是一致的，例如管理层在股权激励的情况下也会追求企业价值最大化，或者企业职工在拥有员工持股计划的时候也会迎合股东的价值追求。

但是，由于存在着信息不对称和委托代理问题，利益相关者之间也会产生相互矛盾之处。最典型的就是债权人追求保值，而股东追求增值，在出现利益冲突时，股东会无视债权人等其他利益相关者的诉求，而实现自身财富的最大化。

因此，在基本面分析中，我们需要站在股东的视角，分析企业的价值创造能力和所面临的风险。一方面，如果股东与其他利益相关者不存在利益冲突，我们通过基本面分析可以挖掘企业的增长潜力和价值创造能力；另一方面，如果股东与其他利益相关者存在冲突，我们通过基本面分析可以揭示可能存在的风险。所以说，一切有利于实现资本增值，并且有助于防范风险的信息都是我们进行基本面分析的重点。

3.2 基本面信息的构成

根据第2章的介绍，财务报告披露的信息包括两类：非财务信息和财务信息，它们共同构成了企业的基本面信息。基本面信息除了满足管理层和股东之间的受托责任外，对于利益相关者而言，还要符合决策有用观（Decision-making Relevant View），即为利益相关者进行决策提供有用的信息。决策有用观以利益相关者为中心，认为基本面信息要满足利益相关者的信息需求，更强调会计信息的相关性。对于基本面信息使用者而言，无论是财务信息，还是非财务信息，都应该具有决策有用性。

3.2.1 非财务信息

企业会在财务报告中披露大量的非财务信息，可以大致划分为以下八大类：

第一，行业环境和政策信息。包括行业经营环境、发展前景，宏观政策等，行业竞争程度（集中还是分散），公司所处的行业位置等，国家宏观或行业层面的政策发布与执行情况，给公司带来的机遇或挑战等。

第二，战略性和前瞻性信息。包括公司的战略规划，重大投融资决策和并购重组规划，以及面对行业和政策的不确定性所做出的战略应对。公司对于环境和社会责任的履行情况和规划也可以归为此类。

第三，业务类和产品类信息。包括公司所处的业务领域、业务范围，以及某些业务和产品在行业中的地位和排名情况，业务拓展规划等，公司的产品种类、核心产品信息、产品质量，以及新产品的创新和研发情况。

第四，大客户和供应商信息。公司主要客户和供应商情况，包括客户名称、交易金额、占比等，当然有些企业出于商业机密的考虑，可能会隐去大客户和供应商的名称。一般而言，大客户和供应商可以为企业提供稳定的供应链支持，但客户和供应商过于集中也会出现供应链断裂的风险。

第五，事务所和中介类信息。为企业提供审计、法律咨询或资产评估，承销保荐、持续督导等服务的中介机构，包括会计师事务所、律师事务所、资产评估机构、证券公司等，它们凭借自身声誉和行业专长发挥着中介机构的功能。

第六，高管团队和员工信息。包括董监高的个人简介、履历情况、薪酬水平、履职年限等，以及员工的数量、年龄和学历构成等。董监高等高管的行业经验、个人履历和社会关系，是企业创造价值的宝贵财富。

第七，公司治理和股东信息。包括公司的治理结构、规章制度、董事会和股东会安排，董监高等高管的会议出席情况等，以及十大股东的构成、持股和占比情况，股权结构的分散或集中情况，机构投资者的名称和持股情况等。

第八，公司风险和防范信息。公司在经营过程中面临的风险和不确定性因素，包括市场竞争风险、产业链上下游的稳定性，以及关联交易情况，未决诉讼和仲裁情况及其他或有事项。同时包含公司为防范风险所做出的风险应对策略。

3.2.2 财务信息

大部分财务信息来源于企业的财务报表，但有些也来源于财务报告中的其他部分，例如公司年报的“第二节：公司简介和主要财务指标”中。虽然财务报表是最主要的财务信息来源，但由于财务报表中的数据相对比较复杂，内容量较大，初学者看到之后往往会一头雾水，解读起来十分麻烦。

我们认为财务数据的变化往往蕴含于最简单的财务指标中，找出最主要的几个指标进行分析，便可以发现一些规律性的现象。因此，我们从财务信息中遴选出八大绝对指标和八大相对指标。

（1）八大绝对指标

价值投资者应该特别关注以下八大绝对指标，分别是：营业收入、营业成本、净利润、扣非净利润、经营活动产生的现金流量净额、总资产、净资产、总市值。

第一，营业收入，是指企业当期销售收入，包括主营业务收入和其他业务收入。

第二，营业成本，是指企业当期销售产品对应的成本，包括主营业务成本和其他业务成本。

第三，净利润，是指企业税后利润，等于利润总额减去所得税。

第四，扣非净利润，是指归属于公司股东的扣除非经常性损益后的净利润，等于净利润减去非经常性损益。其中非经常性损益是指那些与正常经营业务无直接关系，具有偶发性的利得或损失。

第五，经营活动产生的现金流量净额，是指经营活动现金流入扣除经营活动现金流出后的净额。

第六，总资产，是指企业的资产总额，包括流动资产和非流动资产。

第七，净资产，是指企业资产总额扣除负债总额后的净额，净资产即企业的所有者权益。

第八，总市值，是指企业股票的市场价值。

上述八大指标中，除营业成本和总市值外，其余六个指标均可以在企业财务报告的“第二节：公司简介和主要财务指标”中查找获得。营业成本可以从企业利润表中查找，总市值可以在财经网站上获取。表3-1列示了新能源汽车企业比亚迪2018—2022年的八大绝对指标情况。

表3-1　比亚迪的八大绝对指标（2018—2022年）

单位：元

指标	2018年	2019年	2020年	2021年	2022年
营业收入	130,054,707,000	127,738,523,000	156,597,691,000	216,142,395,000	424,060,635,000
营业成本	108,725,343,000	106,924,288,000	126,251,380,000	187,997,689,000	351,815,680,000
净利润	3,556,193,000	2,118,857,000	6,013,963,000	3,967,266,000	17,713,104,000
扣非净利润	585,595,000	230,506,000	2,953,923,000	1,254,619,000	15,637,792,000
经营活动产生的现金流量净额	12,522,909,000	14,741,007,000	45,392,668,000	65,466,682,000	140,837,657,000
总资产	194,571,077,000	195,641,593,000	201,017,321,000	295,780,147,000	493,860,646,000
净资产	60,693,979,000	62,601,420,000	64,453,912,000	104,244,209,000	121,389,837,000
总市值	139,100,000,000	125,500,000,000	512,700,000,000	788,500,000,000	741,200,000,000

根据表3-1，我们可以看出，比亚迪的营业收入近几年变动幅度较大，尤其是2021—2022年，几乎是翻倍增长，由2,161亿元增长至4,241亿元，主要得益于近两年比亚迪的新能源汽车销量高涨。伴随营业收入的增长，比亚迪的净利润也呈现快速增长态势，由2021年的40亿元增长至2021年的177亿元，增长了三倍之多，也比2020年的净利润高点增长了近两倍。

另外，比亚迪的扣非净利润在2018—2021年与当年净利润相差甚多，直至2022年，比亚迪扣非净利润基本接近当年净利润，主要是由于比亚迪在2018—2021年获得了较多的无法计入经常性损益的政府补助，在2022年，政府补助比例相较于以往年度有所下降。比亚迪的经营活动产生的现金流量净额、总资产、净资产在2018—2022年均呈持续上升趋势，同时，比亚迪的总市值也在不断上升，2021年和2022年已突破7,000亿元。

（2）八大相对指标

根据上述八大绝对指标，我们可以计算另外常用的八个相对指标，分别是：毛利率、销售净利润、ROA、ROE、资产负债率、总资产周转率、市盈率和市净率。

第一，毛利率，等于企业营业毛利与营业收入之比，其中营业毛利等于营业收入减去营业成本，用公式表示：毛利率=（毛利/营业收入）×100%。

第二，销售净利润，是指净利润与销售收入（营业收入）之比，用公式表示：销售净利率=（净利润/营业收入）×100%。

第三，ROA，即总资产收益率，是指净利润与企业总资产的比率，反映每一单位资产所创造的净利润。

第四，ROE，即净资产收益率，是指净利润与企业所有者权益的比值，反映每一单位权益资本所赚取的净利润。

第五，资产负债率，是指企业负债总额与资产总额之比，其中负债总额等于资产总额减去所有者权益。

第六，总资产周转率，用营业收入除以总资产所得。

第七，市盈率，是指股票总市值与净利润的比率，反映普通股股东为获取每一单位净利润所愿意支付的股票价格。

第八，市净率，是指股票总市值与净资产即所有者权益的比率。

新能源汽车企业比亚迪2018—2022年的八大相对指标情况见表3-2。我们可以看出，比亚迪的毛利率除2020年略有上涨，而2021年略有下滑外，其余年份变化不大。伴随毛利率的变化，销售净利率也呈现出相同的变动趋势。ROA和ROE在2022年达到峰值，分别为5.67%和16.14%，说明比亚迪的盈利能力在2022年得到大幅的提升。

另外，比亚迪的资产负债率已经超过了60%，2018—2020年都保持在68%左右，2022年甚至突破了70%，对于一般制造企业来说，已经是相当高的资产负债率。具体的负债质量如何，还需要进一步分析负债的构成。总资产周转率也呈现出上升趋势，说明比亚迪的资产运营效率得到提升。另外，市盈率和市净率呈现出一定的波动趋势。

表3-2　　比亚迪的八大相对指标（2018—2022年）

指标	2018年	2019年	2020年	2021年	2022年
毛利率	16.40%	16.29%	19.38%	13.02%	17.04%
销售净利率	2.73%	1.66%	3.84%	1.84%	4.18%
ROA	4.03%	3.03%	5.05%	2.59%	5.67%
ROE	4.96%	2.62%	7.43%	3.73%	16.14%
资产负债率	68.81%	68.00%	67.94%	64.76%	75.42%
总资产周转率	0.67	0.65	0.78	0.73	0.86
市盈率	34.22	46.75	314.31	184.34	245.66
市净率	2.75	2.48	8.91	9.43	7.23

3.3 基本面信息的分析方法

3.3.1 "战略—业务—财务"

在对企业基本面信息进行分析时，需要分析非财务信息和财务信息，我们认为需要遵循"战略—业务—财务"的分析思路，即由战略分析，到业务分析，再到财务分析。

战略分析（Strategy Analysis）是一种系统化的过程，用于评估和理解公司的当前状况以及未来的潜在机会和威胁，包括对外部环境的分析，比如市场趋势、竞争对手、政府政策等，还要考虑内部因素，如资源配置、技术能力、人员管理等。通过进行战略分析，我们可以更好地了解企业的优势和劣势，以及与其发展目标相符合的长期规划。我们认为所有带来企业竞争格局发生变化的重大决策都属于战略分析的范畴。

业务分析（Business Analysis）是一种系统性的方法，用于识别、理解和改善企业的产品生产、业务流程和风险控制。它旨在确定业务需求，识别问题并提供解决方案，以提高企业的效率和业务结果。由于业务是企业战略落地实施的关键，业务分析也是验证企业战略规划是否有效的重要方法。

财务分析（Finance Analysis）是一种评估公司财务状况和业绩的过程。这个过程涉及对资产负债表、利润表、现金流量表等财务数据的分析，以了解公司的财务健康状况。通过财务分析，投资者可以对企业财务风险和投资价值进行评估，以帮助其做出有效的投资决策。

在遵循"战略—业务—财务"的分析思路时，价值投资者还可以采取逆向分析的方式，即由财务倒推业务，再倒推企业战略。我们认为企业财务指标出现问题，往往是由于业务出现问题，而业务出现问题，往往又是战略出现问题所致。

3.3.2 非财务信息的分析重点

根据前文介绍，我们知道非财务信息决定着企业价值中的市场溢价部分，因此，对于非财务信息进行分析的目的就是挖掘企业增长潜力，防范增长风险，以获取市场溢价空间。

在对非财务信息进行分析时，我们可以将其分为两类：风险类信息和增长类信息。风险类信息用于揭示企业在经营过程中所面临的风险，增长类信息用于判断企业未来的增长空间。

虽然追求增长是价值投资的目的，但防范风险是追求增长的前提。巴菲特曾经说过："投资的第一原则是永远不要亏钱，第二原则是记住第一原则。"实际上，价值投资的第一原则是防范风险，第二原则才是追求赚钱。

（1）风险类信息

财务报告中披露了大量关于揭示和防范风险的信息，价值投资者在进行分析时可以重点关注。主要有：

第一，公司经营所在地的宏观环境。公司经营所在地的经济发展水平、法治环境，例如执法水平和效率、社会文化、税收政策等，都会影响到企业的经营绩效。那些处于经济发展水平较低或者法制环境较差地区的企业，经营业绩也不会太好。

第二，公司业务领域的复杂程度。一般情况下，企业是有规模边界的，不可能无限制地扩张，因为在企业规模扩张过程中会受到政策、资金、人员结构、组织能力等各种因素的制约。企业所从事的业务领域越复杂，例如进行大规模的多元化扩张，越容易给企业绩效带来不好的结果。近几年由于无序的多元化扩张而失败的案例比比皆是，例如乐视网、康得新、中国恒大集团（股票代码：03333.HK）等。

第三，高管团队的专业知识基础。高管团队拥有经营业务相关的从业经验和专业知识，是确保公司在激烈的商业竞争中制胜的关键，尤其是那些处于非垄断地位、依靠科技实力和技术研发能力的企业。例如生物医药类企业，由于董事长和总经理不具有医药专业知识，导致出现造假事件，给股东带来损失，如上市公司长生生物（股票代码：002680.SZ，已退市）、康美药业（股票代码：600518.SH）等。

第四，客户集中或依赖大客户情况。当企业客户过于集中，或者过度依赖单一大客户时，很容易受到供应链带来的压力。当大客户经营业绩不佳，受到外部环境影响或者供应链断裂时，也会给上游企业带来负面影响。例如，上市公司欧菲光（股票代码：002456.SZ）被踢出苹果公司的供应商后，导致连续巨额亏损。另外，在企业IPO时，过度依赖单一大客户也经常是监管层关注的重点。

第五，会计师事务所等中介机构的资质水平。当企业聘请的会计师事务所等中介机构的资质较差时，例如排名较低、行业专长不足，甚至以前出现过违规或造假事件，我们认为他们给企业出具的审计报告质量也不会太高。当然，其他类型的中介机构也是如此，包括增发股票时聘请的承销商、并购重组时聘请的财务顾问，以及资产评估机构、法律咨询机构等。

第六，是否存在着未决诉讼或仲裁事项。未决诉讼或仲裁事项作为企业的风险事件，会形成企业的或有负债，继而影响到企业的投融资决策，也会对企业声誉产生负面影响。因此，在分析非财务信息时，我们要特别关注未决诉讼或仲裁事项所带来的潜在风险。

（2）增长类信息

第一，行业发展前景和发展空间。公司处于国家扶持、政策导向类行业，具有垄断地位的朝阳产业，或者关系到国际民生的产业。例如，有色新能源企业如宁德时代（股票代码：300750.SZ）、天齐锂业（股票代码：002466.SZ），白酒企业如贵州茅台（股票代码：600519.SH）等。

第二，企业的战略布局和规划。战略规划对于企业发展至关重要，战略规划要具有前瞻性，能够应对风险和未来不确定性的挑战。比如新能源汽车企业比亚迪，早在燃油车时代就大力推进新能源汽车的研发创新，并不断地迭代更新。

第三，产品市场地位和议价能力。对于企业而言，能够确保战略规划有效实施的关键还是产品市场，即“产品、产品，还是产品”。产品市场占有率和上下游的议价能力越高的企业，未来的增长空间越大。

第四，稳定的产业链和供应链结构。产业链和供应链的稳定对于企业保持长期、稳定、可持续的发展至关重要，尤其是面临外部风险事件冲击时。一般而言，处于产业链核心地位的企业，其产业链结构的稳定性更强。

第五，员工素质和优秀员工的激励情况。高素质的员工是企业的核心竞争优势，尤其是依靠研发创新的高新技术企业。员工的学历结构、技术人员和研发人员的占比情况，以及有没有员工持股计划和股权激励等，都是企业保持增长潜力的关键。

第六，产品创新和研发能力。研发投入和创新能力也是重要的增长类信息，可以通过查看企业是否拥有本领域的核心专业技术，技术能否及时更新迭代，对于自主研发的技术是否研发成功、能否在市场中获得竞争优势等，来判断企业的增长能力。

3.3.3 财务信息的分析方法

财务信息决定着企业价值中的账面价值部分，因此，我们分析财务信息的目的主要有两个：一是通过一些财务指标的比较和分析，挖掘企业账面价值的构成，以及存在的溢价空间；二是通过历史的财务数据及其变化，并结合非财务信息分析的结论，判断企业未来的增长空间。

我们认为在分析财务信息时，需要重点关注那些“金额大”“变化大”或者“占比高”的指标。当然，可以遵循“大道至简”的原则，即针对上述若干主要财务指标，采取相对比较简便的分析方法，主要有趋势分析法、横向比较法和匹配分析法三种。

（1）趋势分析法（Vertical Analysis）

又叫纵向分析法，是通过分析财务数据的纵向变动趋势，掌握其变化规律，并预测未来走向的分析方法。通过趋势分析，我们可以确定某个财务数据的增减变动方向、数额或幅度，以掌握有关数据的变动趋势或发现异常的变动。

趋势分析之所以有效，一方面是因为财务指标的增减变动具有动量效应，即过去的高增长预示着未来增长速度较高的可能性也大，基于过去研判未来是可行的；另一方面也可以根据增减变动的异常变化查找原因，以判断未来的增长是否具有可持续性。趋势分析往往配以折线图、柱状图等形式加以展示。新能源汽车企业比亚迪2018—2022年经营活动产生的现金流量净额变动趋势见图3–2。

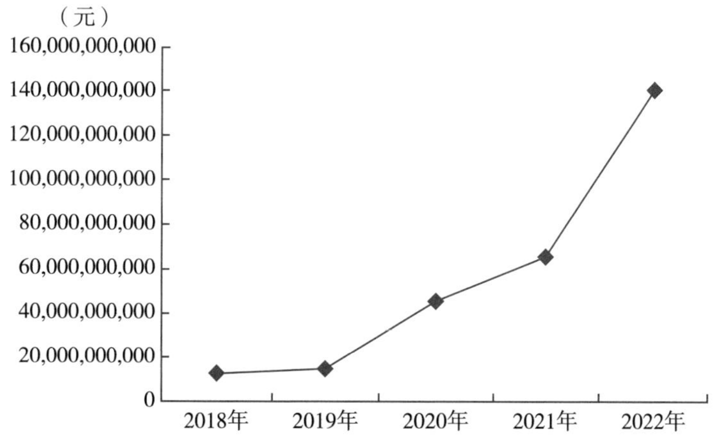

图3–2 比亚迪经营活动产生的现金流量净额变动趋势

比亚迪2018—2022年经营活动产生的现金流量净额整体呈上升趋势，2020年、2021年和2022年三年增长幅度均较大，分别由454亿元增长至635亿元，然后增长至1,409亿元。2020年上升原因在于经营活动相关支出金额大幅下降，2022年则是由于新能源汽车销量激增带来的销售商品、提供劳务收到的现金大幅上升，进而提高了经营活动产生的现金流量净额。

（2）横向比较法（Horizontal Analysis）

又叫行业分析法，是通过对同行业可比公司财务数据的横向比较，找出公司间的差异，并分析产生差异的原因。行业比较的关键是找出同行业可比公司，我们可以通过业务范围、产品类型、财务指标等选择可比公司，例如业务范围相近、产品类型类似、公司规模相当、资产负债水平一致等。

通过财务数据的横向比较，找出与同行业可比公司的差异。虽然是比较财务数据的差异，并分析产生差异的原因，但我们分析的关键是要深入到业务层面，由财务数据反推业务的差异，甚至战略规划的差异。我们以比亚迪和同属于汽车制造企业的上市公司长城汽车（股票代码：601633.SH）为例，两家企业2018—2022年净利润的横向比较见图3-3。

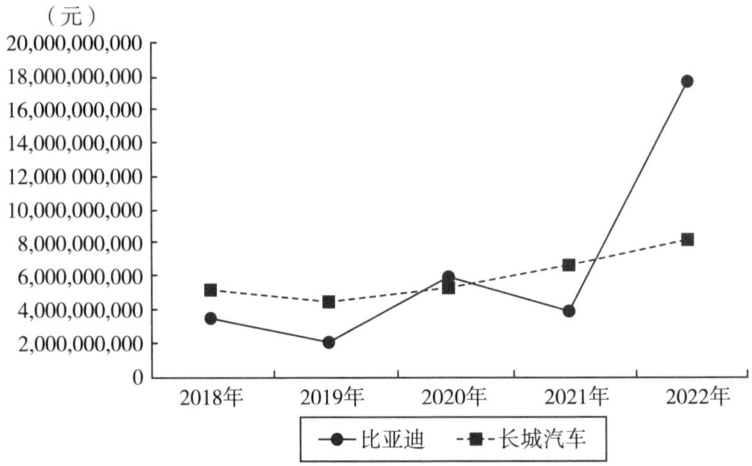

图3-3　比亚迪和长城汽车净利润的横向比较

根据比亚迪和长城汽车各年度的横向比较，我们可以看出，近几年长城汽车的净利润走势较为平稳，而比亚迪的净利润呈现出阶段性上升趋势。2018年和2019年，比亚迪的净利润明显低于长城汽车，但2020年在新能源汽车全面发展的浪潮下，比亚迪的新能源汽车产销量逐渐增加，公司净利润显著上升，并超过了长城汽车。随着近两年比亚迪新能源汽车技术的不断迭代更新，2022年其净利润更是实现了质的飞跃，远远超越长城汽车。当然，在战略层面，比亚迪净利润的快速上涨得益于公司在几年前就开始推动的大力发展新能源汽车的战略规划。

（3）匹配分析法（Matching Analysis）

匹配分析法是在趋势分析法和横向比较法的基础上衍生出来的分析方法，通过分析某一特定企业两个或多个相互关联的财务数据的变动趋势，找出数据之间的差异，并分析产生差异的原因。例如，要判断企业的利润质量，一方面可以通过净利润和扣非净利润的匹配分析，查看利润是否具有可持续性；另一方面可以通过净利润与经营活动产生的现金流量净额进行匹配分析，查看利润产生现金流的能力。

在匹配分析中，我们需要特别关注两个相互匹配指标的异常变化情况。例如在分析企业利润产生现金流的能力时，我们可以通过比较净利润与经营活动产生的现金流量净额是否匹配并加以分析，可以观察这两个指标近几年的变动趋势。如果发现突然有一年二者的走势变得不那么匹配，我们就需要重点关注这一年公司是否发生了重大战略调整或业务变化。比亚迪2018—2022年净利润和经营活动产生的现金流量净额的匹配走势见图3-4。

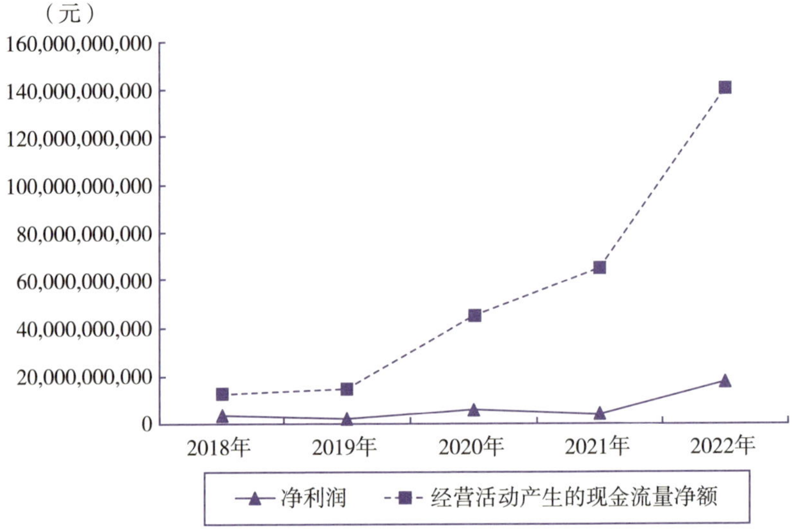

图3-4 比亚迪净利润和经营活动产生的现金流量净额走势

从匹配分析的走势图来看，2018—2022年比亚迪经营活动产生的现金流量净额远远高于对应年度的净利润，而且二者之间的差异有逐渐扩大的态势。匹配分析显示，经营活动产生的现金流量净额与净利润的走势由2018年和2019年的较为匹配，逐渐演变为并不匹配，表现出现金流增长更快的现象。我们认为这种不匹配是向好的方向发展的不匹配，根据第2章的介绍，现金流相对于净利润是质量更高的回报，说明比亚迪近几年经营活动获取现金的能力逐渐增强，即净利润的含金量越来越高。

当然，并非所有的公司都具有这种变化走势，有些公司会表现出净利润高于经营活动产生的现金流量净额的现象，甚至二者之间的变动“上蹿下跳”。如果出现二者之间由匹配变得不那么匹配，我们就要从业务和战略的角度分析不匹配产生的原因。

3.4 基于价值投资的基本面分析框架

3.4.1 “五个钱”的分析框架

从现金的角度来看，我们可以把企业的运作归为“五个钱”，这五个钱也是基本面分析的逻辑框架。基本面分析就是要解决企业“五个钱”的问题：“筹钱”“用钱”“挣钱”“有钱”和“值钱”的问题。

第一，“筹钱”。用于解决企业经营资金“从哪里来”的问题，由股东投入还是向债权人借贷而来，这是企业经营的起点。筹钱就是选择合适的筹资对象，采取合理的筹资方式，以较低的筹资成本，获取足够的经营资金。因此，“筹钱”是企业价值创造的起点。

第二，“用钱”。用于解决企业经营资金“到哪里去”的问题，也是企业资金的配置和使用的过程。在拿到现金之后，企业是购买原材料等流动资产，还是配置到固定资产中，如何配置才能实现现金的快速增值。只有钱用的高效，才能给企业创造源源不断地价值增值。因此，“用钱”是企业价值创造的关键。

第三，“挣钱”。用于衡量企业在一段时间内的经营所得的过程，这个所得是权责发生制下编制的企业利润。在现代企业会计制度中，权责发生制的会计核算原则决定了企业在用钱之后会产生会计上所说的“利润”，即挣钱的过程。“挣钱”是企业价值创造的保障。

第四，“有钱”。企业有了利润，即能够挣钱，但不一定有钱。利润是权责发生制下的经营所得，具有易于操纵、不够真实等特点，利润往往表现为一堆数字，而有钱才是企业的真金白银。因此，我们要将权责发生制下的利润转变为收付实现制下的现金，即企业既要挣钱，也要有钱。因此，“有钱”是企业价值创造的源泉。

第五，“值钱”。值钱可以说是企业经营和价值创造的终极目标，所有的筹钱、用钱、挣钱和有钱，都是为了追求一个终极目标，即值钱。企业在经营一段时间后，所做出的出让股权、并购重组、上市融资等决策，都需要估算企业价值。站在股东的角度，企业可以不挣钱，甚至可以没有钱，但不能不值钱。

上述“五个钱”是本书讲解基本面分析与价值投资的基本逻辑框架。本书后续章节就是按照这“五个钱”的框架，并采用“战略—业务—财务”的分析思路，借助趋势分析、横向比较和匹配分析等方法展开讨论和分析。“五个钱”的分析框架见图3–5。

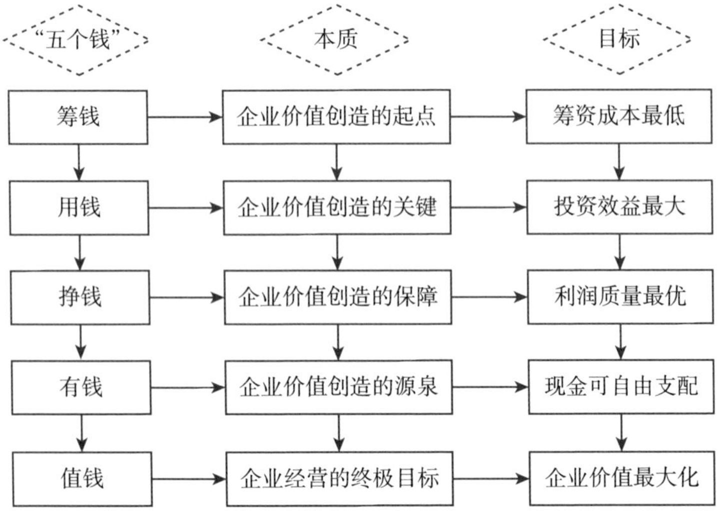

图3–5 “五个钱”的分析框架

无论何种性质的企业，包括制造企业、房地产企业，甚至金融企业等等，在经营过程中都离不开这五个钱。

因此，对于价值投资者，就是要站在董事长、总经理或财务总监的角度去思考公司的经营决策，“筹钱”分析的目的是实现筹资成本最低，

“用钱”分析的目的是实现投资效益最大，“挣钱”分析的目的是实现企业的利润质量最优，“有钱”分析的目的是实现企业现金流的可自由支配，而“值钱”分析的目的是实现企业价值的最大化。

3.4.2 基本面分析体系

基于上述“五个钱”的分析框架，并结合我们提出的“战略—业务—财务”分析思路，本书进一步提出基于价值投资的基本面分析体系，如图3-6所示。

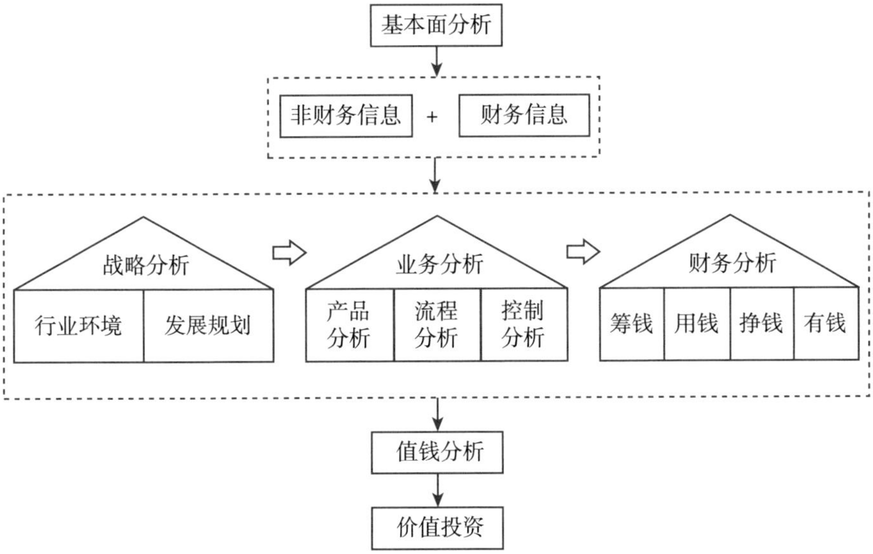

图3-6 基于价值投资的基本面分析体系

首先，基本面分析是价值投资的主要手段，投资者通过对基本面信息的分析，确定一家企业的内在价值，以便做出投资决策。

其次，基本面信息包括非财务信息和财务信息两种类型，在对基本面信息进行分析时，我们一般坚持“大道至简”的原则，重点分析若干主要的非财务信息和财务指标。

再次，遵循“战略—业务—财务”的分析思路，以战略分析为起点，到业务问题，并进一步到财务分析。在战略分析中，重点解读企业所处的行业环境以及发展规划；在业务分析中，需要重点分析产品情况、产业链流程、风险控制环境等；在财务分析中，重点从“筹钱”“用钱”“挣钱”“有钱”四个维度进行分析。当然，也可以进行逆向分析，由财务倒推业务，再倒推企业战略。我们认为企业财务指标出现问题，往往是由于业务出现问题，而业务出现问题，往往又是战略出现问题所致。

最后，在上述分析的基础上，进一步对企业价值进行评估，估计企业的内在价值，即进行“值钱”分析，并做出价值投资决策。

第 4 章 / Chapter Four

"筹钱"分析：企业价值创造的起点

4.1 企业、投资者与资本市场

如果你想创办一家公司，要做的第一件事情就是要为公司经营筹集足够的资金，即解决公司第一个"钱"——"筹钱"的问题，这也是企业价值创造的起点。

一开始，你可能会使用自有资金，或者向亲戚朋友借来的钱投入企业经营。但是，随着业务量的不断扩大，企业资金需求也会迅速增加，于是就出现了种子轮、天使轮、A轮、B轮、C轮等一轮又一轮的融资行为，以满足不断增长的资金需求。等到条件成熟，企业还可以选择在资本市场上市融资，开展资本运作。图4-1列示了企业、投资者与资本市场之间的关系。

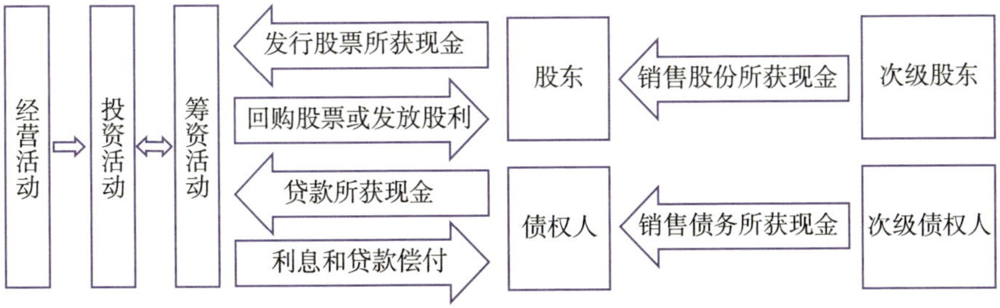

图4-1　企业、投资者与资本市场之间的关系

根据图4-1，左边显示企业的三类活动，无论何种类型的企业，都会面临着经营活动、投资活动和筹资活动，而经营活动和投资活动所需要的资金源于企业的筹资活动。企业在“筹钱”中，可以面向两类投资者筹集资金：股东和债权人。

企业通过发行股票的形式向股东筹集资金，并通过发放现金股利的形式向股东返还回报；对于债权人，企业通过借贷的形式向债权人筹集资金，并到期还本付息。

企业和投资者之间的这种双向互动关系构成了一级资本市场。企业的种子轮、天使轮、A轮、B轮、C轮等都属于一级资本市场的融资行为。当然，一级资本市场的股东和债权人还可以通过二级资本市场进行交易，他们把股票或债权在二级资本市场上销售出去，形成次级股东和次级债权人。股东与次级股东、债权人与次级债权人之间的互动关系共同构成了二级资本市场。

企业要想获得足够的经营发展资金，就要懂得如何在资本市场上进行“筹钱”。如果企业缺少足够的经营发展资金，既无法满足经营活动的资金需求，也难以保障必要的投资活动的现金支出，为股东创造价值也将无从谈起。因此，我们可以认为“筹钱”是企业价值创造的起点。

4.2 企业“筹钱”的渠道

“筹钱”主要解决“向谁筹”和“如何筹”的问题，“向谁筹”即筹资对象的选择，“如何筹”是筹资方式的选择。关于筹钱对象和筹钱方式，我们可以从资产负债表的右端来衡量。

由于资金提供方所享受的权利和义务的差异，“筹钱”的渠道可以分为股权筹资和债务筹资两种类型。股权筹资是向股东筹资，即资金提供方成为公司的股东；债务筹资是向债权人筹资，即资金提供方成为公司的债权人。因此，从财务报表上来看，与筹钱相关的会计科目主要集中在资产负债表的负债和所有者权益部分，即双栏式资产负债表的右端。

4.2.1 股权筹资

股权筹资是指以发行股票的方式进行的筹资行为，资金提供方成为公司的股东。股东以其持有的公司股份拥有对公司净资产的要求权、投票权和参与公司治理的权利，股东追求资本的增值。对于上市公司来说，股权筹资的渠道主要有首次公开发行、配股、增发和可转换债券。

（1）首次公开发行

首次公开发行（Initial Public Offering，IPO），即企业通过公开发行股票，向社会公众募集资金的方式。在IPO中，拟上市公司需要聘请投资银行作为保荐人和承销商，根据募集资金额度确定发行价格，并向市场销售。一般情况下，在首次公开发行中存在着IPO抑价现象，即首次公开发行定价明显低于上市初始的市场价格。由于发行人和外部投资者存在着信息不对称，较低的发行定价可以"把（更多的）钱留在桌子上"（Leave the Money on the Table）。

（2）配股

配股（Allotment of Shares）是指上市公司依据有关法律规定和程序，根据公司发展需要，按股票持股比例，并以低于市价的某一特定价格，向原有股东配售一定数量新股的融资活动。配股的对象是原有股东，最大的特点是按股票市价作一定折价确定配股价格，折价是为了鼓励股东出价认购。

（3）增发

增发（Seasoned Equity Offering，SEO）是指已上市公司通过向特定投资者或者全部投资者额外发行股份以募集资金的融资行为，发行价格往往是发行前某一期间平均价的一定比例，是募集资金的一种融资方式。按不同分类方式，增发股份可以分为公开增发和定向增发。公开增发是向社会公众投资者公开发行股份募集资金的方式；定向增发指上市公司通过非公开方式，向特定对象发行股票的融资行为。

（4）可转换债券

可转换债券（Convertible Bond）属于债券的一类，是其持有者能够依据债券发行时协定的价格将公司债券转换成普通股的一种融资方式。如果公司债券持有人不愿意转换，他们可以在偿还期满前继续持有债券，以收取本金和利息，或是在流通市场上出售。若债券持有人对发债公司股票增值潜力持乐观态度，可以在宽限期后进行转换，根据约定的转换价格将公司债券转换成股票。可转换债券兼具债权和股权的特征。

股东把资金提供给企业，他们后续可以通过现金股利和资本利得的形式获得投资回报。现金股利（Cash Dividends）是企业以现金的形式分配给股东的红利，经常按照净利润的一定比例加以支付。资本利得（Capital Gains）指股东将股票在资本市场上进行交易，由于卖出价高于买入价而赚取的差价收益。

为了获取尽可能多的投资回报，股东特别希望能够实现现金股利和资本利得的持续增长，这些都需要企业良好的基本面支撑。对于股东而言，他们特别看重资本的增值能力，企业基本面表现越好，股东所投入资本的增值潜力越大。

4.2.2　债务筹资

债务筹资是通过向金融机构借款、发行公司信用类债券，或者商业信用的形式筹措资金的方式，资金提供方成为公司的债权人。债权人追求资本的保值。对于上市公司来说，债务筹资的渠道主要有银行借款、公司信用类债券、商业信用和融资租赁。

（1）银行借款

银行借款（Bank Loan）是指向商业银行或者非银行类金融机构进行的借款，商业银行有五大国有银行、国有股份制银行、城市商业银行、政策性银行、邮储银行和民营银行等。非银行类金融机构有信托公司、财务公司、小额贷款公司等。中国是一个以银行为主导的融资体系，在上市公司的融资构成上，有近80%的融资是通过商业银行类贷款的方式来完成的。

（2）公司信用类债券

公司信用类债券（Corporate Credit Bonds）包括四种类型：企业债、公司债、中期票据和短期融资券等。它们是公司依照债券发行程序，约定在一定期限内还本付息的有价证券。发债公司按照约定向债权人支付利息，债券到期后按照票面金额无条件向债权人偿还本金。公司信用类债券属于直接融资行为，企业在发行债券的时候需要聘请金融中介机构作为承销商，负责债券定价和承销发行。

（3）商业信用

商业信用（Trade Credit）是指在商品交易中由于延期付款或预收货款、提前付款或延期收款所形成的企业间的借贷关系。商业信用类融资是企业由于延期付款或预收货款所形成的商业债务，在财务报表中对应的会计科目有应付票据、应付账款、预收款项和合同负债等。商业信用融资对于企业来说是一种无息负债，可以不负成本地获得供应链上下游的资金支持，即向客户或供应商筹钱。在企业战略管理中，这一行为又被称为OPM战略（Other People's Money）。

（4）融资租赁

融资租赁（Financing Lease）是指出租人根据承租人对出卖人（供货

商）的选择，向出卖人购买租赁物，提供给承租人使用，承租人支付租金，承租期满，货物所有权归属于承租人的交易。融资租赁的出租人一般是专业的融资租赁公司或金融机构，他们拥有雄厚的资金实力，可以将设备购买后出租给承租人，并向承租人定期收取租金。

对于债权人来说，他们把资金提供给企业，追求资本的保值，即到期收回本金和必要的利息。对于提供商业信用等无息负债的债权人而言，他们甚至只希望到期收回欠款。

随着金融市场的发展，企业的筹资方式也在不断创新。最近几年不断涌现出大量新型筹资方式，代表性的有供应链金融、金融科技、股权质押、知识产权质押、委托贷款等。但是，对于上市公司而言，主流的融资方式仍然是上述几种类型。企业主要的“筹钱”渠道见图4-2。

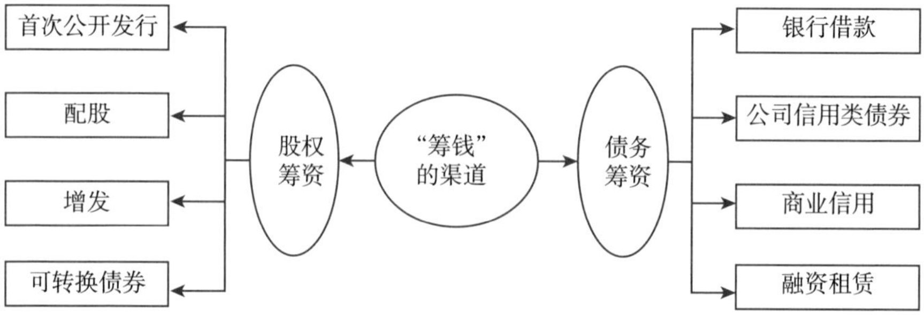

图4-2　企业主要的“筹钱”渠道

4.3　企业“筹钱”的成本

企业在筹资中考虑的核心问题是“成本、成本，还是成本”，甚至筹资对象和筹资方式也是由筹资成本来决定的，企业只会选择那些成本最低的筹资方式，或者愿意提供低成本资金的筹资对象。

“筹钱”的成本就是企业获取资本的成本，简称资本成本。资本成本（Cost of Capital）是指企业取得和使用资金所付出的代价。根据资金提供方的不同，可以分为权益资本成本和债务资本成本，以及二者的综合，即加权平均资本成本。

4.3.1　权益资本成本

权益资本成本（Cost of Equity）是指企业通过发行股票获得资金而付出的代价，包括向股东支付的股利，以及给股东带来的资本利得收益。既然股利和资本利得是股东获得的投资回报，那么相对应地，我们也可以采用股利和资本利得来计算企业向股东的筹资成本。因此，权益资本成本可以采用两种方法来计算，股利增长模型法和资本资产定价模型法。

（1）股利增长模型法

股利增长模型法是通过现金股利及其增长率来计算权益资本成本的方法。具体的计算公式如下：

$$R_E=\frac{D}{P}+g$$

其中D为现金股利，P为普通股市价，g为普通股年股利增长率，各指标均可以通过企业基本面信息或资本市场交易信息获取。股利增长模型法适用于那些持续派发现金股利的上市公司。

实际上，企业可以有多种多样的现金股利政策，代表性的有：剩余股利政策（即每期资金扣除对外投资后的剩余全部用于发放股利）、固定股利政策（即每期发放固定金额的股利）、固定股利支付率的股利政策（即每期发放的股利与净利润的比例一致）、固定增长率的股利政策（即每期给定一个现金股利的固定增长率）等。

当然，学术界也有多个理论来解释企业发放现金股利的原因，有信号理论、代理理论、税差理论、客户效应理论，甚至从行为金融学来解释的股利迎合理论等。

信号理论（Signal Theory）认为股利的支付可以向市场传递积极信号，表明企业经营状况好、发展潜力大。代理理论（Agency Theory）认为股利支付减少了管理层对企业现金的滥用，能够有效降低代理成本。税差理论（Tax Differential Theory）认为发放股利存在税收上的劣势，政府对股利征收的税率往往比资本利得要高得多，因此公司应采取低股利支付率的政策。客户效应理论（Client Effect Theory）认为处于不同税收等级的股东对待股利态度是有差异的，收入高的股东由于其拥有较高的税率而表现出偏好低股利，而收入低的股东正好相反。因此，现金股利政策需要满足不同税收等级股东的偏好。

也有学者从行为金融学的角度，提出股利迎合理论（Catering Theory）。该理论认为公司管理者通常迎合投资者偏好制定股利政策，即如果投资者偏好股利，企业为了迎合投资者就发放股利，迎合的最终目的在于让投资者获得股票溢价。

接下来，我们举一家上市公司的例子来说明股利增长模型法的应用。佛山照明（股票代码：000541.SZ）是一家总部位于广东省佛山市的电光源企业，为客户提供照明解决方案，即各种灯具的生产、制造。佛山照明自1993年在深圳证券交易所上市以来，每年持续派发现金股利，已有近30年。

佛山照明的现金股利派发情况见图4-3。我们可以看出，1993—2022年，佛山照明持续派发现金股利，而且现金股利的走势与公司净利润基本保持一致。根据趋势分析和匹配分析，这说明佛山照明现金股利的发放源于公司基本面的获利能力，而不是透支发展能力的高额派现行为。

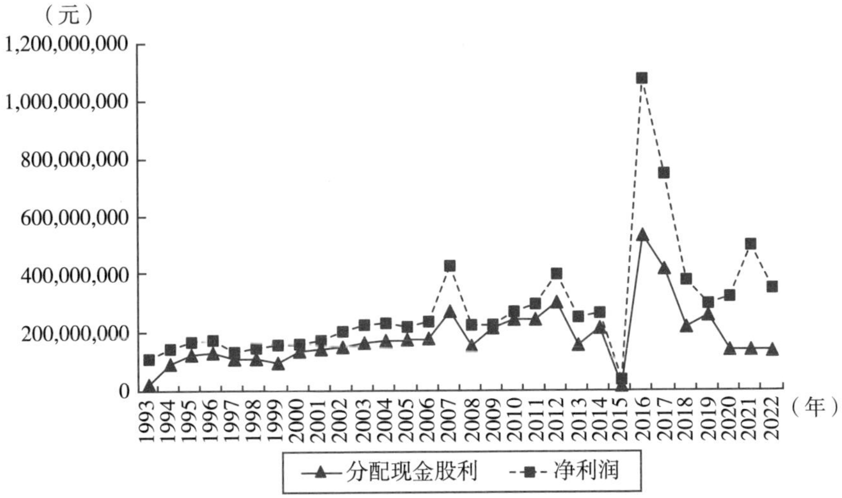

图4–3　佛山照明现金股利和净利润的变动趋势

因此，我们可以用股利增长模型计算佛山照明这家公司的权益资本成本。以佛山照明持续分派现金股利为例，我们可以从佛山照明年度报告"第一节：重要提示、目录和释义"中获取股利分配方案的内容。根据佛山照明的股利分配方案，2020—2022年佛山照明每10股分派现金股利分别为1.85元、1元、1元，据此我们估计佛山照明年股利分配D为每股0.13元。选取佛山照明2022年平均每股市价4.8元作为普通股市价P。假定年股利增长率g为3%。

基于以上数据，我们采用股利增长模型计算得出佛山照明权益资本成本为5.71%［=（0.13/4.8）×100%+3%］。

但是，并不是所有公司都像佛山照明这样持续发放现金股利。在我国资本市场，存在着大量的"铁公鸡"公司，他们很少甚至一直不给股东发放现金股利。因此，在计算权益资本成本时，股利增长模型只适用于那些持续派发现金股利，甚至是持续且自愿发放现金股利的上市公司。

大多数上市公司并不适用股利增长模型来计算权益资本成本，主要是因为：一方面，大部分上市公司并不发放现金股利，这一模型自然不适用；另一方面，即便有些公司会发放现金股利，但也并非自愿发放，而是为了满足再融资需求。

在我国资本市场，证监会为了鼓励上市公司发放现金股利，制定了再融资与现金股利相挂钩的股利政策，又被称为“半强制股利政策”。例如，证监会要求上市公司发行新股必须符合“最近三年以现金或股票方式累计分红不少于最近三年年均可分配利润的三成”。上市公司为了满足再融资需求，现金股利的发放就成了一种不得已而为之的行为。

既然是非自愿，那么现金股利的发放也并不以企业的基本面做支撑，更有甚者，一些亏损企业也在发股利，甚至借钱发股利。这时候，现金股利并不能很好地衡量企业的真实财务状况，故而股利增长模型也不适用于计算此类公司的权益资本成本。

从理论上来讲，现金股利对于资本市场来说十分重要，我们甚至可以将现金股利看成资本市场的“稳定器”，有利于上市公司股票价格的稳定。股东将资金提供给企业，他们获取资本回报的方式只有两种：现金股利和资本利得。如果上市公司不发放现金股利，股东只剩下资本利得这一种方式了。在一个股东只注重资本利得的资本市场，将会充斥着大量的投机行为。股东为了获取回报，会频繁地买入卖出股票，导致股价的波动性很大，也难以养成价值投资的习惯。

（2）资本资产定价模型法

资本资产定价模型（CAPM）是计算权益资本成本的另外一种方法，我们在第1章介绍风险和收益之间的关系的时候已经提及。该模型的计算公式可以表示为：

$$R_E=R_F+\beta(R_M-R_F)$$

其中：R_E站在投资者的角度为期望收益率，站在公司的角度就是企业付出的资本成本；R_F为无风险收益率，β为风险系数，R_M为市场收益率。

我们以新能源汽车企业比亚迪为例，采用资本资产定价模型计算其权益资本成本。首先，确定无风险收益率。我们选择十年期国债收益率，或者一年期银行贷款利率或者五年期银行存款利率作为无风险收益率 R_F。经查询，2022 年发行的十年期国债收益率平均为 2.72%，具体信息见表 4–1。

表 4–1　　十年期国债收益率情况

发行日期	发行利率
2022–02–17	2.75%
2022–05–15	2.76%
2022–08–15	2.69%
2022–09–01	2.60%
2022–11–15	2.80%
平均值	2.72%

其次，确定风险系数。风险系数贝塔一般通过回归分析计算所得，通过构建回归方程，因变量为比亚迪这家公司历史上的股价收益率，自变量为对应期间大盘指数的收益率。回归方程的估计系数就是公司的贝塔值。实际上，对于大部分投资者来说，没有必要花时间去计算个别股票的贝塔值，因为在财经网站上均可以检索查到。我们计算发现 2022 年比亚迪的平均贝塔系数为 1.49。

再次，计算市场收益率与无风险收益率之差。简便起见，我们一般取 3% 作为市场收益率相对于无风险收益率的溢价水平。

最后，计算权益资本成本。根据资本资产定价模型的计算公式，可以得出比亚迪 2022 年的权益资本成本：R_E=2.72%+1.49 × 3%=7.19%。

采用同样的方法，我们计算出佛山照明这家公司的权益资本成本为 6.26%（=2.72%+1.18 × 3%）。通过比较股利增长模型和资本资产定价模型的计算结果，我们发现二者计算出的权益资本成本相差并不太大。但是，我们一般认为，相比股利增长模型，资本资产定价模型更为精确有效，因此也是常用的计算公司权益资本成本的方法。

4.3.2 债务资本成本

债务资本成本（Cost of Debt）是企业借款和发行债券等债务筹资所发生的成本，包括债务筹资的利息和筹资费用等。根据企业的资产负债表，我们知道从流动性的角度，负债可以划分为流动负债和非流动负债两大类。但从是否需要偿付利息的角度，又可以划分为有息负债和无息负债两种类型。

有息负债（Liability with Interest）是需要偿付利息的债务，一般是由企业的借贷行为产生，包括短期借款、长期借款、应付债券、一年内到期的非流动性负债、租赁负债、长期应付款等科目。

无息负债（Liability without Interest）一般是由企业日常经营、销售商品或提供劳务等行为产生的，不需要偿付利息的负债，包括应付票据、应付账款、预收款项、合同负债、应付职工薪酬、应交税费、其他应付款和预计负债等。

既然无息负债不需要偿付利息，我们通常认为企业也不需要为无息负债支付成本。因此，我们可以将债务资本成本进一步理解为企业为筹集有息负债所支付的成本。

我们可以通过两种方式获取企业的债务资本成本：一种方式是个别计算法，即通过查看企业单项债务所支付的成本，例如单笔银行贷款或者单笔公司债券等，如果在一定期间内企业发生多次银行贷款或发行多笔债券，可以用它们的加权平均值来计算债务资本成本，权重一般用每笔债务所占比重计算所得；另外一种方式是综合计算法，即根据财务报表列示的数据汇总计算，例如有息负债会形成财务费用，财务费用又可以划分为费用化和资本化两种类型，列示在企业利润表中，因此我们可以用财务费用除以有息负债的期初或期末余额汇总计算。

（1）个别计算法

个别计算法即通过查找企业单项债务所支付的成本，来计算债务资本成本的方法。这种方法相对比较简单，但计算结果也较为粗糙。我们以新能源汽车企业比亚迪为例，说明个别计算法的应用。

首先，我们需要在财务报表附注中查找近几年比亚迪发生的有息负债融资行为，包括银行贷款和发行公司债券，具体的会计科目有短期借款、长期借款、应付债券和一年内到期的非流动负债等。

其次，确定比亚迪的债务资本成本区间。根据备注中列示的短期借款和长期借款的年化利率，显示短期借款“于2022年12月31日，上述借款年利率为2.20%—2.90%（2021年12月31日：0.90%—3.55%）”，长期借款“于2022年12月31日，上述借款的年利率为2.10%—2.80%（2021年12月31日：2.70%—5.80%）”。因此，我们认为比亚迪的债务资本成本应该在2%—6%。

最后，进一步查找比亚迪的融资利率信息，得出具体的债务资本成本。我们知道，与银行贷款不同，发行债券属于公开债务融资，企业会向市场披露有关债券融资的详细信息，包括融资金额、发行利率、期限、评级等。因此，我们可以通过公司发行的债券融资信息，来进一步推断比亚迪的债务资本成本。表4-2列示了比亚迪债券发行的明细表。

表4-2　比亚迪的债券发行明细

债券简称	发行日期	发行金额	债券期限	票面利率
17亚迪01	2017年6月15日	15亿元	5年	4.87%
19亚迪01	2019年2月22日	25亿元	5年	4.60%
19亚迪绿色债券01	2019年6月14日	10亿元	5年	4.86%
19亚迪03	2019年8月9日	25亿元	5年	4.80%
20亚迪01	2020年4月22日	20亿元	5年	3.56%

由表4–2我们可以看出，近几年比亚迪总共发行了五笔公司债券，票面利率最低的是2020年发行的“20亚迪01”，为3.56%，其余年份利率相差不大，均在4.8%左右。因此，我们可以根据公司债券发行的票面利率，近似推断比亚迪的债务资本成本应该在4%左右。

或者，我们可以根据这五笔债务融资的票面利率进行加权平均来计算债务资本成本。采用发行金额来计算五笔债务各自所占的权重，可以得到比亚迪的债务融资成本为4.5%。

（2）综合计算法

综合计算法即根据财务费用的金额，除以有息负债的期初或期末平均余额的计算方法。根据利润表的披露格式，财务费用是根据利息费用减去利息收入之后的余额进行披露的，而企业的有息负债只会产生利息费用，不会带来利息收入。

因此，我们在采用综合计算法计算债务资本成本时，主要采用利息费用除以有息负债的平均余额计算。同样以新能源汽车企业比亚迪为例，我们采用综合计算法计算其债务资本成本。详细的计算过程见表4–3。

表4–3　　比亚迪的债务资本成本计算（2021—2022年）

单位：元

类别	科目	2021年	2022年	两年平均值
财务费用	利息费用	1,907,642,000	1,316,350,000	1,611,996,000
有息负债	短期借款	10,204,358,000	5,153,098,000	7,678,728,000
	一年内到期的非流动负债	12,983,416,000	6,464,828,000	9,724,122,000
	长期借款	8,743,519,000	7,593,596,000	8,168,557,500
	应付债券	2,046,439,000		1,023,219,500
	租赁负债	1,415,291,000	2,617,274,000	2,016,282,500
	有息负债合计	35,393,023,000	21,828,796,000	28,610,909,500
债务资本成本	=1,611,996,000/28,610,909,500=5.63%			

首先，根据比亚迪2022年年度利润表，我们可以获取财务费用中的利息费用数据。比亚迪2021年和2022年的利息费用分别为1,907,642,000元和1,316,350,000元。计算两年的平均值为1,611,996,000元。

其次，计算比亚迪的有息负债金额。根据比亚迪2022年度的资产负债表，我们查找发现其有息负债主要包括五个科目，分别是短期借款、一年内到期的流动负债、长期借款、应付债券和租赁负债。分别计算这五个有息负债科目的两年平均值，并将均值加总得到比亚迪有息负债的平均总金额，为28,610,909,500元。

最后，用利息费用的平均值除以有息负债的平均总金额，得到比亚迪的债务资本成本=1,611,996,000/28,610,909,500=5.63%。

当然，我们也可以采用当年的利息费用除以当年的有息负债总金额计算得到。分别采用2021年和2022年的利息费用除以各自年份的有息负债合计金额，计算得到比亚迪2021年和2022年的债务资本成本分别为5.39%和6.03%，与采用平均值计算的5.63%也较为接近。

4.3.3 加权平均资本成本

加权平均资本成本（Weighted Average Cost of Capital，WACC）是权益资本成本和债务资本成本的加权平均，权重是根据各自所占的比重计算所得。加权平均资本成本的计算公式如下：

$$R_{WACC}=\frac{E}{E+D}\times R_E+\frac{D}{E+D}\times R_D\times(1-T)$$

其中，E和D分别为权益和负债的账面价值或市场价值，用于计算各自所占的权重。R_E为权益资本成本，R_D为债务资本成本，T为企业的所得税率。在计算加权平均资本成本时，有两种权重可以使用，一种是账面价值权重，另一种是市场价值权重。账面价值权重是根据公司资产负债表上显示的会计价值来计算债务和权益资本的比例。市场价值权重是根据负债和权益的市场价值来计算其各自所占的比例。

实际上，D也代表着两层含义，一层含义是总负债金额，另一层含义是有息负债金额。如果总负债中有息负债占比较大，甚至是非常高，我们可以用总负债金额来衡量D。但是，如果一个企业的总负债大部分来源于无息负债，例如商业信用类融资，这时候D就不能用总负债来衡量，而是用金额较小的有息负债来衡量。

另外，在计算债务资本成本时，我们需要考虑债务抵税的作用。企业的债务筹资需要向债权人支付利息，而支付的利息是一项费用。当我们在计算企业税前利润时，费用要从收入中减去，从而达到减少税前利润，进而减少企业所得税的作用。

同样以新能源汽车企业比亚迪为例，我们计算其加权平均资本成本。根据前面部分单独计算权益资本成本和债务资本成本，我们得到比亚迪2022年的权益资本成本R_E=7.19%，债务资本成本R_D=5.63%。经查询年报，比亚迪属于高新技术企业，适用的所得税率T=15%。

接下来，我们就需要计算权益融资和债务融资各自所占的比重。有两种方法可以用于计算这一比重，第一种方法采用权益的账面价值计算权重，第二种方法采用权益的市场价值计算权重。表4-4列示了比亚迪权益和债务的账面价值和市场价值情况。

表4-4　比亚迪的权益和债务账面价值和市场价值情况（2022年）

单位：元

类别	2022年12月31日
权益账面价值	121,389,837,000
权益市场价值	748,076,000,000
总负债账面价值	372,470,809,000

续表

类别	2022年12月31日
有息负债账面价值	21,828,796,000
无息负债账面价值	350,642,013,000

由于权益和债务各自所占权重计算方法的不同，我们可以采用如下四种方法来计算比亚迪的加权平均资本成本：

第一，按照权益账面价值、总负债账面价值来计算权重，权益比重E和负债比重D分别为24.58%和75.42%，计算得到加权平均资本成本为5.38%。

第二，按照权益市场价值、总负债账面价值来计算权重，权益比重E和负债比重D分别为66.76%和33.24%，计算得到加权平均资本成本为6.39%。

第三，按照权益账面价值、有息负债账面价值来计算权重，权益比重E和有息负债比重D分别为84.76%和15.24%，计算得到加权平均资本成本为6.87%。

第四，按照权益市场价值、有息负债账面价值来计算权重，权益比重E和有息负债比重D分别为97.16%和2.84%，计算得到加权平均资本成本为7.12%。

简便起见，我们一般采用权益和负债的账面价值来计算权重。当然，对于无息负债占比较大的企业，我们可以采用有息负债的账面价值来计算。因此，我们取十年期国债收益率作为当年的无风险收益率，取3%作为市场收益率与无风险收益率之差，据此计算权益资本成本，并进一步计算加权平均资本成本。我们仍然以比亚迪为例，分别计算其2018—2022年的权益资产成本、债务资本成本和加权平均资本成本，见表4–5。

表 4-5 比亚迪的资本成本计算过程（2018—2022 年）

	2018 年	2019 年	2020 年	2021 年	2022 年
无风险收益率	3.24%	3.14%	3.14%	2.77%	2.72%
贝塔系数	1.15	1.03	1.39	2.20	1.49
市场收益率 - 无风险收益率	3.00%	3.00%	3.00%	3.00%	3.00%
权益资本成本	6.68%	6.24%	7.30%	9.37%	7.19%
利息费用（元）	3,351,760,000	3,673,038,000	3,176,589,000	1,915,357,000	1,316,350,000
有息负债（元）	59,195,991,000	70,996,300,000	51,439,104,000	35,393,023,000	21,828,796,000
债务资本成本 = 利息费用 / 有息负债	5.66%	5.17%	6.18%	5.41%	6.03%
权益账面价值占比	50.62%	46.86%	55.62%	74.65%	84.76%
有息负债账面价值占比	49.38%	53.14%	44.38%	25.35%	15.24%
所得税率	15%	15%	15%	15%	15%
加权平均资本成本	5.76%	5.26%	6.39%	8.16%	6.87%

4.4 有息负债：收益与风险的权衡

4.4.1 对股东财富的放大作用

（1）财务杠杆

根据前文的叙述，我们将企业的负债融资划分为有息负债和无息负债两种类型。有息负债就像“放大镜”一样，可以放大股东的财富。因为债权人只需要还本付息，而利息支出往往是固定的，股东可以凭借负债融资来锁定成本。企业赚的钱越多，扣除固定的支出后，剩下留给股东的份额越大，因为股东享有剩余索取权。因此，我们可以看到负债就像杠杆一样，可以撬动股东财富的增加。于是就有了财务杠杆的概念。

财务杠杆（Financial Leverage）可以理解成为企业的有息负债经营对股东财富的放大作用，是指由于固定债务利息和优先股股利的存在而导致普通股每股利润变动幅度大于息税前利润变动幅度的现象。也称融资杠杆或资本杠杆。

其中，息税前利润（Earnings Before Interest and Tax，EBIT）是指企业取得的未扣除利息也未扣除所得税的利润，即息税前利润＝净利润＋利息费用＋所得税。

财务杠杆反映了企业的债务资本以及优先股资本运用产生的固定利息和固定股息支出对每股收益的影响能力。企业在生产经营过程中，无论盈亏，债务利息是不变的，优先股股息也是不变的，我们将二者称为固定性融资成本。

在企业长期资本总额不变的情况下，从营业利润中支付的债务成本是固定的，当营业利润增加时，每一单位营业利润所负担的债务成本就会相应减少，扣除所得税后，形成的净利润就会增加，扣除支付给优先股股东的股息后，剩余的归属于普通股股东的净利润也会增加，每股收益也因此增加，反之亦然。

（2）财务杠杆系数

财务杠杆对企业利润的影响程度可以用财务杠杆系数（Degree of Financial Leverage，DFL）来表示，计算公式为：

$$DFL=\frac{\Delta EPS/EPS}{\Delta EBIT/EBIT}=\frac{EBIT}{EBIT-I}$$

这是一个不考虑优先股股利的简化模型。其中，EPS为每股收益，EBIT为息税前利润，ΔEPS为每股收益的变化，ΔEBIT为息税前利润的变化，I为利息费用。该值越大，负债对股东财富的放大效应越高。当然，财务杠杆系数越大，表示财务杠杆作用越大，财务风险也就越大。

由财务杠杆系数我们可以看出，当EBIT和I均大于0，且EBIT>I时，财务杠杆才能起到对股东财富的放大效应。例如当企业息税前利润为10,000元，利息费用为2,000元时，我们可以计算财务杠杆系数为1.25=10,000/（10,000−2,000）。也就是，股东用较少的资金，挣到了超过他们投入资本应该获得的报酬，因为他们可以通过借贷行为使用债权人的钱来挣钱。

但是，当企业的EBIT<I或者EBIT为负值时，财务杠杆不仅无法起到对股东财富的放大效应，反而不仅亏损还要向债权人支付利息，可谓是雪上加霜，很可能会陷入债务危机。这个计算公式其实就已经失效了。

我们仍然以新能源汽车企业比亚迪为例，介绍其财务杠杆系数的计算（2022年度）。首先，在利润表中查找比亚迪的利息费用，为1,316,350,000元；其次，根据公司息税前利润=净利润+利息费用+所得税，计算比亚迪的息税前利润EBIT，等于22,396,079,000元；最后，计算财务杠杆系数为1.06。

比亚迪2018—2022年财务杠杆系数的变动趋势如图4-4所示。近几年比亚迪的财务杠杆系数逐年下降，说明负债对股东财富的放大效应在逐渐降低，也表明企业发生财务风险的可能性逐年降低。

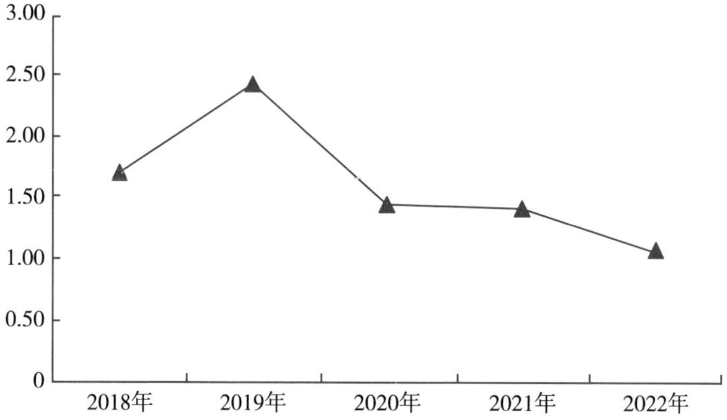

图 4-4　比亚迪的财务杠杆系数变动趋势

4.4.2　有息负债带来的风险

（1）财务风险

财务风险（Financial Risk）是指债务融资带来的丧失偿付能力的风险，而这种风险最终是由普通股股东来承担。虽然负债经营能够带来股东财富的放大效应，但不论经营利润是多少，企业都是按照固定的利息率支付债务利息。当负债融资占比越高，支付的债务利息越大，一旦企业获取的经营利润低于债务利息，就会导致企业丧失偿债能力，产生财务风险。

财务风险也是负债经营给股东带来的一个"大麻烦"，股东在享受负债经营为其带来的好处的同时，不得不忍受财务风险，即需要做到收益与风险之间的权衡。

财务风险会给企业带来财务危机或破产风险，企业在经营过程中对财务杠杆的过度使用与依赖，会导致当资金链发生断裂时，企业无法偿还债务，出现财务危机甚至破产。

（2）财务风险的识别

我们认为有三个重要的指标可以用于识别企业的财务风险问题，包括资产负债率、利息保障倍数和Z指数。

第一，资产负债率（Debt to Assets Ratio）。资产负债率即企业负债总额除以资产总额的比例，该比例越大说明企业的负债在总资产中的占比越高，企业越有可能出现财务风险。企业的资产负债率在不同行业具有很大的差异，例如商业银行类金融企业的资产负债率就非常高，甚至高达90%以上，这是由于商业银行的资金大部分来源于储户的存款，对于银行来说属于一项负债。当然，对于一般类型的企业，我们认为理想的资产负债率应该在40%左右。

从负债可分为无息负债和有息负债的角度来看，资产负债率可以分解为：负债/总资产=有息负债/总资产+无息负债/总资产，即由资产有息负债率和资产无息负债率两部分构成。资产有息负债率等于有息负债除以总资产；资产无息负债率等于无息负债除以总资产。资产有息负债率可以说是更有价值的负债率，避免了预收账款、应付账款等无息债务对资产负债率指标的干扰。

第二，利息保障倍数（Interest Coverage Ratio）。又称已获利息倍数，是企业生产经营所获得的息税前利润与利息费用之比。它是衡量企业长期偿债能力的指标。利息保障倍数越大，说明企业支付利息费用的能力越强。例如当企业息税前利润为10,000元，利息费用为2,000元时，利息保障倍数为5。

除了采用息税前利润与利息费用之比来计算利息保障倍数以外，还存在着这一指标的变形，即用息税折旧摊销前利润除以利息费用，这一指标又被称为息税折旧摊销前利息保障倍数。其中，息税折旧摊销前利润

（Earnings Before Interest Taxes Depreciation and Amortization，EBITDA）是未计利息、税项、折旧及摊销前的利润，等于息税前利润+折旧费用+摊销费用。

第三，Z指数（Z-Score）。Z-Score是通过综合指数得分来分析企业财务风险的指标。$Z=1.2X_1+1.4X_2+3.3X_3+0.6X_4+0.999X_5$。其中：$X_1$代表营运资本/总资产；$X_2$代表留存收益/总资产；$X_3$代表息税前利润/总资产；$X_4$代表权益总市值/总负债；$X_5$代表营业收入/总资产。Z-Score值越低，企业越有可能发生破产。

一般而言，当Z-Score大于2.675时，表明企业的财务状况良好，发生破产的可能性就小；当Z-Score小于1.81时，表明企业潜伏着破产危机；当Z-Score介于1.81和2.675之间时被称为"灰色地带"，说明企业的财务状况极为不稳定。

当然，用Z-Score来判断企业财务风险有时候也会不准确。如果企业总负债金额很大，而且其中无息负债占比很高，这时候计算的Z-Score可能不准确，我们可以用有息负债来替换总负债加以计算。

采用上述方法，我们分别计算比亚迪2020—2022年的财务风险识别指标见表4-6。当然，上述指标大部分不需要我们自行计算，只需在财务报告或者一般的财经网站上查询便可得到。

表4-6　比亚迪的财务风险识别指标（2020—2022年）

指标	2020年	2021年	2022年
资产负债率	67.94%	64.76%	75.42%
其中：资产有息负债率	26.01%	11.97%	4.42%
资产无息负债率	41.93%	52.79%	71.00%
利息保障倍数	3.17	3.36	17.01
息税折旧摊销前利息保障倍数	7.09	10.72	32.49
Z-Score（总负债）	2.83	2.55	1.88
Z-Score（有息负债）	7.34	14.20	21.53

可以看出，比亚迪近三年的资产负债率并不低，甚至在2022年高达70%以上，但比亚迪高额的负债并不是有息负债带来的，而是源于商业信用类的无息负债。近三年比亚迪的资产有息负债率和资产无息负债率变化趋势正好相反，说明比亚迪在产业链中使用无息负债的能力在逐年提升。而且，利息保障倍数和息税折旧摊销前利息保障倍数也呈现上升趋势。

当然，用总负债来计算的Z-Score呈现下降趋势，这主要是总负债中的无息负债上升过快所致，如果用有息负债来计算，我们会发现近三年，比亚迪的Z-Score上升比较明显。

4.5 无息负债：产业链地位的重要体现

无息负债一般是指企业在日常生产经营过程中，通过原材料和产品的买卖行为产生的，不需要偿付利息的负债。对于企业而言，获取无息负债融资，就相当于获得了一笔无息贷款。

无息负债同样可以发挥对股东财富的放大作用，企业可以通过无息负债融资来实现自己的经营目的，从而为股东带来更多的收益。由财务杠杆系数我们可以看出，无息负债会影响息税前利润而不影响利息费用，但总体会带来股东财富的放大效应。

4.5.1 无息负债的主要类型

企业的无息负债融资一般有四种类型：

第一种是向客户或供应商融资产生的商业信用类负债，会计科目有应付票据、应付账款、预收款项和合同负债。

第二种是欠职工的钱，对应的会计科目是应付职工薪酬，包括应该支付给职工的工资、奖金、津贴和补贴等，根据每月发放工资的惯例，企业年报中列示的一般是 12 月份应该支付给职工的薪酬和年终奖励等。

第三种是欠政府的钱，对应的会计科目是应交税费，一般是企业应交未交的税金。

第四种是欠关联单位的钱，对应的会计科目是其他应付款，是指企业在商品交易业务以外发生的应付和暂收款项，往往表现为关联企业的占款或借款。

在上述四种类型的无息负债中，最为重要也最具代表性的属于商业信用类无息负债，从价值投资的角度，它也是我们分析的重点。因为欠职工的钱和欠政府的钱，一般是由于工资发放惯例或者税金缴纳惯例所产生的，不是源于企业本意的拖欠行为。如果是长期拖欠职工工资或政府的税金，这样的企业经营业绩也不会好，本身就不符合价值投资的理念。

4.5.2 无息负债产生的收益

商业信用类无息负债往往是企业产业链地位的重要体现，其中应付票据和应付账款是企业与供应商发生的赊购行为产生的负债，预示着企业通过商业信用的形式占用上游供应商的资金；预收款项和合同负债是企业与客户发生的预售行为产生的负债，预示着企业通过商业信用的形式占用下游客户的资金。

并不是所有企业都有资格或能力占用产业链上下游的资金，只有那些在行业处于领先地位，产品的议价能力强，具有核心专业技术，产品受到消费者青睐的企业，才有可能采用商业信用的形式占用产业链上下游的资金。

（1）企业与供应商之间产生的无息负债

企业通过向供应商赊购原材料等产生商业信用类无息负债，对应的会计科目是应付票据和应付账款。应付票据是指企业在商品购销活动因采用商业汇票结算方式向供应商开具的承兑汇票，包括商业承兑汇票和银行承兑汇票。应付账款是指企业在商品购销活动因购买材料、商品和接受劳务供应等经营活动应支付的款项。

从还款紧迫性的角度来看，应付票据比应付账款的还款紧迫性要强，需要见票付款。而且，如果是银行承兑汇票，要比商业承兑汇票的还款紧迫性更强。

获取商业信用类融资是企业在产业链地位的重要体现。试想，一家企业能够获得供应商提供的商业信用，往往预示着企业相对于上游产业链的议价能力更强。相对于应付票据，应付账款更能体现出产业链中的地位。

以汽车制造企业比亚迪和长城汽车为例，来说明企业与供应商之间产生的无息负债情况，并通过无息负债来推断两家公司在产业链中所处的位置。表 4–7 列示了比亚迪和长城汽车 2022 年度在上游商业信用类无息负债情况。

表 4–7　比亚迪和长城汽车上游商业信用类无息负债情况（2022 年）

单位：元

科目 / 指标	比亚迪	长城汽车
应付票据	3,328,419,000	30,061,481,322
其中：商业承兑汇票	2,724,260,000	41,909,735
银行承兑汇票	604,159,000	30,019,571,587
应付账款	140,437,310,000	29,305,857,541
流动负债	333,344,561,000	95,802,048,905
营业成本	351,815,680,000	110,739,333,423
应付账款占流动负债比例	42.13%	30.59%
应付账款占营业成本比例	39.92%	26.46%

由表 4–7 我们可以看出，比亚迪的应付票据金额明显小于长城汽车，说明比亚迪宁愿拖欠货款也不开具见票付款的商业票据。而且，即便开具商业票据，也是商业承兑汇票而不是流动性更强的银行承兑汇票，从而说明与长城汽车相比，比亚迪相对于上游供应商的议价能力更强。

另外，从应付账款占流动负债比例和应付账款占营业成本比例来看，比亚迪也均明显高于长城汽车，也进一步说明比亚迪相对于上游的议价能力更强。

（2）企业与客户之间产生的无息负债

企业在向客户销售商品的过程中，也会通过预售货款的形式产生商业信用类无息负债，对应的会计科目是预收款项和合同负债。预收款项是企业在销售交易成立以前，预先收取的货款。企业预收的货款待实际出售商品、产品或者提供劳务时再行冲减。合同负债是根据新收入准则的规定，企业已收或应收客户对价而应向客户转让商品的义务。

预收款项和合同负债之间的区别在于，预收账款是在交付产品或提供服务之前收到的款项，而合同负债是在接受付款后尚未履行合同义务的情况下产生的负债。我们可以将合同负债视同企业向客户预收的款项。

同样，以汽车制造企业比亚迪和长城汽车为例，来说明企业与客户之间产生的无息负债情况，并通过无息负债来推断两个公司在产业链中所处的位置。

表4–8列示了比亚迪和长城汽车2022年度在下游商业信用类无息负债情况。我们可以看出，比亚迪拥有较高的合同负债占比，在产业链中占据较强的位置，相对于长城汽车，对下游客户也拥有较强的议价能力。

表4–8　比亚迪和长城汽车下游商业信用类无息负债情况（2022年）

单位：元

科目/指标	比亚迪	长城汽车
预收款项	0	0
合同负债	35,516,571,000	7,752,836,117
流动负债	333,344,561,000	95,802,048,905
营业收入	424,060,635,000	137,339,985,188
商业信用占流动负债比例	10.65%	8.09%
商业信用占营业收入比例	8.38%	5.64%

4.5.3 无息负债带来的风险

虽然无息负债不需要企业偿付利息，对于企业来说相当于获取了一笔无息贷款，但企业使用无息负债也同样面临着风险，主要是到期无法偿付债务而出现的产业链断裂的风险。

一方面，上下游企业一般是中小企业，本身的融资能力就较差，如果资金又被处于核心地位的大企业所占用，可能会雪上加霜，导致它们资金周转困难，甚至出现危机。此时，当处于核心地位的大企业还款不利时，会导致整个产业链出现断裂。例如，2021年中国恒大集团出现债务危机，导致上游为其提供涂料的三棵树（股票代码：603737.SH）、提供电器的老板电器（股票代码：002508.SZ）等企业持有的恒大商业票据出现逾期，不得不计提大额的坏账准备，造成不小的损失。

另一方面，有些占用可能属于关联资金占用，即企业通过商业信用的形式占用母子公司的资金。这种资金占用很难在短时间内得到偿还，一旦出现风险事件，可能会导致整个集团出现财务危机。例如，上市公司乐视网通过关联交易，拖欠上游关联子公司大量货款。当乐视网出现财务危机时，整个乐视控股集团都陷入了资金困境。

因此，对于一般性的企业而言，之所以能够“用得起”产业链上下游的资金，还是源于自身的实力。如果自身实力不允许，或者造血能力欠佳，使用无息负债同样会带来财务风险，甚至成为企业一系列危机的导火索。乐视网和中国恒大集团出现债务危机的例子，都是从供应链危机开始的，往往一开始出现拖欠供应商货款、商业票据逾期等行为，后续引发一系列的连锁反应，包括银行账户被冻结、股价暴跌、股权质押出现平仓风险等等。

而且，近几年随着企业社会责任和ESG（环境、社会和公司治理）

概念的兴起，对上下游企业的偿付责任被看成是处于核心地位的大企业重要的社会责任之一。因此，虽然无息负债节约了企业的利息支出，但久而久之，也难免会对企业的形象产生不利影响。

4.6 筹资活动的现金流量分析

上述内容均是从资产负债表和利润表的角度来对企业的“筹钱”活动进行分析，可以说是基于权责发生制的分析方法。接下来，我们从现金流量表的角度进行分析，即从收付实现制出发对企业进行“筹钱”分析。

跟“筹钱”相关的现金流在现金流量表的第三类“筹资活动产生的现金流量”中列示。现金流量表中定义的筹资活动是指导致企业资本及债务规模和构成发生变化的活动。筹资活动产生的现金流量主要包括吸收投资、发行股票、分配利润、发行债券、偿还债务等流入和流出的现金和现金等价物。偿付应付账款、应付票据等商业应付款等属于经营活动，不属于筹资活动。

因此，我们可以看出，现金流量表的“筹资活动产生的现金流量”中列示的“筹钱”活动主要是跟权益筹资和有息负债筹资相关，而无息负债筹资在现金流量表的第一类“经营活动产生的现金流量”中列示。

4.6.1 筹资所获现金分析

（1）向股东筹资所获现金

在“筹资活动产生的现金流量”中，与向股东筹资所获现金相关的科目有：吸收投资收到的现金和分配股利、利润或偿付利息支付的现金，分别代表着筹资活动的现金流入和流出。

其中，吸收投资收到的现金反映公司以发行股票方式筹集资金实际收到的款项净额。分配股利、利润或偿付利息支付的现金反映公司实际支付的现金股利、支付给其他投资单位的利润或用现金支付的借款利息、债券利息等。当然，如果想获得分配给股东的股利和利润，我们还可以从财务报告的现金分红公告部分获取。根据上述两个科目，我们可以计算公司向股东筹资的净额，即：

向股东筹资净额＝吸收投资收到的现金－分配股利、利润支付的现金
＝吸收投资收到的现金－（支付给上市公司股东的股利、利润＋子公司支付给少数股东的股利、利润）

如果向股东筹资净额为正，说明股东向公司追加投资；为负，说明公司给予股东分红回报或公司股东减资。

（2）向债权人筹资所获现金

向债权人筹资所获现金主要由四个科目构成：取得借款收到的现金、发行债券收到的现金、偿还债务支付的现金，以及分配股利、利润或偿付利息支付的现金。

其中：取得借款收到的现金项目，反映公司举借各种短期、长期借款而收到的现金；发行债券收到的现金是企业发行债券实际收到的款项净额；偿还债务支付的现金项目，反映公司以现金偿还债务的本金，包括归还金融公司的借款本金、偿付公司到期的债券本金；分配股利、利润或偿付利息支付的现金包含企业用现金支付的股利、借款利息、债券利息等。同样，根据上述四个科目，我们可以计算公司向债权人筹资的净额，即：

债务筹资净额＝借款收到的现金＋发行债券收到的现金
－偿还债务支付的现金－偿付利息支付的现金

其中，偿付利息支付的现金有两种计算方法。方法一：

偿付利息支付的现金＝分配股利、利润或偿付利息支付的现金
－（支付给上市公司股东的股利、利润
＋子公司支付给少数股东的股利、利润）

方法二：

偿付利息支付的现金＝期初应付利息＋当期利息支出总额－期末应付利息

如果债务筹资净额为正，说明发生向债权人的筹资行为；为负，说明公司向债权人偿付借款或利息。

我们以新能源汽车企业比亚迪为例，分别计算2018—2022年比亚迪向股东筹资所获现金和向债权人筹资所获现金，并绘制走势图，见图4-5。可以看出，近几年比亚迪向股东筹资所获现金除2021年有较大幅度的增长外，其余年份基本维持在0左右，向债权人筹资所获现金近几年也持续为负，说明比亚迪的资金面并不紧张，而且还将多余的资金用于偿还借款。这主要得益于其近几年企业通过OPM战略占用产业链上下游款项，产生大量的无息负债可供使用。

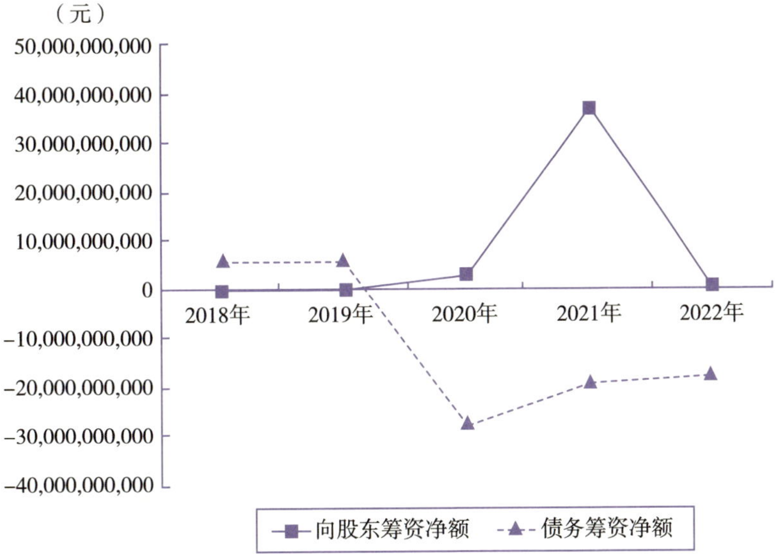

图4-5 比亚迪的筹资所获现金走势

4.6.2 现金偿付能力分析

虽然现金流量表的第三类“筹资活动产生的现金流量”列示了企业跟“筹钱”相关的现金流入和流出，但筹钱却是为了企业的经营活动，因为经营活动是企业的“本源业务”，企业的造血能力也是源于经营活动产生的现金流。因此，企业经营活动产生的现金流量净额是其现金偿付能力的具体体现。

（1）现金总负债率

现金总负债率是企业经营活动产生的现金流量净额与负债总额的比率，它反映的是企业经营活动产生的现金流量净额偿还全部债务的能力。该指标值越大，说明经营活动产生的现金流量净额对总负债的偿付能力越强。

（2）现金有息负债率

现金有息负债率是企业经营活动产生的现金流量净额与有息负债的比率，它反映的是企业经营活动产生的现金流量净额偿还有息负债的能力。该指标值越大，说明经营活动产生的现金流量净额对有息负债的偿付能力越强。

（3）现金无息负债率

现金无息负债率是企业经营活动产生的现金流量净额与无息负债的比率，它反映的是企业经营活动产生的现金流量净额偿还无息负债的能力。该指标值越大，说明经营活动产生的现金流量净额对无息负债的偿付能力越强，企业越不会出现产业链危机。

（4）现金利息保障倍数

现金利息保障倍数是经营活动产生的现金流量净额加付现所得税再除以现金利息支出所得的比率。它反映了企业一定时期经营活动所取得的现金是现金利息支出的多少倍，更明确地表明了企业用经营活动所取得的现金偿付债务利息的能力。

我们仍然以比亚迪为例，计算其近三年现金总负债率、现金有息负债率和现金利息保障倍数指标见表4-9。由表4-9可以看出，2020—2022年，比亚迪的现金负债率呈现出上升趋势，尤其是现金有息负债率，上升速度更快，说明企业经营活动产生的现金流偿付借款的能力得到明显提升。现金无息负债率下降，表明无息负债增长速度更快，也是企业现金偿付能力提升的表现。现金利息保障倍数的快速增长也能说明这种现象。

表4-9　　比亚迪的现金偿付能力指标（2020—2022年）

单位：元

指标	2020年	2021年	2022年
经营活动产生的现金流量净额	45,392,668,000	65,466,682,000	140,837,657,000
总负债	136,563,409,000	191,535,938,000	372,470,809,000
有息负债	52,282,390,000	35,393,023,000	21,828,796,000
无息负债	84,281,019,000	156,142,915,000	350,642,013,000
所得税	868,624,000	550,737,000	3,366,625,000
利息费用	3,123,801,000	1,907,642,000	1,316,350,000
现金总负债率	33.24%	34.18%	37.81%
现金有息负债率	86.82%	184.97%	645.19%
现金无息负债率	53.86%	41.93%	40.17%
现金利息保障倍数	14.8	35.24	109.31

第 5 章 / Chapter Five

“用钱”分析：企业价值创造的关键

5.1 企业“用钱”的渠道

企业在筹集到资金后，接下来就进入到资金的使用环节，即第二个钱——“用钱”。企业能否给股东带来持续的价值增值，关键是看所筹集到的资金是否能够得到高效利用。因此，“用钱”才是管理层能力和水平的真正体现，“钱”要用的高效、用的安全，这也是企业价值创造的关键。

企业“用钱”的过程就是资产配置的过程，需要做到收益性、流动性和安全性的权衡。根据第2章列示的企业资产负债表的结构，资产可分为流动资产和非流动资产，流动资产的流动性较强、风险较低，但收益性较差，而非流动资产的收益性较高，但流动性和安全性均较差。因此，从财务报表上来看，与“用钱”相关的会计科目主要集中在资产负债表的资产部分，即双栏式资产负债表的左端。

如果说商场如战场，企业“用钱”就类似于古代打仗中的排兵布阵。一个优秀的将领需要考虑有多少士兵用于打前锋，又有多少士兵用于打后卫和左右翼，还要考虑车辆、马匹和后勤补给等。作为资产配置的过程，企业的“用钱”可以划分为以下几个渠道。

（1）营运资金

营运资金（Working Capital）是企业日常生产经营过程中的流动资产配置，主要包括现金、应收账款和存货等。实际上，营运资金的称呼是从资金来源的角度来命名的，而确切来说应该从资金存在形态的角度来命名，即应该叫营运资产可能更为合适。营运资金具有流动性强、周转速度快、数量波动性大等特点。

在资产负债表中，营运资金对应的会计科目主要有货币资金、应收票据、应收账款、应收款项融资、预付款项、其他应收款、存货、合同资产等。

（2）有价证券

企业的资金除了用于满足日常的生产经营活动外，还可以将其配置到有价证券（Securities）上，最常见的就是买股票和债券。股票和债券都属于有价证券，区别在于持有者的身份不同、未来所获得的回报性质不同。股票的持有者是股东，未来可获得的回报为股息红利；债券的持有者是债权人，未来可获回报是利息。

在资产负债表中，有价证券对应的会计科目主要有交易性金融资产、衍生金融资产、债权投资、其他债权投资、其他权益工具投资、其他非流动金融资产等。

（3）项目投资

项目投资（Project Investment）是一种以特定项目为对象，直接与新建项目或更新改造项目有关的长期投资行为。由于是长期投资行为，期限往往超过一年。相对于营运资金，项目投资具有流动性慢、周期性长、风险性高等特点。当然，项目投资给股东带来的收益也较高，是企业价值增值的主要来源。

在资产负债表中，项目投资对应的会计科目主要有投资性房地产、固定资产、在建工程、使用权资产、无形资产等。

（4）对外扩张

对外扩张（Outside Investment）也是企业用钱的一个重要渠道，主要表现为战略性投资、并购重组等行为。企业对外扩张的用钱行为往往是为了实现战略性需求，例如通过战略性控股或者并购重组的形式进入一些新兴领域。因此，对外扩张同样具有高风险、高收益的特征。对外扩张能否给企业带来价值增值，跟企业所处的宏观经济环境、所涉及的领域、员工构成和行业专长等紧密相关。

根据与企业主营业务的相关程度，又可以划分为横向扩张和纵向扩张。相比于横向扩张，纵向扩张与企业主营业务的相关程度更高。在资产负债表中，对外扩张对应的会计科目主要有长期股权投资和商誉等。

5.2 营运资金管理

5.2.1 风险与收益的权衡

（1）营运资金

企业在筹集到资金后，首先要投入到日常的生产经营活动中，以创造更多的收益。如何高效、安全地运用资金，这也便引出了营运资金管理的问题。营运资金（Working Capital）有广义和狭义之分，广义上讲，营运资金是指一个企业投放在流动资产上的资金，具体包括现金、应收账款、存货、其他应收款、应付票据、其他应付款等占用的资金，其中现金、应收账款和存货等是最具代表性的营运资金。狭义上讲，营运资金是企业流动资产减去流动负债后的差额。

企业持有营运资金的动机主要是满足日常交易需求、补充流动性、预防财务风险等。

相对于长期资产，企业持有营运资金的风险较低但盈利性较差。因此，企业不可能把所有的资金都用于配置到营运资金上，导致没有进行长期资产的投资而丧失盈利能力。当然，企业也不可能不持有营运资金，不然会出现资金周转或产品销售困难，导致流动性变差，甚至出现财务风险。

（2）最佳营运资金持有量

营运资金管理主要遵循风险与收益相互权衡的思路，即成本效益原则。企业营运资金管理的成本包括两个方面：持有成本和短缺成本。

持有成本（Holding Cost）是企业持有营运资金而需要偿付的成本，随着持有量的上升而增加，包括直接持有成本和间接持有成本。直接持有成本包括持有存货而需要支付的仓储、保管成本；间接持有成本指因持有现金或者应收账款等而丧失的重要投资机会，属于一种机会成本。

短缺成本（Shortage Cost）是企业由于没有配置足够的营运资金，导致营运资金不足而带来的损失，例如现金短缺带来的流动性风险，或者应收账款或者存货短缺导致的销售收入的下降等。企业营运资金的持有量与成本关系见图5-1。

由图5-1可以看出，营运资金的持有成本与企业营运资金的数量呈正相关，而短缺成本与营运资金的数量呈负相关，既然营运资金管理的总成本是持有成本和短缺成本的权衡，因此总成本呈现出先下降后上升的正U型趋势。最佳营运资金的持有量（Optimal Working Capital Holdings）就是该U型曲线的最低点，也是持有成本和短缺成本二者的交叉点所对应的持有量。

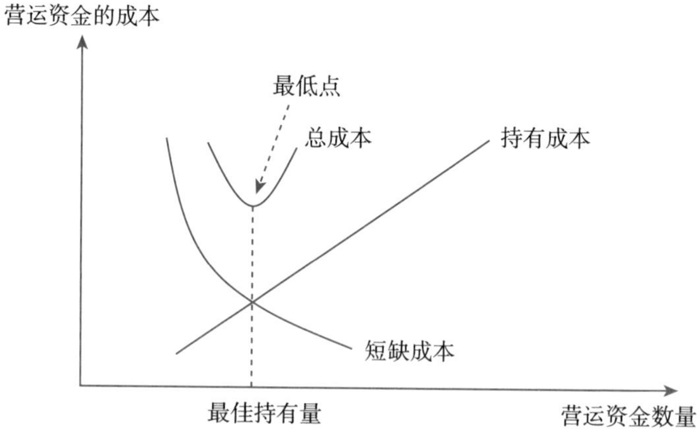

图5-1 企业营运资金的持有量与成本关系

（3）风险和收益的权衡

企业持有的营运资金并不是越多越好，虽然随着营运资金持有量的增加，企业的短缺成本会下降，但持有成本会上升。因此，企业的营运资金管理就是要在持有成本和短缺成本之间进行权衡。

第一，营运资金中的现金持有成本和短缺成本主要是跟有价证券进行比较分析。现金和有价证券二者之间相互转换，需要做到风险和收益的权衡。资金配置的相互转换也是管理层，尤其是财务总监资金运作能力的重要体现。当企业拥有多余现金时，可以用于购买有价证券，当现金不足时，又可以通过出售有价证券的形式补足现金。持有有价证券虽然能带来收益，但也面临着投资出现亏损的风险。

第二，营运资金中的应收账款（含应收票据）持有成本和短缺成本，主要是跟营业收入和现金流进行比较分析，它们之间存在着互补或替代关系，需要做到风险和收益的权衡。企业要想加快销售，实现营业收入和净利润的增长，就需要给客户一定的信用政策，采用赊销的方式将商品销售出去。但信用政策也会带来成本甚至风险，即资金被客户占用的成本或者到期无法收回的风险。或者虽然有营业收入和净利润的增加，却没有现金流，带来流动性风险。

第三，营运资金中的存货持有成本和短缺成本，主要是跟储存费用和营业收入进行比较分析，它们之间存在着互补或替代关系，需要做到风险和收益的权衡。企业持有存货会带来储存和保管费用的增加，但如果出现存货短缺，会导致营业收入的下降。企业是否需要储存存货，以及储存多少存货，还是由市场和存货的性质来决定。在市场销路广、销售渠道畅，并且存货易于保存的时候，企业可以加大存货的储存，以备不时之需，例如白酒行业。

（4）营运资金的管理策略

既然企业营运资金管理是风险和收益的权衡，不同企业管理者对于风险和收益的态度可能有所差异，有些管理者属于风险厌恶型，可能会持有更多的营运资金而不惜放弃盈利性，而有些管理者属于风险追求型，可能为了追求企业盈利而配置较少的营运资金。

因此，企业的营运资金管理就需要遵循风险性和收益性原则，既不能出现风险，又能够产生收益。一方面，风险性要求营运资金管理既要满足合理的资金需求，又要保持足够的短期偿债能力，不至于出现短期负债到期无法偿付的现象；另一方面，收益性要求营运资金管理要提高资金使用效率，并且节约资金使用成本。

在不同的持有成本和短缺成本组合下，产生了三种营运资金管理的策略：适中型策略、保守型策略和激进型策略。

第一，适中型策略（Moderate Strategy）。也就是企业达到最优营运资金持有规模，此时营运资金的持有成本等于短缺成本，既不出现风险，又能实现资金使用效率的最大化。

第二，保守型策略（Conservative Strategy）。相对于适中型策略，企业持有更多的营运资金，流动性充足，此时营运资金的持有成本大于短缺成本。虽然流动性充足，但往往是以牺牲盈利性为代价。

第三，激进型策略（Aggressive strategy）。相对于适中型策略，企业持有较少的营运资金，而把更多的资金投入到长期资产中，此时企业的盈利性得到了保证，但可能会面临流动性不足的现象。

（5）衡量指标

当然，对于持有成本和短缺成本，我们一般很难直接获取，只能通过财务报表数据进行近似的衡量。根据营运资金的计算公式，等于流动资产减去流动负债，我们可以采用流动比率（Current Ratio），即流动资产/流动负债来衡量营运资金的情况。这一比率越高，代表企业资产的变现能力越强，偿还流动负债的能力越高。

但是，这一指标往往存在着缺陷，采用这一比例并不能有效衡量企业的营运资金状况。根据第3章的介绍，企业负债中往往含有大量无息负债，例如商业信用类无息负债，包括应付账款、预收款项、合同负债等，虽然是流动负债，却是企业产品的议价能力和产业链地位的重要体现。因此，我们可以将这一比率进行变形，用流动资产除以有息负债来衡量。主要汽车制造企业的流动资产/流动负债和流动资产/有息负债比率见表5-1。

由表5-1可以看出，汽车制造企业的流动资产/流动负债的比例普遍较低，这是由于它们属于重型制造企业。当进一步计算流动资产/有息负债的比例时，我们发现比亚迪的这一指标还是处于相对较高的水平。

另外，我们还可以把营运资金进行变形，根据营运资金的计算公式，可以变形为：

营运资金＝流动资产－流动负债

＝（总资产－非流动资产）－（总资产－所有者权益－长期负债）

＝（所有者权益＋长期负债）－非流动资产

＝长期资本－长期资产

根据上述公式，我们可以计算企业的长期资产/长期资本的比例，见表5-2。

表 5-1　主要汽车制造企业的流动资产 / 流动负债和流动资产 / 有息负债比率（2022 年）

单位：元

股票代码	公司简称	流动资产	流动负债	有息负债	流动资产 / 流动负债	流动资产 / 有息负债
002594.SZ	比亚迪	240,803,507,000	333,344,561,000	19,211,522,000	0.72	12.53
601633.SH	长城汽车	107,680,723,551	95,802,048,905	29,743,727,164	1.12	3.62
600418.SH	江淮汽车	25,102,530,145	26,128,585,908	10,722,240,259	0.96	2.34
600166.SH	福田汽车	22,788,382,129	29,111,940,603	4,734,911,283	0.78	4.81
000625.SZ	长安汽车	102,075,781,048	79,948,653,684	1,950,252,203	1.28	52.34
601238.SH	广汽集团	91,792,172,989	56,576,096,081	19,311,392,598	1.62	4.75
600006.SH	东风汽车	13,335,669,109	8,349,614,213	5,104,695	1.6	2612.43
600733.SH	北汽蓝谷	17,322,497,104	19,127,251,885	13,057,845,679	0.91	1.33
000550.SZ	江铃汽车	17,867,109,698	17,509,275,472	1,193,538,813	1.02	14.97
600213.SH	亚星客车	2,595,082,500	1,979,164,947	1,265,213,391	1.31	2.05
600686.SH	金龙汽车	19,822,944,342	18,382,429,108	5,177,051,099	1.08	3.83
000957.SZ	中通客车	7,434,850,641	6,266,195,041	1,121,212,174	1.19	6.63
600104.SH	上汽集团	582,165,344,235	543,974,741,881	127,559,071,083	1.07	4.56
600609.SH	金杯汽车	2,897,414,991	2,720,273,892	835,393,513	1.07	3.47
000980.SZ	众泰汽车	3,625,353,055	2,930,059,279	3,031,843,734	1.24	1.2

表 5–2 主要汽车制造企业的长期资产和长期资本的比例（2022 年）

单位：元

股票代码	公司简称	非流动资产	所有者权益	非流动负债	长期资产 / 长期资本
002594.SZ	比亚迪	253,057,139,000	121,389,837,000	39,126,248,000	0.63
601633.SH	长城汽车	77,676,576,922	65,215,908,115	24,339,343,452	1.15
600418.SH	江淮汽车	21,980,156,199	14,067,209,760	6,886,890,675	0.95
600166.SH	福田汽车	25,726,282,932	13,737,096,125	5,665,628,332	0.75
000625.SZ	长安汽车	43,972,774,904	62,948,804,561	3,151,097,707	1.5
601238.SH	广汽集团	98,228,574,413	122,248,289,026	11,196,362,295	1.36
600006.SH	东风汽车	4,350,407,779	8,481,650,086	854,812,590	2.15
600733.SH	北汽蓝谷	14,031,914,807	6,305,087,410	5,922,072,616	0.87
000550.SZ	江铃汽车	9,601,212,137	9,240,646,784	718,399,579	1.04
600213.SH	亚星客车	248,602,506	231,029,620	633,490,440	3.48
600686.SH	金龙汽车	7,932,882,650	4,477,774,534	4,895,623,350	1.18
000957.SZ	中通客车	1,933,198,185	2,662,635,360	439,218,425	1.6
600104.SH	上汽集团	407,942,036,935	336,300,236,945	109,832,402,345	1.09
600609.SH	金杯汽车	1,515,334,004	1,269,556,785	422,918,318	1.12
000980.SZ	众泰汽车	3,495,569,595	2,441,901,215	1,748,962,156	1.2

5.2.2 现金：与有价证券相互转化

（1）现金

现金（Cash）是企业营运资金的重要组成部分，也是流动性最强的资产。广义的现金包括库存现金、银行存款和现金等价物，包括可转让定期存单、其他货币资金、货币市场基金、3 个月内到期或清偿的国债等。

在过去，上市公司会留有大量的库存现金，将现金放到企业的保险柜里，以备不时之需。现在，随着企业现金管理方式的转变，企业持有库存现金的现象大大减少，企业现金主要是以银行存款和现金等价物的形式存在。企业持有现金具有以下三个方面的动机：

第一，投机性动机（Speculative Motive），指企业为了充分利用短期的投资机会而持有的现金。例如当资本市场的行情较好时，企业可以将持有的现金进行有价证券投资，从而获取超额收益。

第二，预防性动机（Precautionary Motive），指企业出于应付意外事件的预防动机，如为了应付自然灾害、生产事故、意外发生的财务困难等原因而持有的现金。

第三，交易性动机（Transaction Motive），为满足日常生产经营的交易活动而必须持有现金，包括支付货款、支付工资、缴纳税金等。

但是，当企业面临大额的、长期战略性对外投资机会时，一般不会或很少使用持有的现金，而是需要对外融资，所以说企业现金管理的目的不是满足投资性动机。

企业持有现金也是有成本的，即当企业持有的现金超过所需的最低金额时而产生的机会成本。因此，企业现金管理遵循的原则是在维持公司高效经营的同时，尽可能使得企业持有现金维持在较低水平，即将机会成本降到最低。

（2）现金周期

现金管理的第一个核心要务就是开源，即千方百计增加企业现金的流入、提升现金的周转速度，加快现金回收。每家企业都有一个自己的现金周期，又叫现金循环周期，是指企业在经营中从付出现金到收回现金所需的平均时间。现金周期的变化会直接影响所需营运资金的数额，决定企业资金使用效率。企业的现金周期和营运周期见图5-2。

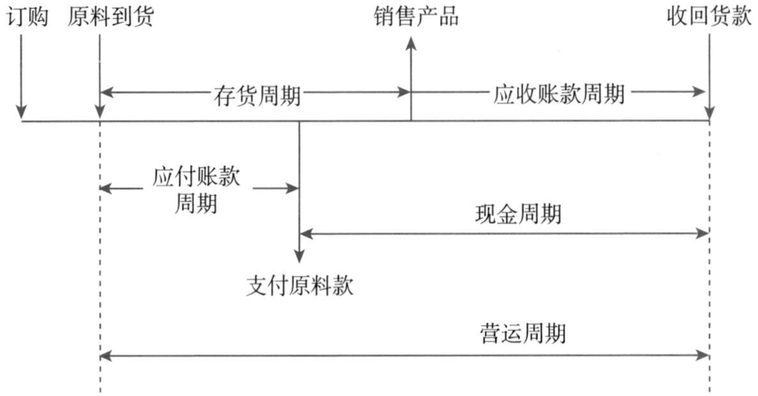

图5-2 企业的现金周期和营运周期

其中，企业从购买原料到收回销售产品货款，是一个完整的营运周期，即营运周期=存货周期+应收账款周期，而企业从原料到货至支付原料款的时间段称为应付账款周期。营运周期减去应付账款周期之后，剩下的就是现金周期，即现金周期=存货周期+应收账款周期-应付账款周期。存货周期、应收账款周期和应付账款周期可以分别用存货周转天数、应收账款周转天数和应付账款周转天数来衡量，其中：

存货周转天数=365/存货周转率

存货周转率=营业成本/存货平均余额

应收账款周转天数=365/应收账款周转率

应收账款周转率=营业收入/应收账款平均余额

应付账款周转天数=365/应付账款周转率

应付账款周转率=营业成本/应付账款平均余额

根据上述公式，我们可以计算出企业的现金周期。主要汽车制造企业的现金周期见表5-3。现金周期为负数时，说明企业在营运资金管理中应付账款周期越长，企业占用供应商资金的能力越强。

表 5-3　主要汽车制造企业的现金周期情况（2022 年）

股票代码	公司简称	存货周期	应收账款周期	应付账款周期	现金周期
002594.SZ	比亚迪	63.53	32.31	110.80	-14.96
601633.SH	长城汽车	59.89	15.99	109.41	-33.53
600418.SH	江淮汽车	32.80	26.31	87.80	-28.69
600166.SH	福田汽车	52.69	29.85	121.32	-38.77
000625.SZ	长安汽车	24.00	7.14	100.52	-69.38
601238.SH	广汽集团	36.74	26.09	57.38	5.45
600006.SH	东风汽车	61.93	109.53	106.57	64.88
600733.SH	北汽蓝谷	79.39	373.72	169.05	284.07
000550.SZ	江铃汽车	29.01	43.90	132.35	-59.43
600213.SH	亚星客车	61.08	372.38	145.00	288.46
600686.SH	金龙汽车	57.89	90.28	152.43	-4.25
000957.SZ	中通客车	37.99	242.84	194.24	86.59
600104.SH	上汽集团	40.65	27.94	90.70	-22.10
600609.SH	金杯汽车	25.18	61.52	100.45	-13.76
000980.SZ	众泰汽车	126.83	791.07	247.72	670.17

（3）现金与有价证券的关系

企业的现金与有价证券存在着紧密的联系，当企业持有多余的现金时，可以用于购买有价证券，而当需要现金时，又可以将有价证券出售。因此，现金和有价证券之间存在着相互转化的关系。企业究竟是持有现金还是有价证券，取决于以下几个方面的因素：

第一，市场利率水平。利率水平往往和有价证券的价格呈反向变化关系，当市场利率上升时，有价证券的价格会下降。因此，在利率水平较高时，企业会卖出有价证券，转而增加现金持有水平。

第二，宏观经济环境。宏观经济的不确定性会增加企业的预防性动机，即增加现金持有量。宏观经济的不确定性包括货币政策、财政政策的变化，通货膨胀，汇率波动等。

第三，资本市场状况。当资本市场处于上升趋势时，企业会将现金转化为有价证券，而处于下降趋势时，又会通过卖出有价证券的形式获取现金。

第四，企业产权性质。一般而言，国有企业对于现金的使用范围有着更为严格的规定，不允许对闲置资金进行证券投资。例如，贵州茅台作为贵州省国资委的下属企业，即便账面上拥有五六百亿的货币资金，也不敢随便拿出来一些做证券投资。

5.2.3 应收账款：产业链地位的重要体现

（1）应收账款及信用政策

应收账款（Accounts Receivable）是指企业在正常的经营过程中因销售商品、产品、提供劳务等业务，应向购买单位收取的款项，包括应由购买单位或接受劳务单位负担的税金、代购买方垫付的各种运杂费等。

可以看出，应收账款源于企业的赊销行为，是企业为了增加利润，采取的通过让渡资金使用权而达成的产品快速销售行为。应收账款往往源于企业对下游客户的产品赊销。企业在进行应收账款管理中也同样面临着成本与收益的权衡。应收账款的持有收益就是增加产品销售、提升企业利润，而应收账款的持有成本是企业给客户赊销产品可能带来的坏账损失。

企业在应收账款管理中需要制定应收账款的信用政策，包括信用条件、信用期间、现金折扣和收款政策等。信用条件是客户获得企业授予的应收账款信用所应具备的条件，即客户达到什么标准才被授予商业信用。一般根据企业的财务状况、产品销售情况、董事长和总经理等负责人的个人信誉等情况来决定。企业给客户的应收账款信用，有点类似于银行提供的授信，都需要对客户进行全方位的分析，甚至进行信用评分，以确定是否向某一客户提供应收账款信用，以及提供的金额比例大小等。

当然，企业在确定信用条件时，除了基于所搜集的信息进行信用评分外，也可以根据历史应收账款信用数据和违约情况进行统计分析，构建企业的违约概率模型。

在确定了信用条件之后，企业还需要跟客户确定应收账款的信用期间、现金折扣和收款政策等。信用期间往往跟产品的生产周期、客户的信用状态相关，产品的生产周期较短、客户的信用状态较差时，信用期间一般较短。企业为了能够提前收回欠款，也会给予欠款客户一定的现金折扣，以便能够加速应收账款的回收。收款政策是对应收账款进行监控的手段，一般根据应收账款的账龄制定不同的催收政策，甚至计提坏账等。

（2）产业链地位的重要体现

一般而言，应收账款可以看成企业产品议价能力，即产业链地位的重要体现。当企业向客户赊销产品时，往往代表着企业产品的议价能力较低，只能通过让渡一段时间资金的使用权，采用赊销的形式才能让客户接受。

在企业资产负债表中，除了应收账款科目，还有三个商业信用类科目，同样可以显示出企业在产业链中的地位，分别是应收票据、预付款项和合同资产。另外还有一个科目叫应收款项融资，指企业将应收账款出售给银行或其他金融机构，但是银行或其他金融机构具有追索权，即如果应收账款无法收回时，银行或其他金融机构有权向企业索要款项。在分析中，我们可以将应收款项融资视同应收账款科目。

我们以两家著名的酿酒企业贵州茅台和五粮液（股票代码：000858.SZ）为例，来比较两家公司应收账款的差异，进而说明两家公司的产业链地位情况。贵州茅台和五粮液是国内两大驰名白酒品牌，是高端市场白酒的典型代表。但是，与五粮液相比，贵州茅台在市场上的稀缺性更高。我们可以通过应收类科目来分析两家企业产品在产业链中的位置。

表5-4列示了贵州茅台和五粮液的应收票据、应收账款、应收款项融资等科目及其占比情况。可以看出，应收类占比情况五粮液远远高于贵州茅台！

表5-4　贵州茅台和五粮液的应收账款及其占比情况（2022年）

单位：元

科目/指标	贵州茅台	五粮液
应收票据	105,453,212	119,918,308
应收账款	20,937,144	35,686,942
应收款项融资	0	28,904,198,420
流动资产	216,611,435,673	137,565,771,760
营业收入	124,099,843,772	73,968,640,705
应收类占流动资产比例	0.058%	21.12%
应收类占营业收入比例	0.102%	39.29%

（3）应收账款的管理与分析要点

作为价值投资者，在分析企业的应收账款时，要特别关注应收账款的来源、账龄情况、坏账准备的计提情况等。在分析中，可以关注以下几点：

第一，采用趋势分析法和行业比较法，判断近年来应收账款的变动趋势，并找出异常变动的年份及变动原因。应收账款的异常变动往往是企业为了增加当年的利润而采取的赊销行为，是企业操纵利润的一种手段。

第二，采用账龄分析法，判断应收账款的账龄情况及各个账龄的构成。一般而言，应收账款的账龄越长，应收账款收回的可能性越低，计提的坏账金额就会越大。

第三，判断企业应收账款的来源和构成情况。根据监管要求，企业一般会披露欠款排名在前五名的客户情况，包括客户的名称、欠款金额、坏账准备的计提等，我们可以根据客户的名称等信息对其基本情况进行检索和查询，来判断企业大客户的还款能力。

第四，应收款项的融资情况。企业为了显示资金实力，在期末会运用应收账款进行抵质押或者保理业务融资，可能会出现应收账款核销的情况。如果是有追索权的融资，一般会在"应收款项融资"科目中反映。

5.2.4 存货：成本与可变现净值孰低计价

（1）存货及其构成

存货（Inventory）是指企业在日常活动中持有以备出售的产成品或商品、处在生产过程中的在产品、在生产过程或提供劳务过程中耗用的材料或物料等，包括各类材料、在产品、半成品、产成品或库存商品以及包装物、低值易耗品、委托加工物资等。关于存货的类型，以生产加工为主的制造企业，存货主要表现为原材料、在产品、产成品和库存商品等；以提供服务为主的企业，存货主要是一些低值易耗品。

存货的价值需要通过周转才能体现出来，即由原材料通过加工生产，以直接材料的形式进入在产品和产成品的成本，进而销售出去产生价值。因此，存货的周转速度越快，其产生价值的能力越强。存货的周转速度可以通过存货周转率和周转天数来衡量。

（2）存货的计价方法

对于存货，有一个重要的计价方法，即成本与可变现净值孰低法。我们在第2章曾提到会计计量属性，其中一个重要的计量属性便是可变现净值。可变现净值是指可供出售商品的售价，减去进一步的加工成本，以及预计销售费用和相关税费后的净值。存货在期末采用成本与可变现净值孰低法进行计价，即选取成本和可变现净值二者较低者作为计价基础。

例如，如果一件商品当前市场上的售价为2,000元，但其成本只有100元，期末如果企业有该商品的库存，在资产负债表上，该商品也是按照100元的价值入账。

（3）贵州茅台为什么值那么多钱？

典型的例子就是贵州茅台，我们知道上市公司贵州茅台的总市值达到2万亿元以上。一个生产、销售白酒的企业，又没有多少新科技新技术，与当前国家的战略发展方向契合度也并不高，为什么市场价值会如此之高呢？我们从其存货上就可见一斑。

我们首先要搞清楚对于一个生产、销售白酒的企业，存货的存在形态具体都有什么？主要有原材料（高粱等粮食）、在产品（原浆酒或基酒）、产成品（待售白酒）等。我们翻读贵州茅台的年报发现，其存货主要是在产品，即原浆酒或基酒。

贵州茅台近三年的存货情况见表5-5。我们可以看出，贵州茅台的存货主要是成品酒、半成品酒和基酒，这在会计中是按照成本与可变现净值孰低法计价。我们也都知道，贵州茅台生产的茅台酒，相对于售价（即可变现净值），其成本可以说是微乎其微。如果将以成本计价的成品酒、半成品酒、基酒等，按照当前贵州茅台酒的市场销售价格进行换算，我们便会发现贵州茅台的资产负债表明显压低了其存货的价值。

表5-5　贵州茅台的存货及其构成情况（2020—2022年）

单位：元

科目/指标	2020年	2021年	2022年
存货	28,869,087,678	33,394,365,085	38,824,374,236
其中：原材料	3,485,831,194	4,019,538,466	3,917,462,473
在产品	11,939,782,495	14,309,366,103	17,310,163,093
自制半成品	12,396,248,093	13,746,107,884	15,782,637,922
库存商品	1,047,225,896	1,319,352,632	1,814,110,748
成品酒（吨）	8,314	10,282	12,495
半成品酒和基酒（吨）	240,921	250,464	264,128

（4）存货的管理与分析要点

作为价值投资者，我们同样可以根据存货信息来判断企业的价值情况和增长潜力。在分析企业存货时，我们可以关注以下几点：

第一，存货的特征要结合企业的行业特性进行综合分析。对于制造类企业，存货往往是原材料、在产品和产成品等，因此存货的价值可以按照成本与市价孰低法进行判断，进而估算企业存货的市场价值。而对于服务类企业，存货往往表现为低值易耗品，其价值对于企业提供的服务而言可以说是微不足道，对此类企业的存货分析就显得并不那么重要了。当然，对于制造类企业，采用成本与可变现净值孰低法判断存货价值时也要满足一个前提条件，即“产品的市场空间足够大”，企业产品能够获得消费者的持续青睐，不存在生产出来但销售不出去的问题。

第二，存货的特征要结合企业产成品的销售情况进行综合分析。任何存货的管理问题，都可以归结为产品销售问题。而存货管理中的关键问题就是积压的问题，存货的积压往往是产品销售不畅所导致，产品生产出来销售不出去，就会导致产成品、在产品和原材料的积压。存货只有在流通和周转中才能转换为企业价值。企业在上下游产业链中的议价能力越高，存货的周转速度越快，价值也越高。

第三，既要注重存货周转情况的分析，也要注重存货的结构分析。我们可以采用趋势分析法和行业比较法，来判断一家企业的存货周转情况及其变化以及与行业的差异等。另外，我们还要特别重视存货的结构分析，以判断一家企业是否有存货的积压风险。如果一家企业出现原材料和产成品持续增加的情况，而营业收入并没有增加，或者增加的比例低于存货，甚至是虽然有营业收入的增加，但应收账款的增加速度更快，这些现象往往是产品销售不畅所致，最终会出现存货管理的问题。

5.3 项目投资分析

5.3.1 项目投资的类型

项目投资（Project Investment）是一种以特定项目为对象，直接与新建项目或更新改造项目有关的中长期资金使用行为。项目投资会形成企业的固定资产、在建工程、无形资产、投资性房地产、长期股权投资等。

固定资产和在建工程是企业的中长期有形资产投资，它们的价值是通过折旧的形式进入产品的成本。无形资产是企业进行的中长期知识产权、研发专利和创新类的投资，它的价值通过摊销或减值的形式进入企业的期间费用，例如管理费用等。投资性房地产是为了出租或者出售目的而进行的房地产建设或投资行为。长期股权投资是为了参股或控股一家企业而做出的中长期项目投资规划。

对于一般制造类企业，项目投资的核心应该是长期经营性投资，包括固定资产投资、无形资产投资等。作为项目投资的固定资产和作为营运资金的存货对于企业价值的作用并不一样，原材料等存货是直接计入产品的成本，并通过销售给企业带来价值的增值。存货是一种变动成本，产品的生产量越大，消耗的原材料等越多。固定资产是通过折旧的形式计入产品的成本，每年或每项固定资产的折旧金额基本固定，因此只要产品生产量足够大，而且生产了都能销售出去，就能够降低单位固定成本，增加企业利润。从这一点来看，所有成本管理和控制的问题，归根结底还是产品销售的问题。

对于项目投资的分析，一方面要看项目投资的合理性，即项目投资是否能带来长期持续为正的投资回报，另一方面要看所投资项目在存续期的保值能力，即是否出现减值或价值毁损的情况。

5.3.2 净现值

（1）理性人的行为决策准则

净现值（Net Present Value，NPV）是判断项目投资合理性的重要指标，指未来现金流入现值与未来现金流出现值的差额。项目投资是一种以特定项目为对象，直接与新建项目或更新改造项目有关的长期投资行为。对于一个理性的经理人来说，净现值为正值，说明项目投资方案是可以接受的；净现值是负值，说明项目投资方案不可接受。净现值越大，投资方案越好。因此，净现值法是一种比较科学、简便的投资方案评价方法。

假设一个项目的初始投资为I_0，每一期产生的现金流入分别为C_1，C_2，……，C_N，该项目所采用的折现率为r，那么净现值的计算公式为：

$$NPV=-I_0+\frac{C_1}{(1+r)}+\frac{C_2}{(1+r)^2}+\frac{C_3}{(1+r)^3}+\cdots+\frac{C_N}{(1+r)^N}$$

所以，理性的经理人可以根据净现值法来选择那些NPV>0的投资项目。当然，有时候经理人也并不完全理性，表现为：一方面经理人的过度自信或狂妄自大所导致的过度投资，选择了那些净现值为负的项目；另一方面，虽然净现值为负，但在项目运行的前期现金流为正，对于经理人来说在其任期内是有利可图的，这种项目也可能会付诸实施。

（2）一个简单的应用举例

下面我们举一个简单的例子，来说明净现值法的具体应用。2022年12月14日，贵州茅台宣布开展茅台酒“十四五”技改建设项目，初始投资额为155亿元，建设周期为48个月，规划建设制酒厂房68栋、制曲厂房10栋、酒库69栋及其相关配套设施，建成后可新增茅台酒设计产能约1.98万吨/年。

本次扩产项目从2023年初开始建设，4年后即在2027年初全部完工，并开始基酒酿造，经过一年的基酒酿造以及三年以上的储存，本次扩产项目中酿造的茅台酒将于2031年面向市场销售。由于贵州茅台历年来基酒设计产能和实际产能比例平均为1∶1.3，因此2031年将有1.98×1.3=2.57万吨成品茅台酒可供销售。

为了分析本次扩产的投资决策可行性，我们采用净现值法来估算扩产带来的净现值。由于目前一吨茅台酒可以灌装2,124瓶，每瓶出厂价按照目前的市场指导价1,499元，净利润率按照2020—2022年净利润率平均值52%计算，并全部产生现金流。考虑到贵州茅台通常会把当年15%的基酒存储起来，所以扩产后每年净现金流量为：

$$\text{净现金流量}=19{,}800\times1.3\times2{,}124\times1{,}499\times52\%\times85\%=362\text{亿元}$$

折现率则按照贵州茅台有息负债的利率来计算，根据贵州茅台2022年的年报，我们查找其利息支出，并计算折现率如下：

$$r=\frac{\text{本期利息支出}}{\text{期初有息负债}}=\frac{0.12\text{亿}}{2.96\text{亿}}=4.05\%$$

由于贵州茅台的新建产区在建设完成后可以长期持续使用，因此我们假定2031年后该扩产项目每年带来的净现金流入均为362亿元，可以采用永续年金的计算方式来测算净现值。

$$NPV=\frac{\text{净现金流量}}{r}-I_0=\frac{362}{4.05\%}-155=8{,}783\text{亿元}$$

由上述计算结果可知，本次贵州茅台扩产项目净现值大于0，可以增加贵州茅台约8,700多亿元的内在价值，所以该项目是可接受项目。如果考虑到贵州茅台每年储存的基酒未来带来的现金流量，计算的净现值比这个数字还要大。

当然，对于一般的外部投资者来说，我们很难获得一家企业项目投资的现金流入和流出信息，也只能像所举的贵州茅台的例子那样进行粗略计算。当然，对于价值投资者而言，净现值指标的计算原理用得最多的场景还是企业价值评估，我们将在后续章节进行详细介绍。

5.4 经营杠杆与经营风险

5.4.1 经营杠杆与杠杆系数

（1）经营杠杆

经营杠杆（Operating Leverage）指企业由于固定资产经营带来的随着产销量的增加而撬动收益的现象。在一定产销量范围内，产销量的增加一般不会影响固定成本总额，但会使单位产品的固定成本降低，从而提高单位产品利润，带来企业利润的上升；反之，产销量减少，会使单位产品的固定成本升高，从而降低单位产品利润，导致企业利润的下降。

由经营杠杆我们可以看出，固定资产经营对于股东来说是有好处的，只要开足马力生产，而且生产的产品能够顺利销售出去，就能带来股东回报的增长。

（2）经营杠杆系数

衡量产销量对于企业利润撬动大小和程度的一个重要指标便是经营杠杆系数（Degree of Operating Leverage，DOL）。经营杠杆系数是指企业利润的变动（一般用息税前利润来表示）相对于产销量变动的比例。计算公式为：

$$DOL=\frac{\Delta EBIT/EBIT}{\Delta Q/Q}=\frac{EBIT+F}{EBIT}$$

其中，EBIT为息税前利润，Q为产品的产销量，ΔQ为产销量的变化，F为固定成本。经营杠杆系数越大，对经营利润的影响越强，当然，反之经营风险也越大。

我们仍然以新能源汽车企业比亚迪为例，介绍其经营杠杆系数的计算（2022年度）。首先，根据固定成本＝固定资产折旧＋无形资产摊销＋长期待摊费用摊销，计算出比亚迪的固定成本F，等于22,766,063,000元；其次，根据公司息税前利润＝净利润＋利息费用＋所得税，计算比亚迪的息税前利润EBIT，等于22,396,079,000元；最后，计算经营杠杆系数为2.02。

比亚迪2018—2022年的经营杠杆系数变动趋势如图5-3所示。近几年，比亚迪的经营杠杆系数在2到3.5之间波动，2021年经营杠杆系数达到最高点。主要原因在于公司2021年及以前年份在多地兴建电池和汽车工厂基地，加之研发投入的上升，导致固定成本的增加，从而拉升了经营杠杆系数。2021年较高的经营杠杆系数为比亚迪在后续期间的产能提升和利润爆发创造了有利条件。

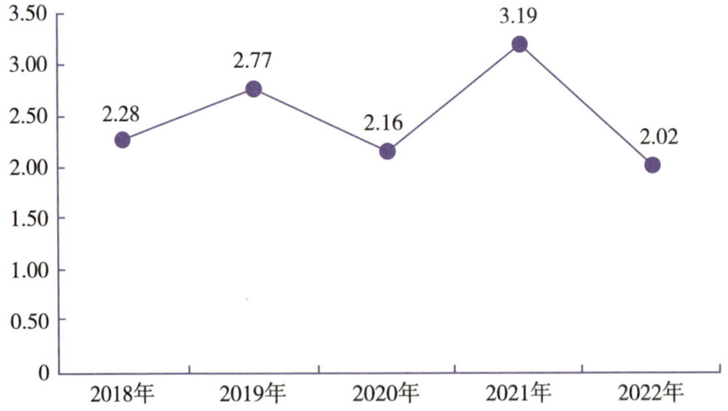

图5-3　比亚迪的经营杠杆系数变动趋势

5.4.2 经营风险及其识别

（1）经营风险

经营杠杆在为股东带来回报、增加收益的同时，也可能会带来经营风险，即固定资产经营类似于企业负债经营，既可以放大企业收益，同时也可能会放大风险。经营风险（Operating Risk）是指在固定资产经营的情况下，由于企业生产经营变动或外部市场环境改变导致企业息税前利润波动的风险。

如果企业生产的产品销售不畅，不能很好地销售出去，势必出现后续生产量的降低，此时固定资产的折旧费用仍然要持续发生，会导致单位产品的成本上升，进而出现企业利润下降的现象。因此，对于从事固定资产经营的企业来说，一切影响产品销售的因素都会带来经营风险，包括市场需求的变化、产品售价的波动、要素价格的变化、固定成本的变化等。

（2）经营风险的识别

对于识别企业的经营风险，我们一般有多种方法可以采用，甚至不同的学科有其特殊的识别方式。例如，战略管理领域可以采用SWOT分析，市场营销领域可以进行客户需求分析，而在公司财务领域，还是采用关键的财务指标分析比较可靠。

既然“一切成本管理问题归根结底都是销售问题”，所有影响产品销售的因素都会带来经营风险。因此，我们可以从产品销售的角度来识别一家企业的经营风险，主要是毛利率和周转率两个指标，这些都来自我们在第3章中所讲的八大指标。

第一，毛利率。毛利率等于企业营业毛利与营业收入之比，其中营业毛利等于营业收入减去营业成本。我们可以通过毛利率指标来判断一家企业的产品在市场中的销售空间，在分析中可以采用趋势分析和行业比较等方法。毛利率在同行业中的排名越高，说明产品销售空间越大，企业面临的经营风险越低。

我们同样以两大著名白酒企业贵州茅台和五粮液为例，来计算它们各自的毛利率指标，从而说明产品的市场销售空间。两家公司近几年的毛利率指标见表5-6。可以看出，贵州茅台的毛利率在过去五年一直保持在高水平，维持在91%左右。这表明贵州茅台的产品在市场中拥有较大的销售空间，企业面临的经营风险相对较低。五粮液的毛利率近几年维持在75%左右，在行业内也算是一个较高的水平。

表5-6 贵州茅台和五粮液的毛利率指标（2018—2022年）

单位：元

科目/指标	2018年	2019年	2020年	2021年	2022年
贵州茅台：					
营业收入	73,638,872,388	85,429,573,467	94,915,380,917	106,190,154,844	124,099,843,772
营业成本	6,522,921,834	7,430,013,945	8,154,001,476	10,093,468,617	10,093,468,617
营业毛利	67,115,950,554	77,999,559,522	86,761,379,440	96,096,686,227	114,006,375,155
毛利率	91.1%	91.3%	91.4%	91.5%	91.9%
五粮液：					
营业收入	40,030,189,600	50,118,105,877	57,321,059,453	66,209,053,612	73,968,640,705
营业成本	10,486,782,934	12,802,259,947	14,811,961,479	16,318,778,589	18,178,425,660
营业毛利	29,543,406,666	37,315,845,930	42,509,097,975	49,890,275,023	55,790,215,045
毛利率	73.8%	74.5%	74.2%	75.4%	75.4%

第二，周转率。周转率衡量了企业资产的利用效率。反映了企业运营的灵活性和资产管理能力。最具代表性的周转率指标就是总资产周转率，又可以分为存货周转率、应收账款周转率和固定资产周转率等。有关存货周转率、应收账款周转率的计算，我们已在前面内容中提到，而固定资产周转率等于营运收入除以固定资产净值的平均余额的比例。

我们仍然以贵州茅台和五粮液为例，来计算它们各自的周转率指标，进而推断它们面临的经营风险大小。两家公司近几年的周转率指标见表5-7。

表5-7 贵州茅台和五粮液的周转率指标（2018—2022年）

指标	2018年	2019年	2020年	2021年	2022年
贵州茅台：					
总资产周转率	0.500	0.498	0.479	0.453	0.487
应收账款周转率					11,854.51
存货周转率	0.286	0.305	0.301	0.289	0.280
固定资产周转率	4.830	5.622	6.051	6.303	6.669
五粮液：					
总资产周转率	0.510	0.521	0.520	0.531	0.513
应收账款周转率	337.95	382.90	651.58	1,252.90	1,481.15
存货周转率	0.938	1.005	1.101	1.198	1.212
固定资产周转率	7.59	8.82	9.57	11.54	13.54

由表5-7可以看出，贵州茅台的总资产周转率在过去五年中波动不大，整体上维持在一个相对较高的水平，表明公司相对高效地利用总资产进行生产经营。对比五粮液，贵州茅台的存货周转率相对较低，说明积累了较多的存货，这主要是因为茅台属于酱香酒，生产周期比属于浓香酒的五粮液要更长，产品的生产周期决定了贵州茅台较低的存货周转率；同时，贵州茅台通常会把当年15%的基酒存储起来以生产更高端的年份茅台酒，这也导致了贵州茅台较低的存货周转率。较低的存货周转率可能会导致一定程度的资金占用问题，但2018—2021年贵州茅台应收账款为0，显示了其强大的下游控制能力，减轻了一部分由于存货周转率低引起的经营风险。

五粮液的总资产周转率与贵州茅台类似，呈现出较好的总资产利用效率。应收账款周转率、存货周转率、固定资产周转率逐年增长，表明公司更有效地利用其资产进行生产经营，经营风险降低。而且应收账款周转率的大幅度提升，代表五粮液销售收入中现销比例在增大，销售政策呈现出利好趋势。

5.5 投资活动的现金流量分析

5.5.1 投资活动产生的现金流量净额

根据企业的现金流量表，我们对于企业投资活动的现金流量既可以进行流入量和流出量的总量分析，也可以进行每一项的结构分析。对于总量分析，我们主要关注投资活动产生的现金流量净额这一指标。投资活动产生的现金流量净额等于投资活动现金流入小计减去投资活动现金流出小计。

投资活动产生的现金流量净额为负，表明现金流入小计小于现金流出小计，这很有可能是企业为了扩大规模，投入了大量资金，从而导致投资活动的现金流量净额为负。当然，净额为正很可能是企业资金周转不开，进而处理了固定资产或者长期投资等，或者是企业投资回收的资金比现金流出要多。

接下来，我们分别以比亚迪和长城汽车为例，来说明两家企业近几年投资活动的现金流量情况，见表5-8。可以看出，比亚迪和长城汽车近几年投资活动现金流量净额均持续为负，表明它们在这些年份内投入了大量资金进行扩大规模或进行重要的项目投资。尤其是2022年，比亚迪投资活动现金流量净额达到了-1,200亿元，其规模扩张速度巨大。

表 5-8　　比亚迪和长城汽车投资活动的现金流量情况（2018—2022 年）

单位：元

科目/指标	2018 年	2019 年	2020 年	2021 年	2022 年
比亚迪：					
投资活动的现金流入小计	6,176,040,000	2,401,053,000	18,818,421,000	12,722,026,000	13,310,643,000
投资活动的现金流出小计	20,406,800,000	23,282,499,000	33,262,669,000	58,126,018,000	133,906,640,000
投资活动的现金流量净额	−14,230,760,000	−20,881,446,000	−14,444,248,000	−45,403,992,000	−120,595,997,000
长城汽车：					
投资活动的现金流入小计	23,882,983,893	23,158,930,690	45,192,468,351	38,765,738,077	24,744,291,734
投资活动的现金流出小计	33,923,420,352	38,960,614,996	56,780,789,107	49,940,483,690	35,249,179,192
投资活动的现金流量净额	−10,040,436,458	−15,801,684,305	−11,588,320,756	−11,174,745,613	−10,504,887,458

大规模的项目投资主要是源于公司的战略决策和行业发展需求，包括大规模的产业投资和扩张，特别是在新能源汽车领域的布局。两家公司投入大量资金用于新产品研发、生产基地建设以及全球市场的扩张，同时，固定资产投资和技术升级也是导致现金净流出的原因。虽然这些投资表明公司对未来发展充满信心，但依旧面临着一定的经营风险，需要密切关注其投资项目的成果和未来回报情况，以确保资金的有效利用和公司可持续发展。

5.5.2 项目投资的现金流量净额

在企业的现金流量表中，有关项目投资的会计科目主要有两个：现金流入类科目，处置固定资产、无形资产和其他长期资产收回的现金净额；现金流出类科目，购建固定资产、无形资产和其他长期资产支付的现金。根据现金流入类科目和现金流出类科目，我们可以计算项目投资的现金净流出量，往往又称为资本性支出，等于现金流出类科目减去现金流入类科目，即：

$$\begin{array}{c}\text{项目投资的现金净流出量}\\ \text{（资本性支出）}\end{array}=\begin{array}{c}\text{购建固定资产、无形资产和}\\ \text{其他长期资产支付的现金}\end{array}-\begin{array}{c}\text{处置固定资产、无形资产和}\\ \text{其他长期资产收回的现金净额}\end{array}$$

如果项目投资的现金净流出量为负，说明企业在收缩规模，没有进行对外项目投资，反而处置资产获得了现金，这往往向市场传递了一种不利信号。

但是，如果项目投资的现金净流出量为正，说明企业在项目投资过程中净流出了现金，这对于处于正常生产经营周期的企业而言，是否为一种利好信息，取决于以下两个方面的因素：

第一，企业产品的市场能力和议价空间。如果企业产品的市场能力和议价空间很高，市场占用率、产品周转率和毛利率也较高，此时对外的项目投资将是一种利好信息，表明企业的产能在扩大，而且生产的产品能够迅速销售出去。

第二，项目投资是否为横向多元化投资。如果企业在项目投资过程中净流出了现金，但投资方向是业务间毫无关系和协同效应的横向多元化投资，往往代表着企业的核心业务经营发生困难，不得不选择转型发展。此时，对外的项目投资不见得是一种利好信息，或者说在短期内难以看到投资成效。

我们还是以比亚迪和长城汽车为例，来说明两家企业项目投资的现金净流出量情况，见表5-9。可以看出，比亚迪和长城汽车近几年的项目投资现金净流出量均为正，长城汽车项目投资规模低于比亚迪。两家公司在扩大产能和项目投资方面都投入了大量资金，2022年比亚迪着重投资了半导体和整车业务项目，长城汽车也在芯片、半导体行业有所涉猎，这显示了两家公司多元化的业务布局和在新能源汽车领域的积极探索。由于两家企业项目投资的目的都是实现纵向一体化扩张，而并非毫无相关的横向多元化投资，我们认为这些项目投资有助于推动公司未来的业务创新和盈利增长。

表 5–9　比亚迪和长城汽车项目投资的现金净流出量情况（2018—2022 年）

单位：元

科目 / 指标	2018 年	2019 年	2020 年	2021 年	2022 年
比亚迪：					
购建固定资产、无形资产和其他长期资产支付的现金	17,842,390,000	20,627,160,000	11,774,094,000	37,343,609,000	97,456,862,000
处置固定资产、无形资产和其他长期资产收回的现金净额	3,936,074,000	413,119,000	258,977,000	826,389,000	268,237,000
项目投资的现金净流出量（资本性支出）	13,906,316,000	20,214,041,000	11,515,117,000	36,517,220,000	97,188,625,000
长城汽车：					
购建固定资产、无形资产和其他长期资产支付的现金	6,662,489,810	6,940,322,371	8,061,586,173	13,091,040,903	16,300,822,257
处置固定资产、无形资产和其他长期资产收回的现金净额	415,764,191	155,270,499	281,693,558	618,066,553	441,505,205
项目投资的现金净流出量（资本性支出）	6,246,725,619	6,785,051,872	7,779,892,615	12,472,974,349	15,859,317,052

第 6 章 / Chapter Six

"筹钱"和"用钱"的匹配分析

6.1 资本结构与资产结构

6.1.1 资本结构

(1) 最优资本结构

资本结构（Capital Structure）是指企业的债务资本和权益资本的构成及其比例关系，是企业一定时期"筹钱"的结果。企业的资本结构是由资本成本决定的，当一种资本的筹资成本较低时（债务或权益），企业会增加该种类型资本的筹资，降低其他资本的筹资，于是形成不同类型的资本结构。

因此，影响债务和权益资本成本的因素都会影响到企业的资本结构，包括企业经营状况的稳定性和成长性、企业的财务状况和信用等级、企业投资人和管理层的风险态度、行业特征、企业发展周期、税收政策和货币政策等。

长期以来，学术界一直孜孜不倦地寻求企业的最优资本结构，并提出了多个理论来解释企业的最优资本结构问题（即企业要不要举债），有MM股利无关论（可以简单理解为举债不影响资本成本）、税盾效应理论（在考虑财务费用抵税的情况下，举债有利于降低资本成本）、破产成本理论（在考虑破产风险的情况下，举债带来的破产风险会增加资本成本）、权衡理论（企业是否举债往往是在财务费用的抵税效应和破产风险之间的权衡）和代理成本理论（管理层会偷懒或者在职消费，导致企业的资本成本增加）等。

除此之外，还有信号理论，即企业在融资中选择股权融资还是债权融资向市场传递了不同的信号，投资者会认为选择负债融资的企业拥有更好的增长前景，因为原始股东不愿意通过股权融资的形式与新股东共享未来的收益。在信号理论的基础上，发展出了优序融资理论（Pecking Order Theory），该理论认为企业在融资中存在着不同融资方式的优先顺序，先采用内部融资，然后采用外部融资，在选择外部融资时，也是先选择债务融资，然后选择权益融资。

（2）资本结构的衡量

企业资本结构的衡量指标主要有四个：资产负债率、资产有息负债率、权益乘数、产权比率，它们均可以通过企业资产负债表的右边“资本”及其构成计算得到，也反映企业的长期偿债能力。

资产负债率和资产有息负债率越高，表明企业资产总额中债权人提供资金所占比重越大。权益乘数等于总资产除以所有者权益，反映企业总资产占所有者权益的倍数，它反映股东向企业投资后进一步使用负债融资的情况，进而形成了资产总额较所有者权益的倍数关系。企业的权益乘数越大，表明股东投资对债权人投资的带动效果越好，但也意味着企业的负债比例越高，面临的财务风险也越大。

产权比率等于负债总额与所有者权益的比例，反映企业所有者权益对债权人权益的保障程度，也称负债权益比，表明每1元的所有者权益需用于偿还多少元的负债。这一比率越低，表明所有者权益对债权人权益的保障程度越高，企业的长期偿债能力越强，但也表明企业的负债水平不是很高，因此不能充分发挥负债的财务杠杆效应。

我们仍然以比亚迪和长城汽车为例，来说明两家新能源汽车企业的资本结构情况，见表6-1。

表6-1　比亚迪和长城汽车的资本结构情况（2018—2022年）

指标	2018年	2019年	2020年	2021年	2022年
比亚迪：					
资产负债率	68.81%	68.00%	67.94%	64.76%	75.42%
资产有息负债率	30.42%	36.29%	25.59%	11.49%	3.89%
权益乘数	3.21	3.13	3.12	2.84	4.07
产权比率	2.21	2.13	2.12	1.84	3.07
长城汽车：					
资产负债率	52.87%	51.90%	62.77%	64.58%	64.82%
资产有息负债率	13.59%	4.92%	12.71%	11.97%	16.05%
权益乘数	2.12	2.08	2.69	2.82	2.84
产权比率	1.12	1.08	1.69	1.82	1.84

由表6-1可以看出，比亚迪的资产负债率、权益乘数、产权比率整体上均高于长城汽车，这主要是由于比亚迪拥有大量的无息负债，我们已经在第4章加以说明。从资产有息负债率上，我们可以看出比亚迪的资产有息负债率逐年降低，尤其2022年有息负债率仅为3.89%，低于长城汽车，这一趋势表明比亚迪实际偿债压力减小，可以无偿占用更多的外部资金，这是比亚迪在行业产业链中议价权不断提升的表现。

6.1.2 资产结构

资产结构（Assets Structure）是指企业总资产中各种资产的构成及其比例关系，主要指营运资金和项目投资（长期资产）的构成及其比例，是企业一定时期“用钱”的结果。从盈利性上来看，营运资金和长期资产存在着差异，如果企业营运资金占比较少，意味着企业以较大份额资金运用到盈利能力较高的长期资产上，从而使整体盈利水平上升；但从风险性看，企业的营运资金占比越少，意味着流动性越差，到期无力偿债的可能性也越大，企业陷入财务危机和破产风险的概率越高。

当然，企业的资产结构也会受到多种因素的影响，包括公司的经营策略、宏观环境、融资成本、行业特性、税收政策等。企业常见的资产结构衡量指标有：

（1）营运资金配置比率

营运资金配置比率，即企业总资产中营运资金的占比，等于营运资金（现金、应收票据、应收账款和存货）除以企业总资产。该比率越高，说明企业总资产中营运资金配置越多，企业的流动性得到保证。

当然，营运资金的配置不仅要看配置比率，还要看其配置结构。如果营运资金中现金占比很高，说明企业的流动性很好，但如果是存货或者应收账款的占比很高，则说明流动性并不是那么强。虽然存货和应收账款都是流动资产，但企业持有它们的目的主要是增加生产和销售。

（2）项目投资配置比率

项目投资配置比率，即企业总资产中配置到中长期项目投资的占比，等于项目投资（固定资产、在建工程、无形资产等）除以企业总资产。该比率越高，说明企业总资产中长期资产配置越多，企业的盈利性得到保证。

同样，项目投资也要看其配置结构和周转率，还要特别关注固定资产和无形资产的大额折旧、摊销和减值的情况。

6.2 资本与资产的匹配

6.2.1 匹配的表现形式

资本是企业的资金来源，是由企业“筹钱”所形成的，而资产是企业资金的存在形态，是由企业“用钱”所形成的，二者之间只有相互匹配，即资产中的长期资金需求由长期资本支持，短期资金需求由短期资本支持，才能确保资金的最大应用效率，且不会出现财务危机或破产风险。

资本与资产的匹配分析是指企业的资本结构应当与资产结构在期限上相匹配，即拥有大量固定资产的企业主要通过中长期资本融资，拥有较多流动资产的企业可以采用短期资本融通资金。我们所说的短期资本和中长期资本主要是指有息负债。

前面我们在讲解营运资金管理的时候，提到了三种营运资金的管理策略：适中型策略、保守型策略和激进型策略。由于营运资金和中长期项目投资在总资产中存在着互补关系，因此这三种策略也可以用于资本与资产的匹配分析。

适中型策略就是资本与资产相互匹配的策略，长期项目投资由长期资本来提供，长期资本包括长期借款、应付债券和长期应付款等。保守型策略和激进型策略都是资本与资产不匹配的策略，其中保守型策略是指长期资本除了提供长期项目投资之外，还有大量剩余用于补充营运资金，即企业持有更多的营运资金，流动性充足，但盈利性差；激进型策略是指企业的长期资本不足以提供长期项目投资所需的资金，需要借助流动负债补足的现象，此时企业的盈利性得到保证，但流动性差。

6.2.2 不匹配的主要类型

（1）期限错配

期限错配（Maturity Mismatch）是指“用钱”期限与“筹钱”期限不相适应的现象，表现为短期资金投向了长期项目，或者长期资金投向了短期项目。我国上市公司经常出现短期资金投向长期项目的情况，造成投资期限的错配，又叫“短贷长投”。作为一种激进的投资策略，“短贷长投”会加剧企业经营风险，加大企业资金链断裂的可能性。

大量企业之所以会出现期限错配，一方面是由于面向金融机构的借款成本较高，企业只能通过流动资金贷款的形式降低融资成本，从而发生贷短投长的现象；另一方面也是金融机构出于风险控制的考虑，将本来可以作为长期借款的资金拆分成短期贷款贷给企业。在商业银行等金融机构面前，一般企业尤其是民营企业仍然处于弱势地位，不得不出现被动的期限错配问题。

另外，对上下游进行大量占款的企业，也可能存在着期限错配的现象，企业占用的上下游款项一般是流动负债，很可能用于支持长期资产的投资。根据资本与资产的匹配关系，我们一般用以下指标来表示企业的期限错配问题：

$$期限错配指标1=\frac{流动负债}{总负债}-\frac{流动资产}{总资产}$$

$$期限错配指标2=\frac{非流动资产-非流动负债-股东权益}{非流动资产}$$

其中，期限错配指标1代表企业用流动负债来支撑长期资产的可能性，该指标越大，表明企业期限错配现象越严重。期限错配指标2代表由短期融资支持的长期资产所占比重，该指标越大，表明由短期融资支持的长期资产比重越高，期限错配现象越严重。主要汽车制造企业的期限错配情况见表6-2。可以看出比亚迪的两个期限错配指标都很高，这主要是其占用了大量上下游企业的款项，而同时又加大了对新能源汽车、轨道交通、电池等领域的投资所致。

表6-2　主要汽车制造企业的期限错配指标（2022年）

股票代码	公司简称	期限错配指标1	期限错配指标2
002594.SZ	比亚迪	0.407	0.366
601633.SH	长城汽车	0.216	–0.153
600418.SH	江淮汽车	0.258	0.047
600166.SH	福田汽车	0.367	0.246
000625.SZ	长安汽车	0.263	–0.503
601238.SH	广汽集团	0.352	–0.359
600006.SH	东风汽车	0.153	–1.146
600733.SH	北汽蓝谷	0.211	0.129
000550.SZ	江铃汽车	0.31	–0.037
600213.SH	亚星客车	–0.155	–2.478
600686.SH	金龙汽车	0.075	–0.182
000957.SZ	中通客车	0.141	–0.605
600104.SH	上汽集团	0.244	–0.094
600609.SH	金杯汽车	0.209	–0.117
000980.SZ	众泰汽车	0.117	–0.199

（2）存贷双高

存贷双高（High Deposit and Debt）是指企业财务报表上的存款余额和贷款余额都维持在比较高的水平，这也是企业资本和资产不相匹配的典型现象。存贷双高中的“存”一般是指企业的货币资金、交易性金融资产等，存贷双高中的“贷”一般是指企业的有息负债，包括短期借款、长期借款、应付债券、一年内到期的流动负债等。

2019年1月15日，我国高分子材料行业的龙头企业——康得新突然爆出债券违约事件，手握150亿元巨额货币资金，却无法偿还区区10亿元的到期债务。年报显示康得新除了拥有巨额货币资金，还拥有高达107亿元的有息负债，属于典型的存贷双高型企业。根据康得新2014—2018年财务数据，我们可以计算其存款占总资产的比例，以及有息负债占总负债的比例，具体计算见表6–3。

表6–3　康得新的存贷双高情况（2014—2018年）

单位：元

科目/指标	2014年	2015年	2016年	2017年	2018年
存款情况：					
货币资金	4,192,943,123	10,096,144,186	15,388,938,487	18,504,142,834	15,315,737,346
总资产	10,876,503,652	18,562,061,263	26,425,136,654	34,262,356,437	34,400,470,934
货币资金/总资产	38.55%	54.39%	58.24%	54.01%	44.52%
贷款情况：					
有息负债	4,999,790,356	6,596,695,849	6,633,079,835	11,635,675,437	10,800,289,348
负债总额	6,049,863,498	9,211,759,098	10,822,695,557	16,232,995,433	16,098,441,196
有息负债/负债总额	82.64%	71.61%	61.29%	71.68%	67.09%

根据表6–3我们可以看出，2015年后康得新的货币资金占总资产比重连续处于40%以上，有息负债占总负债常年高于60%，此货币资金与有息负债双高的局面，即为存贷双高现象。康得新为扩大经营规模而通过非公开发行股票、发行债券以及增加银行借款的方式取得融资，导致有息负债和货币资金的大幅增加。然而从历年年报来看，其货币资金受限程度很小，但其平均年化收益率极低，同时还要支付大额的利息费用，这种融资策略备受市场质疑。最终康得新因为虚增百亿利润、未如实披露股东关联交易等财务造假行为，于2021年退市。

在此，需要提醒的是，并不是所有的存贷双高型企业存在造假现象，一方面，对于大型集团类企业，由于下属子公司众多，合并报表中就有可能产生存贷双高现象，因为有些子公司可能存款多，而有些子公司可能贷款多；另一方面，存贷双高也可能是因为企业特有的商业模式，例如做供应链金融的企业怡亚通（股票代码：002183.SZ），本身就需要贷款，也需要存款。

6.3 综合杠杆与总风险

6.3.1 综合杠杆效应

（1）三种杠杆的作用关系

企业经营中的所有关键问题都可以理解成产品销售的问题，企业销售速度快，才能生产速度快。如果销售速度快，而生产速度慢，就会出现产品短缺的问题；如果销售速度慢，而生产速度快，就会出现产品的积压，带来存货管理的问题。

当然，如果产品销售速度快，生产速度也快，这种情况也并不是万事大吉，也可能会出现资金短缺的问题，这就要求企业筹集资金来满足产品生产所需。企业筹集的资金要么投入到营运资金中，要么投入到固定资产中，以扩大生产规模，这些都是企业经营决策中要面临的问题。

根据前文章节的讲述，我们知道企业“筹钱”中的负债经营会带来利润的撬动作用，即财务杠杆效应，因为有息负债的利息支出往往是固定的，股东可以凭借负债融资来锁定成本，从而撬动自身收益的增加。另外，企业“用钱”中的固定资产经营同样带来利润的撬动作用，即经营杠杆效应，随着产销量的增加，单位产品的固定成本会降低，总收益会增加。更进一步来讲，经营杠杆体现了企业的资产结构，而财务杠杆则体现了企业的资本结构。

这种由于固定生产成本和固定财务费用的共同存在，导致的企业既可以锁定生产成本，又可以锁定财务费用，从而提升企业利润的现象，被称为综合杠杆效应，又叫总杠杆（Degree of Total Leverage，DTL）。只要企业存在固定的生产成本和固定的财务费用，就会存在总杠杆效应。

经营杠杆刻画的是销售额变动对息税前利润变动的作用关系，财务杠杆刻画的是息税前利润变动对每股收益变动的作用关系。相较于单独的经营杠杆和财务杠杆，当二者共同起作用时，就会发生销售额稍有变动，每股收益就会发生更大幅度的变动，这也是综合杠杆的放大效应。三种杠杆的作用关系见图6–1。

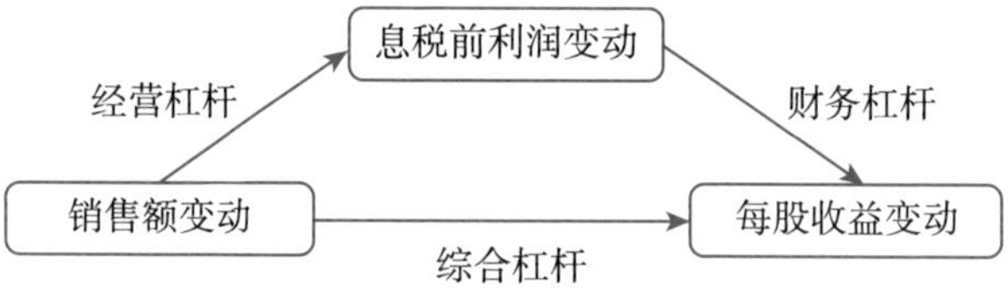

图6–1　三种杠杆效应的作用关系

我们一般用综合杠杆系数来刻画企业经营杠杆和财务杠杆的综合利用程度。综合杠杆系数有时也称为总杠杆系数。综合杠杆系数是财务杠杆系数和经营杠杆系数的乘积，即：

$$DTL=经营杠杆系数\times 财务杠杆系数=DOL\times DFL$$

根据经营杠杆系数和财务杠杆系数的计算公式，我们可以推导出综合杠杆系数的计算公式：

$$DTL=DOL\times DFL=\frac{EBIT+F}{EBIT}\times\frac{EBIT}{EBIT-I}=\frac{EBIT+F}{EBIT-I}$$

其中，EBIT为息税前利润，F为固定成本，I为利息费用。下面，我们仍然以比亚迪为例，来说明三种杠杆效应的计算过程和作用关系，具体见表6–4。

表 6–4 比亚迪的三种杠杆效应（2018—2022 年）

单位：元

指标	2018 年	2019 年	2020 年	2021 年	2022 年
息税前利润（EBIT）	7,504,390,000	5,918,540,000	10,006,390,000	6,425,650,000	22,396,080,000
利息费用（I）	3,118,751,000	3,487,407,000	3,123,801,000	1,907,642,000	1,316,350,000
财务杠杆［EBIT/（EBIT–I）］	1.71	2.43	1.45	1.42	1.06
固定成本（F）	9,579,947,000	10,460,416,000	11,605,151,000	14,097,735,000	22,766,063,000
经营杠杆［（EBIT+F）/EBIT］	2.28	2.77	2.16	3.19	2.02
综合杠杆［（EBIT+F）/（EBIT–I）］	3.83	6.2	3.34	4.46	1.86

由表6-4可以看出，比亚迪的财务杠杆系数呈现出了波动下降的趋势，这一趋势主要源于有息负债的减少，这反映了公司逐渐减少了对债务融资的依赖程度，从而降低了财务风险。比亚迪经营杠杆系数在2到3.5之间波动，2021年由于基地建设和研发投入增高的固定成本，拉高了经营杠杆系数，但这也撬动了2022年的产能提升和利润爆发，经营杠杆系数降低，减少了经营风险。在财务杠杆和经营杠杆共同作用下，比亚迪的综合杠杆系数也逐年波动，但总体呈下降趋势，主要是由于比亚迪在财务杠杆和经营杠杆方面的降低，公司的资产结构和资本结构得到改善。这一综合杠杆系数的下降反映了公司在不同年份调整其财务和经营策略，以提高财务稳健性和盈利能力的努力。

（2）杜邦分析

既然经营杠杆和财务杠杆可以对股东收益产生综合作用，那么有一种简便地衡量这种综合效应的方法，便是杜邦分析。杜邦分析（DuPont Analysis）是一种常用的用于评估股东回报水平的方法，其核心思想是将企业的净资产收益率（ROE）分解为三个财务比率的乘积，以深入了解股东回报的具体构成。杜邦分析的公式如下：

$$净资产收益率=销售净利率\times 总资产周转率\times 权益乘数$$

企业要想提高其股东回报水平，即净资产收益率，可以通过提高销售净利率，或提高总资产周转率，或提高权益乘数三种方法。其中提高销售净利率是在产品销售环节（“一切经营管理的问题都是产品销售的问题”），提高总资产周转率是在生产环节（“跟经营杠杆相关”），提高权益乘数是在筹资环节（“跟财务杠杆相关”）。净资产收益率指标的拆解见图6-2。

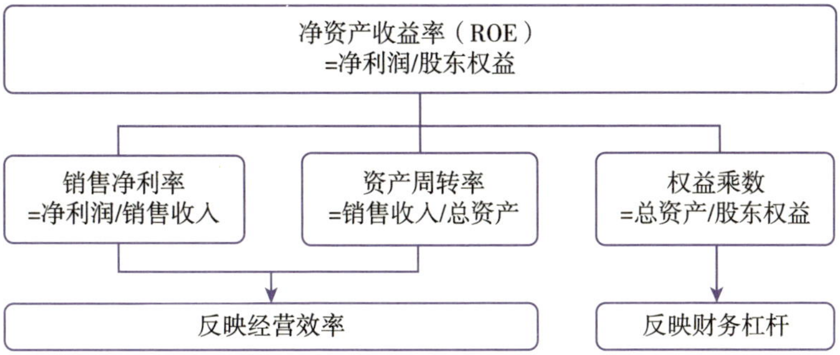

图6-2　净资产收益率的拆解

产品只有销售得快，才能生产得快，生产过程中如果缺少资金，可以向债权人筹钱，从而不断提升股东回报，这才是一个正常的良性循环。杜邦分析中的销售净利率和资产周转率体现出了公司的经营效率，权益乘数反映了财务杠杆，二者相辅相成。我国主要汽车制造企业的杜邦分析见表6-5。

表6-5　　主要汽车制造企业的杜邦分析（2022年）

股票代码	公司简称	净资产收益率	销售净利率	总资产周转率	权益乘数
002594.SZ	比亚迪	15.70%	4.18%	107.41%	3.5
601633.SH	长城汽车	12.96%	6.01%	76.14%	2.83
600418.SH	江淮汽车	-11.54%	-4.73%	78.10%	3.12
600166.SH	福田汽车	0.35%	0.09%	95.43%	4.02
000625.SZ	长安汽车	13.04%	6.39%	86.16%	2.37
601238.SH	广汽集团	7.45%	7.32%	63.53%	1.6
600006.SH	东风汽车	3.51%	2.42%	64.90%	2.24
600733.SH	北汽蓝谷	-59.99%	-56.71%	27.02%	3.92
000550.SZ	江铃汽车	9.70%	2.87%	111.84%	3.02
600213.SH	亚星客车	-120.53%	-12.89%	49.68%	18.83
600686.SH	金龙汽车	-9.57%	-2.50%	67.76%	5.64

续表

股票代码	公司简称	净资产收益率	销售净利率	总资产周转率	权益乘数
000957.SZ	中通客车	3.77%	1.86%	54.84%	3.69
600104.SH	上汽集团	6.87%	3.17%	75.61%	2.87
600609.SH	金杯汽车	30.66%	6.26%	127.46%	3.84
000980.SZ	众泰汽车	-30.85%	-116.00%	10.35%	2.57

由表6-5我们可以看出，汽车制造企业的销售净利率普遍较低，这可能是由于近几年汽车市场趋于饱和所致，消费者对于汽车的需求减少，进而使得部分企业采取降价策略促进销售，从而影响了汽车制造行业的销售净利率；另外可能由于供应链发生了波动，导致汽车制造企业的生产成本提升，从而降低了它们的销售净利率。

在总资产周转率方面，金杯汽车最高，其次是江铃汽车，比亚迪再次之，这也跟它们的产品在市场上的受欢迎程度相关。就权益乘数而言，行业整体的财务杠杆较低，承担较低的财务风险。比亚迪的权益乘数处于行业的平均水平。

6.3.2 总风险及其影响因素

虽然杠杆效应可以实现对企业利润的撬动作用，但当企业产品销售不畅时，反而会带来风险。收益和风险是相对等的，对企业利润的撬动作用越大，一旦出现风险事件，给股东带来的损失也越大。

根据前文章节的内容，经营杠杆和财务杠杆带来收益的同时会产生经营风险和财务风险，二者共同构成企业的综合风险，又称为总风险（Total Risk）。经营风险是指企业因经营状况及环境的变化而影响其利润的风险。经营风险影响因素包括市场需求变化、销售价格变化、投入要素价格变化、企业经营状况等。财务风险是由于债务筹资的固定利息支出而给企业普通股股东增加的风险。财务风险的影响因素包括融资环境、负债水平、盈利能力、企业财务状况等。因此，企业的综合风险既受到经营风险的影响，又受到财务风险的影响。

综合风险又决定了企业"筹钱"中的资本成本，综合风险越高，资本成本越大。企业综合杠杆、综合风险和资本成本之间的关系见图6-3。

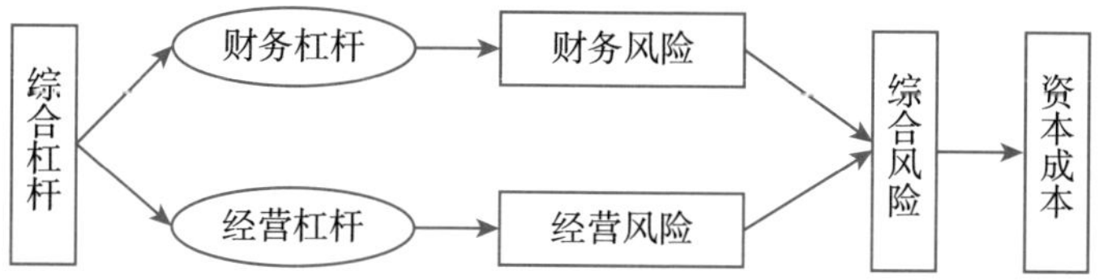

图6-3　企业综合杠杆、综合风险和资本成本之间的关系

由图6-3我们可以看出，企业的资本成本取决于其综合风险，即财务风险和经营风险的综合。综合风险越高，企业筹资的成本越大。因此，可以说一切影响产品生产和销售的因素都是企业资本成本的决定因素，包括外部市场环境、消费者的产品需求意愿、企业内部经营状况、企业融资环境和融资可得性等。

6.4　资产负债表的重构

6.4.1　为什么要进行重构？

企业生产经营的过程实际上是一个"筹钱"和"用钱"的过程。截至目前，我们在分析企业的"筹钱"和"用钱"时所用到的资产负债表都是传统的资产负债表，即资产和负债根据流动性来排列的一张报表。

虽然按照流动性排列可以方便投资者判断企业资产偿还贷款的能力，有利于企业防范财务风险。但企业经营的目的不是防范风险，而是为股东创造尽可能多的收益，这也是价值投资者所追求的目的。因此，资产和负债按照流动性强弱来划分，并不能很好地帮助管理层和投资者追踪企业收益的来源，在一定程度上也无法满足管理和投资的需要。

作为价值投资者，我们在按照传统的财务报表来分析企业资产和负债流动性的同时，更应该关注资产产生利润的能力。对于一般的制造企业而言，我们更关注其利润是来源于制造业的本源业务，还是来源于一些其他的非本源业务。因此，我们需要编制一个有利于企业管理决策，也方便价值投资者进行投资分析的管理用资产负债表。

编制管理用资产负债表的最重要的目的是区分日常经营业务与金融投资业务。对于非金融类企业而言，一个企业的核心价值在于它日常经营的获利能力。因此，作为价值投资者，他们希望在资产负债表中能够一目了然地看到企业经营性资产和负债情况，这就需要区分开企业的经营活动与金融活动。这样企业管理层可以追踪收益的来源，价值投资者也可以清晰地判断企业经营活动及金融活动的风险特征。

编制管理用资产负债表并不改变基本的会计等式，即第一大会计恒等式“资产=负债+所有者权益”，资产负债表的左边仍然等于右边，只不过是将左边资产、右边负债的编排顺序重新整合而已。资产负债表的右边“负债+所有者权益”又叫资本，因此管理用资产负债表又称为“资产资本表”。

我们之所以采用资产资本表的叫法，是因为管理用资产负债表不仅管理者可以用，价值投资者也可以采用，称作管理用资产负债表未免有些偏颇。资产资本表可以帮助价值投资者更好地理解公司的财务状况和经营绩效，追踪企业财务收益的来源。通过资产资本表，价值投资者可以评估企业资产、负债和所有者权益的结构、质量和流动性，以及它们之间的相互关系。

6.4.2 重构的原则与分类

（1）重构的原则

资产负债表重构（Balance Sheet Restructuring），就是根据是否生息（即有息或付息，Interest Bearing）的判断标准，对传统的资产负债表项目进行定位，把它们区分为经营性项目与金融性项目，再重新对报表进行编排。判断金融性活动和经营性活动的依据是根据一项资产或者负债是否生息作为标准，金融性活动是能够产生或者支付利息的活动，而经营性活动是不产生利息或不需要偿付利息的活动。

根据是否生息的标准，资产资本表将企业的资产和负债按照其经营性和金融性进行分类。经营性资产是指用于企业经营活动的资产，如存货、应收账款、固定资产等，是不带息资产；金融性资产则是指企业持有的有价证券投资、投资性房地产等，是带息资产。同样，经营性负债是指与日常运营活动相关的负债，如应付账款、职工薪酬等，是不带息负债；金融性负债则是指企业为融资而借入的款项，如短期借款、长期借款等，是带息负债。这种分类方式有助于管理者和价值投资者更清晰地了解企业的盈利模式、资金来源和财务风险。

根据现金流量表，企业的生产经营活动可以划分为三类：经营活动、投资活动和筹资活动，也就是与企业"筹钱"和"用钱"相关的活动。在资产负债表的重构时，我们将企业的生产经营活动划分为经营性活动和金融性活动，就是对应着现金流量表的三类活动。其中，现金流量表的经营活动和筹资活动分别对应着资产负债表重构后的经营性活动和金融性活动，而现金流量表的投资活动可以拆分成经营性活动和金融性活动，例如固定资产投资就属于经营性活动，而有价证券投资属于金融性活动。

（2）经营性资产和金融性资产

第一，经营性资产。经营性资产（Operating Assets）是指那些不带息的资产，企业持有经营性资产的目的是为本源业务服务，满足日常的生产经营活动。

具体到资产负债表科目，经营性资产包含四大类：现金（指货币资金）、应收款项（包括应收票据、应收账款、预付款项、合同资产、应收款项融资）、存货和长期资产（包括固定资产、在建工程、使用权资产、无形资产、开发支出、商誉、长期待摊费用、递延所得税资产）。

其中，应收款项融资是企业利用应收账款、预收账款等经营资产作为抵押物，从金融机构获得资金支持的行为，实际上是企业经营资产的一种形式。

第二，金融性资产。金融性资产（Financial Assets）是那些带息的资产，企业持有金融性资产的目的是获取一些增值性业务，满足日常生产经营之外的投资需求。具体到资产负债表科目，金融性资产包含交易性金融资产、以公允价值计量且其变动计入当期损益的金融资产、衍生金融资产、债权投资、可供出售金融资产、其他债权投资、持有至到期投资、投资性房地产等。

除了上述划分到经营性资产和金融性资产的科目以外，还有一些科目，包括持有待售资产、一年内到期的非流动资产、其他流动资产、其他非流动资产，具体是归属于经营性资产，还是金融性资产，要根据资产负债表的附注部分，查看这些科目的详细构成，来判断它们的归属问题。

（3）经营性负债和金融性负债

第一，经营性负债。经营性负债（Operating Liabilities）是指那些不带息的负债，企业在购买或销售商品、劳务的过程中产生的负债。一般是指企业在日常的生产经营过程中所产生的无息负债。

具体到资产负债表科目，经营性负债包含三大类：商业债务（包括应付票据、应付账款、预收款项、合同负债、预计负债）、应付职工欠款（包括应付职工薪酬、长期应付职工薪酬）、应付政府欠款（包括应交税费、递延所得税负债）。

第二，金融性负债。金融性负债（Financial Liabilities）是指那些带息的负债，一般是指企业向金融机构融资所产生的负债。企业持有金融性负债是为了满足融资性需求。具体到资产负债表科目，金融性负债包含短期借款、交易性金融负债、以公允价值计量且其变动计入当期损益的金融负债、衍生金融负债、长期借款、应付债券、租赁负债、长期应付款。

另外，还有一些科目，包括持有待售负债、其他应付款、一年内到期的非流动负债、其他流动负债、其他非流动负债，还要根据其具体构成来划分究竟是属于经营性负债，还是金融性负债。

6.4.3 重构后的资产负债表

根据上述原则和标准，我们可以对传统的资产负债表进行重构，重构后的资产负债表又称为“资产资本表”（Statement of Assets and Capital）。顾名思义，资产资本表的左边为资产，右边为资本。基于会计恒等式“资产=资本”，资产和负债按照各自的经营或金融属性排列。资产包括经营性资产和金融性资产，资本包括经营性负债、金融性负债和所有者权益。

我们仍然以比亚迪为例，对其资产负债表进行重构，比亚迪重构后的资产负债表，即资产资本表见表6-6。

表6-6 比亚迪的资产资本表（2020—2022年）

单位：元

科目	2020年12月31日	2021年12月31日	2022年12月31日
经营性资产：			
货币资金	14,445,030,000	50,457,097,000	51,471,263,000
应收票据			
应收账款	41,216,427,000	36,251,280,000	38,828,494,000
应收款项融资	8,862,340,000	8,743,126,000	12,894,284,000
预付款项	724,350,000	2,036,577,000	8,223,567,000
存货	31,396,358,000	43,354,782,000	79,107,199,000
合同资产	5,346,105,000	8,493,382,000	13,552,998,000
其他流动资产	7,312,937,000	8,525,475,000	13,136,201,000
固定资产	54,584,620,000	61,221,365,000	131,880,369,000
在建工程	6,111,767,000	20,277,309,000	44,621,935,000
使用权资产	945,745,000	1,573,232,000	3,137,327,000
无形资产	11,804,174,000	17,104,942,000	23,223,497,000
开发支出	4,885,708,000	2,605,031,000	1,683,000,000
商誉	65,914,000	65,914,000	65,914,000
长期待摊费用	67,195,000	77,432,000	458,108,000
递延所得税资产	1,768,975,000	1,913,316,000	3,686,905,000
其他非流动资产	108,419,000	12,521,050,000	21,045,316,000
经营性资产合计	189,646,064,000	275,221,310,000	447,016,377,000
金融性资产：			
交易性金融资产	24,000	5,606,052,000	20,626,930,000
以公允价值计量且其变动计入当期损益的金融资产			

续表

科目	2020 年 12 月 31 日	2021 年 12 月 31 日	2022 年 12 月 31 日
衍生金融资产			
其他应收款	1,050,686,000	1,410,751,000	1,910,009,000
其中：应收利息	7,976,000	136,569,000	
应收股利			
持有待售资产			
一年内到期的长期应收款	1,250,853,000	1,231,667,000	1,052,562,000
债权投资			
可供出售金融资产			
其他债权投资			
持有至到期投资			
长期应收款	1,804,913,000	1,170,058,000	1,118,637,000
长期股权投资	5,465,588,000	7,905,001,000	15,485,402,000
其他权益工具投资	1,420,080,000	2,913,836,000	4,418,584,000
其他非流动金融资产	284,896,000	233,972,000	2,147,140,000
投资性房地产	94,217,000	87,500,000	85,005,000
金融性资产合计	11,371,257,000	20,558,837,000	46,844,269,000
资产总计	201,017,321,000	295,780,147,000	493,860,646,000
经营性负债：			
应付票据	8,925,694,000	7,331,459,000	3,328,419,000
应付账款	42,982,610,000	73,160,167,000	140,437,310,000
预收款项	7,500,000	1,300,000	
合同负债	8,185,888,000	14,932,576,000	35,516,571,000
应付职工薪酬	4,835,248,000	5,848,870,000	12,037,011,000
应交税费	1,858,782,000	1,779,018,000	4,326,394,000
预计负债	1,938,689,000	2,355,564,000	1,287,452,000

续表

科目	2020年12月31日	2021年12月31日	2022年12月31日
其他流动负债	545,954,000	1,359,114,000	2,615,032,000
保险合同准备金			
长期应付职工薪酬			
递延收益			
递延所得税负债	393,150,000	609,566,000	2,018,530,000
其他非流动负债	5,270,323,000	7,417,179,000	26,896,848,000
经营性负债合计	74,943,838,000	114,794,813,000	228,463,567,000
金融性负债：			
短期借款	16,400,690,000	10,204,358,000	5,153,098,000
交易性金融负债	57,541,000		54,605,000
以公允价值计量且其变动计入当期损益的金融负债			
衍生金融负债			
其他应付款	9,279,640,000	41,348,102,000	122,123,841,000
其中：应付利息	414,168,000		
应付股利	10,000,000		
持有待售负债			
一年内到期的非流动负债	11,412,460,000	12,983,416,000	6,464,828,000
长期借款	14,745,495,000	8,743,519,000	7,593,596,000
应付债券	8,880,459,000	2,046,439,000	
其中：优先股			
永续债			
租赁负债	843,286,000	1,415,291,000	2,617,274,000
长期应付款			

续表

科目	2020 年 12 月 31 日	2021 年 12 月 31 日	2022 年 12 月 31 日
金融性负债合计	61,619,571,000	76,741,125,000	144,007,242,000
负债合计	136,563,409,000	191,535,938,000	372,470,809,000
所有者权益：			
股本	2,728,143,000	2,911,143,000	2,911,143,000
其他权益工具	1,094,592,000		
其中：优先股			
永续债	1,094,592,000		
资本公积	24,698,663,000	60,807,219,000	61,705,893,000
减：库存股			1,809,920,000
其他综合收益	−556,066,000	−124,055,000	428,332,000
专项储备	4,086,000	10,369,000	12,078,000
盈余公积	4,448,300,000	5,009,088,000	6,838,541,000
一般风险准备			
未分配利润	24,456,556,000	26,455,907,000	40,943,232,000
归属于母公司所有者权益合计	56,874,274,000	95,069,671,000	111,029,299,000
少数股东权益	7,579,638,000	9,174,538,000	10,360,538,000
所有者权益合计	64,453,912,000	104,244,209,000	121,389,837,000
负债和所有者权益总计	201,017,321,000	295,780,147,000	493,860,646,000

6.4.4 资产资本表的使用

重构后的资产负债表，即资产资本表包含五大类科目：经营性资产、金融性资产、经营性负债、金融性负债和所有者权益。经营性资产和经营性负债是企业销售产品和提供劳务的过程中所涉及的相关资产与负债项目。金融性资产和金融性负债是企业为经营而筹集资金或将经营过程中的多余现金投放出去的活动。资产负债表重构前后各大类科目的排列变化见图6-4。

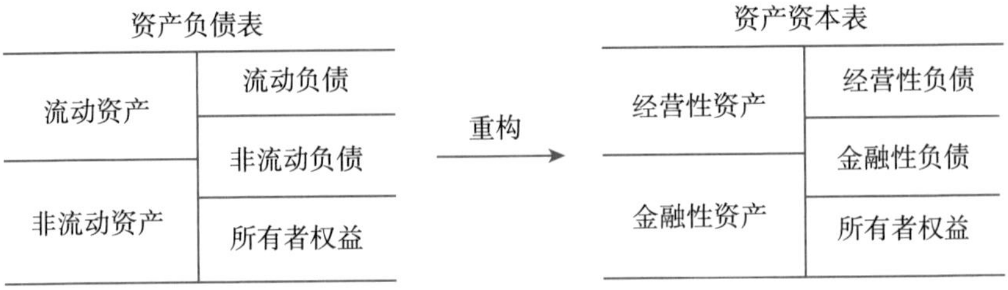

图6-4　资产负债表重构前后的变化

重构并没有打破资产负债表的平衡等式，在传统的资产负债表中，我们可以将“资产=负债+所有者权益”的平衡等式分解为：

流动资产+非流动资产=流动负债+非流动负债+所有者权益

而在资产资本表中，这一等式又可以分解为：

经营性资产+金融性资产=经营性负债+金融性负债+所有者权益

其中有：

资产=经营性资产+金融性资产

=（经营性流动资产+经营性长期资产）

+（短期金融性资产+长期金融性资产）

负债=经营性负债+金融性负债

=（经营性流动负债+经营性长期负债）

+（短期金融性负债+长期金融性负债）

根据企业的资产资本表，我们还可以得到企业的净经营性资产和净金融性资产。

第一，净经营性资产（Net Operating Assets），等于经营性资产与经营性负债之差，即净经营性资产=经营性资产-经营性负债。如果为负值，又称为净经营性负债（Net Operating Liabilities），等于经营性负债减去经营性资产。

第二，净金融性资产（Net Financial Assets），等于金融性资产与金融性负债之差，即净金融性资产=金融性资产-金融性负债。如果为负值，又称为净金融性负债（Net Financial Liabilities），等于金融性负债减去金融性资产。

于是，“经营性资产+金融性资产=经营性负债+金融性负债+所有者权益”的平衡等式可以进一步简化为：净经营性资产=净金融性负债+所有者权益，说明企业购买净经营性资产的资金来源于净金融性负债和股东权益。当然，我们还可以进一步拓展为：

$$\text{净经营性流动资产}+\text{净经营性长期资产}=\text{净短期金融负债}+\text{净长期金融负债}+\text{所有者权益}$$

根据比亚迪的资产资本表，我们可以分别计算其净经营性资产和净金融性负债，并据此得到比亚迪的资产配置策略。我们计算近几年比亚迪的净经营性资产和净金融性负债变化趋势见图6-5。

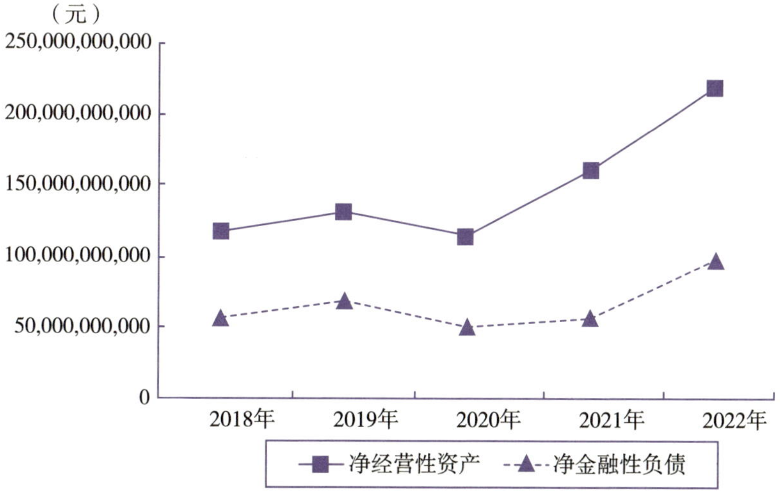

图6-5　比亚迪的净经营性资产和净金融性负债变动趋势

6.5 筹资活动与投资活动现金流的匹配

6.5.1 企业筹资顺序：优序融资理论

企业在面对“用钱”需求时，需要通过各种渠道筹集资金，但筹集资金的渠道存在着优先顺序。优序融资理论主要描述了企业在选择资金来源时的偏好，认为企业在融资决策过程中，会按照优先级选择资金来源，优先选择内部融资，然后是外部融资。在选择外部融资时，先进行债务融资，最后才会选择股权融资。

相对于外部融资，内部融资的成本是最低的，是企业采用日常生产经营过程中产生的自有资金进行的投资，所以企业会优先选择内部融资。如果内部融资不能满足对外投资的资金需求，就需要选择外部融资。在外部融资中，之所以优先选择债务融资，一方面是出于融资成本的考虑，债务融资相对于股权融资，成本往往较低，另一方面还有老股东出于控制权的考虑，为了防止控制权的丢失，而采取债务融资。在一个成长期的企业，一般会采取债务融资，而不是股权融资，因为原有的老股东不愿意跟新股东分享收益。企业的融资顺序见图6-6。

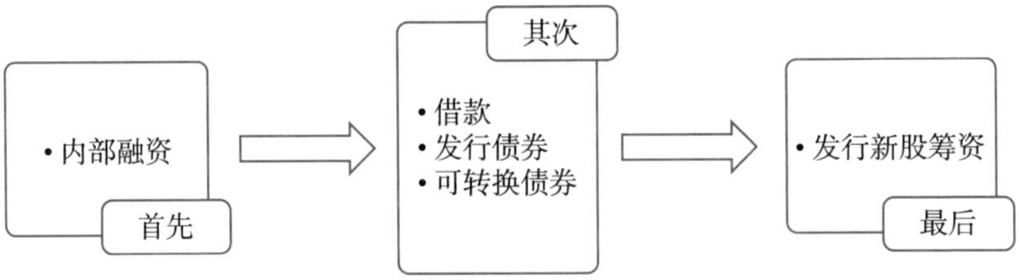

图6-6 企业的融资顺序

6.5.2 基于资产负债表的筹资需求分析

虽然"筹钱"是企业价值创造的起点，但"用钱"才是企业价值创造的关键，甚至很多时候"用钱"在前，而"筹钱"在后。企业只有制定了合理的资金使用规划，才能做出可行的资金筹集计划。作为一个合格的财务总监，首先要懂得如何用，才能知道怎么筹。

我们仍然以比亚迪为例，来测算企业的筹集资金需求。对于比亚迪而言，在新能源汽车、轨道交通和电池领域的持续投资是其扩大产能的关键，需要大量的资金来支撑其不断扩张的生产能力。接下来，我们来测算比亚迪中长期项目投资的资金需求，包括固定资产、在建工程和无形资产等。我们站在2021年，假定2022年的实际数据为比亚迪的管理层想要达到的目标数据。

（1）预测项目投资规模

采用项目投资和营业收入的比例关系来预测项目投资规模，我们认为项目投资规模和营业收入之间存在着一定的比例关系，这有点类似于简化的经营杠杆的理念。我们分别计算比亚迪近几年项目投资/营业收入的比例，见表6-7。

表6-7　　比亚迪的项目投资情况（2018—2022年）

单位：元

科目/指标	2018年	2019年	2020年	2021年	2022年
营业收入	130,054,707,000	127,738,523,000	156,597,691,000	216,142,395,000	424,060,635,000
项目投资	70,060,864,000	78,516,366,000	77,386,269,000	101,208,647,000	201,408,801,000
项目投资/营业收入	0.54	0.61	0.49	0.47	0.47
项目投资增加额		8,455,502,000	−1,130,097,000	23,822,378,000	100,200,154,000

根据表6-7，我们可以看出近几年比亚迪的项目投资占营业收入的比例大概维持在0.5左右，其中2021年和2022年均是0.47。站在2021年，假设比亚迪的管理层想要在2022年实现424,060,635,000元的营业收入，还是维持0.47的项目投资与营业收入比例，2022年的项目投资总金额需要达到201,408,801,000元。与2021年相比，需要新增项目投资100,200,154,000元。接下来，我们就开始预测2022年新增的100,200,154,000元投资资金的来源。

（2）预测项目投资的资金需求

根据企业融资的优先顺序，公司会首先使用内部资金，如果内部融资不足以支撑资金需求，就会借助于外部融资。企业的内部资金主要来源于经营活动产生的现金流量净额，2021年和2022年比亚迪经营活动产生的现金流量净额分别为65,466,682,000元和140,837,657,000元，也就是140,837,657,000元是比亚迪2022年可动用的最大资金量。

但是，可动用的最大资金量并不是全部用于项目投资，公司首先要保障基本的营运资金需求，营运资金由货币资金、应收账款、存货组成。除了营运资金，比亚迪还将一部分资金用于金融资产投资。2022年比亚迪的金融资产和营运资金需求见表6-8。

表6-8　比亚迪的金融资产和营运资金需求（2021—2022年）

单位：元

科目/指标	2021年	2022年	增加额
金融资产	20,558,837,000	46,844,269,000	26,285,432,000
货币资金	50,457,097,000	51,471,263,000	1,014,166,000
应收账款	44,994,406,000	51,722,778,000	6,728,372,000
存货	43,354,782,000	79,107,199,000	35,752,417,000
金融资产和营运资金合计	159,365,122,000	229,145,509,000	69,780,387,000

从表6–8可以看出，2022年增加的金融资产为26,285,432,000元，增加的营运资金为43,494,955,000元，合计为69,780,387,000元。因此，140,837,657,000元的现金流，首先拿出来69,780,387,000元作为营运资金和金融资产投资，剩下的71,057,270,000元（=140,837,657,000–69,780,387,000）才能作为中长期项目投资。

（3）计算外部筹资金额

由表6–7可以知道，比亚迪2022年需要的新增项目投资为100,200,154,000元，经营活动产生的现金流量净额扣除营运资金和金融资产后的71,057,270,000元显然不够。这时候，就需要进行外部筹资，即在扣除公司内部自有资金后，就可以得出公司向外部筹资的需求。常见的外部筹资方式有发行债券、取得借款、吸收权益性投资等。比亚迪2022年外部筹资需求预测见表6–9。

表6–9　　比亚迪的外部筹资需求（2022年）

单位：元

科目/指标	金额
项目投资的资金需求（a）	100,200,154,000
营运资金的资金占用（b）	43,494,955,000
金融资产资金占用（c）	26,285,432,000
经营活动产生的现金流量净额（d）	140,837,657,000
外部筹资需求（a+b+c–d）	29,142,884,000
筹资活动的现金流入小计	31,175,046,000

从表6–9可以看出，比亚迪2022年外部筹资需求为29,142,884,000元，从比亚迪2022年的现金流量表中获取的筹资活动现金流入为31,175,046,000元。因此，不难看出我们估计的筹资需求数额和现金流量表中的实际筹资数额十分接近。

6.5.3 基于资产资本表的筹资需求分析

（1）测算资金需求

实际上，我们还可以使用资产资本表进行预测。同样站在2021年的角度，假设2022年的实际数据为管理者的经营目标，从而分析公司的筹资需求。比亚迪的净经营性资产情况见表6–10。

表6–10 比亚迪的净经营性资产情况（2018—2022年）

单位：元

科目/指标	2018年	2019年	2020年	2021年	2022年
营业收入	130,054,707,000	127,738,523,000	156,597,691,000	216,142,395,000	424,060,635,000
净经营性流动资产	48,811,231,000	52,216,430,000	40,023,182,000	51,093,651,000	17,665,817,000
净经营性长期资产	68,486,930,000	78,762,600,000	74,679,044,000	109,332,846,000	200,886,993,000
净经营性长期资产/营业收入	0.53	0.62	0.48	0.51	0.47

由表6–10可以看出，近几年来比亚迪的净经营性长期资产占营业收入的比重较为稳定，尤其是2020年至2022年维持在0.5左右。因此，我们可以根据净经营性长期资产占营业收入的比重，来预测净经营性长期资产的需求。为了简便，我们使用2022年的实际数据作为管理者想要达到的经营目标进行预测。

根据资产资本表的恒等式，净经营性流动资产+净经营性长期资产=净短期金融负债+净长期金融负债+所有者权益，我们可以看出公司的资金平衡关系。其中，等式左侧的增加额代表公司的筹资需求，而等式右侧的增加额则代表公司的筹资流入。这意味着公司能够通过债权融资和股权融资，从外部获取资金用以支持公司的运营和发展。

在计算2022年比亚迪的筹资需求时，我们需要计算各类净资产在2022年的增加额，进而来测算2022年比亚迪的筹资需求。

表6–11　　比亚迪的筹资需求（2021—2022年）

单位：元

科目/指标	2021年	2022年	增加额
净经营性长期资产（a）	109,332,846,000	200,886,993,000	91,554,147,000
净经营性流动资产（b）	51,093,651,000	17,665,817,000	–33,427,834,000
净金融性长期资产（c）	105,118,000	13,043,898,000	12,938,780,000
净资产（a+b+c）	160,531,615,000	231,596,708,000	71,065,093,000

从表6–11我们可以看出，2022年比亚迪净经营性长期资产新增需求是91,554,147,000元，净金融性长期资产新增需求是12,938,780,000元，但净经营性流动资产释放需求33,427,834,000元。因此，与2021年相比，需要新增净资产总计71,065,093,000元，而这些增加都是需要资金支持的，所以这些增加额就形成了2022年的筹资需求。

（2）测算筹资需求

我们接下来需要预测比亚迪2022年的筹资来源。公司的外部筹资来源包括债权融资和股权融资，这二者在资产资本表中分别对应净短期金融性负债和所有者权益。

表6–12　　比亚迪的筹资资金来源（2021—2022年）

单位：元

科目/指标	2021年	2022年	增加额
净短期金融性负债（d）	56,287,406,000	110,206,871,000	53,919,465,000
所有者权益（e）	104,244,209,000	121,389,837,000	17,145,628,000
筹资流入（d+e）	160,636,733,000	244,640,606,000	71,065,093,000

从表6-12可以看出，2022年比亚迪为了筹集资金，可以通过债权融资筹集53,919,465,000元，通过股权融资筹集17,145,628,000元，即筹资流入总计71,065,093,000元。

通过表6-11和表6-12的测算，我们可以发现，2022年比亚迪的筹资需求与其筹资流入金额一致，这就意味着公司在筹资和运营方面处于平衡的状态。因此，我们可以采用这种方法来测算企业的筹资资金需求。

第 7 章 / Chapter Seven

“挣钱”分析：企业价值创造的保障

7.1 利润的类型和影响因素

7.1.1 利润的主要类型

商场如战场，商业竞争是非常残酷的，胜者可以存活下来，失败者只能倒闭。企业能够存活下来的保障就是要有第三个钱——“挣钱”，即产生利润。利润的种类非常之多，细数起来，主要有以下几种：

第一，毛利润（Gross Profit），等于企业的营业收入减去营业成本，即毛利润=营业收入－营业成本。

第二，营业利润（Operating Profit），等于毛利润减去期间费用，即营业利润=毛利润－期间费用=毛利润－（销售费用+管理费用+财务费用+研发费用）。

第三，息税前利润（EBIT），其中息是指贷款利息，税是指企业所得税，息税前利润，就是没有支付利息和所得税前的利润，等于营业利润加上贷款利息和所得税，即息税前利润=营业利润+利息+所得税。

第四，税前利润（Profit Before Tax），等于营业利润加营业外收支净额，即税前利润=营业利润+营业外收支净额=营业利润+营业外收入－营业外支出。

第五，净利润（Net Profit），是指交完所得税后的利润，也称为税后利润，等于税前利润减去所得税，即净利润=税前利润－所得税。

第六，扣非净利润（Net Profit After Deduction），等于净利润减去非经常性损益后的余额，即扣非净利润=净利润－非经常性损益。

非经常性损益是指与公司正常经营业务无直接关系，以及虽与正常经营业务相关，但由于其性质特殊和偶发性，影响报表使用人对公司经营业绩和盈利能力做出正常判断的各项交易和事项产生的损益。

第七，综合收益（Comprehensive Income），等于净利润加其他综合收益，即综合收益=净利润+其他综合收益。

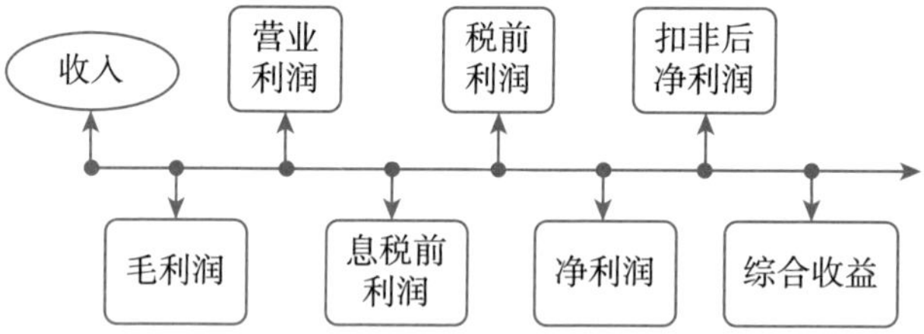

图 7-1　主要的利润类型

主要的利润衡量指标有毛利率、销售净利率、总资产收益率、净资产收益率等，我们在前文章节中已经有所提及，在此不再赘述。

7.1.2　影响利润的主要因素

（1）产品市场空间

市场竞争程度和产品需求是影响销售的主要因素，“一切经营管理的问题都是产品销售的问题”，因此，产品市场空间是影响利润的关键因素。产品市场空间越大，企业产生利润的可能性越大，生产的产品才能源源不断地为企业带来利润增长空间。

一个典型的例子就是贵州茅台，作为国内白酒行业的标志性企业，甚至是龙头企业，是酱香型白酒的典型代表，享有"国酒"的美称。贵州茅台生产的茅台酒及其系列酒以其高质量的品质而广受消费者的青睐，在白酒行业具有很高的市场地位，可以说具有很高的产品市场空间。衡量产品市场空间的指标有多种，我们在前面章节已经提到，包括企业产品的市场占用率、产业链中的位置，以及对于无息负债如预收账款和合同负债的使用等。

当然，利润指标中的毛利率也可以用于衡量产品市场空间，毛利率越高的企业，产品市场空间往往越大，尤其是那些在同行业中毛利率排名处于前列的企业。

（2）运营管理水平

运营管理本质上是通过调节产品的生产和交付来满足顾客的需求，从而提高企业利润。因此，及时的设计、快速的生产、合格的质量、正确的交付时间，以及相关的服务就成为企业运营管理成功的重要标志。提高企业的运营管理水平，不仅能够降本增效、提高企业竞争力，还能为企业带来更高的盈利。当企业产品在快速销售的同时，运营管理水平也要跟上产品的销售，加速资产的周转，才不至于出现存货短缺的问题。

企业营运能力分析可以作为运营管理水平的衡量指标，企业的营运能力强，有助于获利能力的增长。衡量企业营运能力的指标主要有总资产周转率、流动资产周转率、固定资产周转率、应收账款周转率和存货周转率等。

（3）非经常性损益

非经常性损益也是影响企业利润的重要因素，直接影响到企业的扣非净利润。如果企业发生了非经常性损益，会导致其经常性项目产生的净利润低于利润表中反映的当期净利润。因而在扣除非经常性损益后，公司的每股收益与净资产收益率等指标就会小于当期按照净利润计算得出的结果。由于非经常性损益有偶发性和不稳定性的特点，非经常性损益占净利润的比例越低，盈利质量越高。

非经常性损益是衡量公司盈利能力质量的重要指标，但并不是独立的会计核算项目和利润表内独立的项目，通常零散分布在资产减值损失、投资收益、营业外收入、营业外支出、公允价值变动损益等项目中，部分也体现在管理费用、财务费用等科目中。

7.2 企业“挣钱”分析的要点

7.2.1 “挣钱”的结构分析

（1）收入和成本的配比

我们在第2章中提到利润表的编制特别强调配比原则，即某个会计主体在特定会计期间、特定产品等所取得的收入应该与为取得该收入所发生的费用、成本相匹配。如果长期违背配比原则，企业所赚取的收入无法弥补成本费用，将会导致连年亏损。

乐视网的例子可以很好地说明如果收入和成本不配比对企业产生的影响。面临移动互联网时代的激烈竞争，乐视网提出了“大屏生态”的模式，即智能互联网电视作为其生态模式的载体。电视市场是竞争的一片红海，为了赢得电视市场的销售空间，乐视网采用了“内容反哺硬件”的营销策略。根据这一策略，乐视网对其所销售的电视产品采用“负利定价”的方法，即以低于成本价对电视等硬件进行定价。

我们可以通过构建指标来查看这一行为对于配比原则的违背，见表7-1。我们分别计算了乐视网的终端收入占营业收入的比例和终端成本占营业成本的比例，可以看出乐视网终端业务成本均高于收入，且终端收入增长速度明显落后于终端成本的增长速度，差距逐年扩大，收入和成本的不匹配导致乐视网的利润受到严重影响，2013—2016年利润持续下降，最终在2016年出现负利润。

表 7-1　乐视网"负利定价"策略与配比原则（2013—2016年）

单位：元

科目/指标	2013年	2014年	2015年	2016年
终端收入	504,176,701	2,740,047,010	6,088,833,694	10,116,826,299
终端成本	688,256,943	4,092,212,694	8,185,920,966	13,958,252,088
营业收入	2,361,244,731	6,818,938,622	13,016,725,124	21,950,682,404
营业成本	1,668,684,007	5,828,133,468	11,112,009,124	18,229,220,565
终端收入占营业收入的比例	21.35%	40.18%	46.78%	46.09%
终端成本占营业成本的比例	41.25%	70.21%	73.67%	76.57%

（2）共同比利润表

在对企业"挣钱"进行结构分析时，还有一个很重要的工具，就是编制共同比利润表（Common-size Income Statement）。共同比利润表将利润表中的所有项目用其占营业收入的百分比来表示。共同比利润表中所关注的结构主要指各项收入、费用和利润占营业收入的百分比，揭示了各类费用与营业收入的相对数值。

我们还是以比亚迪为例，来编制其共同比利润表，见表7-2。可以看出，2021年和2022年比亚迪的净利润呈现明显增加的趋势，根据各项财务数据的构成情况可知，净利润的波动主要是营业成本的波动所致。2022年营业成本占营业收入比重为82.96%，比上年同期降低4.02个百分点，财务费用降低1.21个百分点，但研发费用、销售费用的比重有所增加，两方面相抵的结果是营业利润占营业收入比重增加了2.94个百分点，而其他指标变动幅度均不大，最终净利润增加了3.24个百分点。

表 7-2　比亚迪的共同比利润表（2021—2022 年）

单位：元

科目	2021 年数	2021 年结构	2022 年数	2022 年结构	增减变动	结构变动比率
一、营业总收入	216,142,395,000	100.00%	424,060,635,000	100.00%	207,918,240,000	0.00%
其中：营业收入	216,142,395,000	100.00%	424,060,635,000	100.00%	207,918,240,000	0.00%
二、营业总成本	212,602,339,000	98.36%	401,187,332,000	94.61%	188,584,993,000	-3.76%
其中：营业成本	187,997,689,000	86.98%	351,815,680,000	82.96%	163,817,991,000	-4.02%
税金及附加	3,034,878,000	1.40%	7,267,110,000	1.71%	4,232,232,000	0.31%
销售费用	6,081,678,000	2.81%	15,060,676,000	3.55%	8,978,998,000	0.74%
管理费用	5,710,193,000	2.64%	10,007,370,000	2.36%	4,297,177,000	-0.28%
研发费用	7,990,974,000	3.70%	18,654,453,000	4.40%	10,663,479,000	0.70%
财务费用	1,786,927,000	0.83%	-1,617,957,000	-0.38%	-3,404,884,000	-1.21%
其中：利息费用	1,907,642,000	0.88%	1,316,350,000	0.31%	-591,292,000	-0.57%
利息收入	631,841,000	0.29%	1,829,617,000	0.43%	1,197,776,000	0.14%
加：其他收益	2,270,196,000	1.05%	1,721,136,000	0.41%	-549,060,000	-0.64%
投资收益（损失以“-”号填列）	-57,134,000	-0.03%	-791,903,000	-0.19%	-734,769,000	-0.16%
其中：对联营企业和合营企业的投资收益	-145,295,000	-0.07%	-685,885,000	-0.16%	-540,590,000	-0.09%

续表

科目	2021 年数	2021 年结构	2022 年数	2022 年结构	增减变动	结构变动比率
以摊余成本计量的金融资产终止确认收益	−88,765,000	−0.04%	−22,719,000	−0.01%	66,046,000	0.04%
公允价值变动收益（损失以“–”号填列）	47,356,000	0.02%	126,098,000	0.03%	78,742,000	0.01%
信用减值损失（损失以“–”号填列）	−388,074,000	−0.18%	−989,521,000	−0.23%	−601,447,000	−0.05%
资产减值损失（损失以“–”号填列）	−857,475,000	−0.40%	−1,386,458,000	−0.33%	−528,983,000	0.07%
资产处置收益（损失以“–”号填列）	77,067,000	0.04%	−10,836,000	0.00%	−87,903,000	−0.04%
三、营业利润（亏损以“–”号填列）	4,631,992,000	2.14%	21,541,819,000	5.08%	16,909,827,000	2.94%
加：营业外收入	337,654,000	0.16%	526,974,000	0.12%	189,320,000	−0.03%
减：营业外支出	451,643,000	0.21%	989,064,000	0.23%	537,421,000	0.02%
四、利润总额（亏损总额以“–”号填列）	4,518,003,000	2.09%	21,079,729,000	4.97%	16,561,726,000	2.88%
减：所得税费用	550,737,000	0.25%	3,366,625,000	0.79%	2,815,888,000	0.54%
五、净利润（净亏损以“–”号填列）	3,967,266,000	0.94%	17,713,104,000	4.18%	13,745,838,000	3.24%

7.2.2 “挣钱”的质量分析

（1）利润的可持续性

利润的可持续性是指公司利润在未来一定期间保持持续、稳定增长的现象。根据企业的利润表，我们可以将企业的利润划分为两个组成部分：经常性损益和非经常性损益。企业的营业利润、投资收益等均属于经常性损益。经常性损益的可持续性要比非经常性损益强。

如果根据可持续性程度的高低进行划分，我们可以将利润划分为可持续性强的利润和可持续性弱的利润。前者包括毛利润、营业利润、息税前利润、扣非净利润等，而税前利润、利润总额、净利润和综合收益的可持续性程度较弱。

营业利润是企业利润的主要来源，该收益通常会持续到公司未来的会计年度，因而该收益的持续性较强。投资收益与营业利润具有互补性，是保持盈利持续性的另一部分。当企业营业利润下降时，企业出于扭亏为盈或保持盈利势头的考量，会使投资收益与其营业利润出现明显互补性的变化趋势，以维持利润的稳定性和持续性。

由于非经常性损益的偶发性特征，其对企业盈利能力的支持力度较低，可持续性较差。利润的可持续性会受到非经常性损益的影响，企业利润中的非经常性损益越大，利润的可持续性越差。将非经常性损益从净利润中扣除，才能更为真实地反映企业可持续的经营业绩和盈利能力。净利润扣除非经常性损益后，得到的扣非净利润才是具有可持续性的利润。

因此，我们可以计算利润的可持续率指标，用于衡量利润的可持续性。指标计算如下：

$$可持续率=\frac{扣非净利润}{净利润}$$

这一指标值越大，代表扣非净利润占净利润的比重越大，企业利润的可持续性越强。

（2）利润产生现金流的能力

利润和现金流量之间也存在着密切的关系。一方面，利润的增加通常会导致现金流量的增加。当企业获得更多的销售收入或通过降低成本控制费用时，利润会增加，进而带动现金流入的增加。另一方面，现金流量的充足也有助于提高利润。只有企业有足够的现金流入，才能保证正常的经营活动和运营所需的支出，从而为利润的增加提供保障。

但是，利润和现金流也存在着明显的不同之处。根据第2章中提到现金流量表的补充资料，存在着第三大会计恒等式，即“净利润=现金流+应计项”。可以看出，企业利润有两部分构成，一部分是能够产生现金的利润，即现金流，另一部分是不产生现金的利润，即应计项。相对于现金流，企业应计项很容易被操纵，净利润中的应计项含量越高，利润的可操纵空间即不真实性越大。

因此，我们可以计算利润的获现率指标，用于衡量利润产生现金流的能力。指标计算如下：

$$获现率=\frac{经营活动产生的现金流量净额}{净利润}$$

这一指标值越大，代表能够产生现金的净利润比重越大，企业利润的获现水平越高。

（3）利润的增值能力

股东追求资本的增值，可以说股东对自身财富增值的追求是非常“贪婪”的，他们不仅要求企业创造收益，还要源源不断地实现收益的增加，而且所创造的收益要超出股东的期望。

也就是我们在第1章中所举的例子，如果一家公司公布实现了2个亿的净利润，股价会不会涨的问题。即便2个亿的净利润超过了历史同期和同行业的水平，股价也不一定会涨，因为公司股东的期望收益可能是3个亿，这就是剩余收益的概念。

剩余收益（Residual Earnings），又被称为超额收益（Abnormal Earnings），是指企业获得的净收益减去股东要求的回报之后的剩余，计算公式为：

$$剩余收益 = 净利润 - 权益账面价值 \times R_e$$

其中，R_e是股东的必要报酬率，即权益资本成本。我们可以采用资本资产定价模型来计算权益资本成本。我们据此计算利润的增值率指标，用于衡量利润持续增值的能力。指标计算如下：

$$增值率 = \frac{剩余收益}{净利润}$$

这一指标值越大，代表能够产生现金的净利润比重越大，企业利润的获现水平越高。主要汽车制造企业“挣钱”的质量指标见表7–3。可以看出，比亚迪在2022年的“挣钱”能力在多个指标上均表现良好。其利润的可持续率、获现率和增值率都较高，反映出比亚迪具有较高的利润质量。这种综合分析不仅揭示了比亚迪的财务稳健性，也凸显了其在行业中的竞争优势和独特的市场地位。

表 7–3 主要汽车制造企业"挣钱"的质量指标（2022 年）

单位：元

股票代码	公司简称	净利润	扣非净利润	可持续率	经营活动产生的现金流量净额	获现率	剩余收益	增值率
002594.SZ	比亚迪	17,713,104,000	16,728,448,000	94.44%	140,837,657,000	795.10%	8,663,501,363	48.91%
601633.SH	长城汽车	8,252,807,610	4,463,290,912	54.08%	12,311,254,519	149.18%	3,318,399,832	40.21%
600418.SH	江淮汽车	–1,727,227,164	–2,939,534,215	170.19%	1,530,754,228	–88.62%	–2,981,736,429	172.63%
600166.SH	福田汽车	42,606,000	–330,790,195	–776.39%	869,939,506	2041.82%	–817,870,865	–1,919.61%
000625.SZ	长安汽车	7,744,682,356	4,405,150,577	56.88%	5,666,346,859	73.16%	2,693,375,678	34.78%
601238.SH	广汽集团	7,998,052,695	7,426,155,376	92.85%	–5,348,877,783	–66.88%	–510,824,306	–6.39%
600006.SH	东风汽车	294,846,440	–19,706,264	–6.68%	–290,033,753	–98.37%	–312,525,201	–106.00%
600733.SH	北汽蓝谷	–5,395,827,381	–5,768,857,928	106.91%	3,521,672,416	–65.27%	–5,904,055,761	109.42%
000550.SZ	江铃汽车	862,878,619	–281,838,209	–32.66%	–1,518,573,952	–175.99%	226,650,847	26.27%
600213.SH	亚星客车	–193,368,996	–136,462,614	70.57%	292,437,070	–151.23%	–210,003,341	108.60%
600686.SH	金龙汽车	–456,792,893	–666,041,358	145.81%	–182,810,664	40.02%	–769,913,277	168.55%
000957.SZ	中通客车	98,326,449	13,427,247	13.66%	1,168,680,681	1,188.57%	–89,333,748	–90.85%
600104.SH	上汽集团	22,842,652,824	15,716,628,037	68.80%	9,504,540,285	41.61%	5,723,571,755	25.06%
600609.SH	金杯汽车	352,540,552	340,683,140	96.64%	350,368,303	99.38%	278,989,948	79.14%
000980.SZ	众泰汽车	–908,487,767	–1,012,337,270	111.43%	218,931,398	–24.10%	–989,010,437	108.86%

7.3 利润的匹配分析

7.3.1 净利润与扣非净利润的匹配

如果企业发生了非经常性损益，会导致其扣除非经常性损益后的净利润低于利润表中反映的当期净利润。前面我们在计算可持续率指标时，可以看出由于非经常性损益有偶发性和不稳定性的特点，非经常性损益占净利润的比例越高，利润的可持续性越差。

我们以另外一家汽车制造企业——江淮汽车（股票代码：600418.SH）为例，来说明净利润和扣非净利润之间的匹配关系。江淮汽车是一家汽车制造企业，始建于1964年，总部坐落于安徽省合肥市。业务领域涵盖商用车、乘用车及动力总成研产销和服务等，生产的汽车产品主要有：重、中、轻、微型卡车，多功能商用车，MPV，SUV，轿车，客车等。

江淮汽车近几年的非经常性损益情况见表7-4。可以看出，江淮汽车近年来获得了大量的非经常性损益，包括政府补助、非流动资产处置损益等，其中政府补助是占比最大的一类非经常性损益，每年获得金额维持在12亿元左右，2021年更是高达20亿元。

表 7–4　江淮汽车的非经常性损益构成（2018—2022 年）

单位：元

科目	2018年	2019年	2020年	2021年	2022年
除同公司正常经营业务相关的有效套期保值业务外，持有交易性金融资产、交易性金融负债产生的公允价值变动损益，以及处置交易性金融资产、交易性金融负债和可供出售金融资产取得的投资收益		80,476,646	24,376,187	30,253,504	–2,201,311
单独进行减值测试的应收款项、合同资产减值准备转回	10,023,982	12,404,048	15,833,513	28,857,654	31,948,583
对外委托贷款取得的损益	2,487,380		1,764,525	2,388,871	2,791,688
非流动资产处置损益	16,342,003	388,801,478	1,259,552,063	435,745,613	74,314,781
计入当期损益的政府补助（与企业业务密切相关，按照国家统一标准定额或定量享受的政府补助除外）	1,277,799,080	1,117,159,737	1,302,924,817	2,004,708,874	1,204,844,265
其他符合非经常性损益定义的损益项目		695,826	160,575		
丧失控制权后，剩余股权按公允价值重新计量产生的利得					15,619,547
少数股东权益影响额	–32,667,274	–118,566,929	–389,878,403	–42,640,238	–75,433,024
所得税影响额	–195,867,872	–242,503,799	–359,662,758	–400,776,948	–54,352,425
债务重组收益					3,706,675
委托他人投资或管理资产的损益	22,092,434	1,089,919			
除上述各项之外的其他营业外收入和支出	–9,023,216	–155,108,359	6,433,168	25,034,016	11,068,271
合计	1,091,186,516	1,084,448,566	1,861,503,688	2,083,571,345	1,212,307,051

我们接下来采用匹配分析的方法，通过绘制净利润和扣非净利润的趋势图，来查看二者之间的匹配情况，见图7-2。

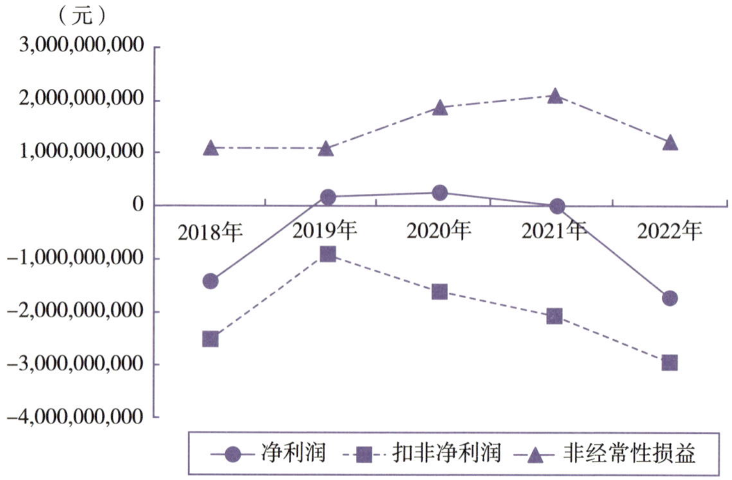

图7-2 江淮汽车净利润和扣非净利润的匹配状况

从图7-2可以看出，虽然江淮汽车2018—2022年的净利润除2018年和2022年以外均为正值，但是由于大量非经常性损益的存在，实际扣非净利润均为负值，五年累计亏损超100亿元。从2018年起，江淮汽车的扣非净利润开始大幅低于净利润，二者呈现出相互背离的不匹配状态，而不匹配现象反映出的是江淮汽车堪忧的利润可持续性问题。可以说，非经常性损益实际上美化了江淮汽车的净利润这一指标表现，一定程度上掩盖了江淮汽车大量亏损的事实。

7.3.2 净利润与剩余收益的匹配

剩余收益源于股东的剩余索取权，理论上来讲，企业所挣的钱，扣除给债权人的必要支出之外，剩下的都应该归股东所有。但是，股东是“贪婪的”，剩下的都归股东所有也并不一定能满足其期望。只有剩下的超出股东期望才能带来其财富的增值。没有增值的投资对于股东来说就是毁损财富。

股票市场常常对企业利润的增长欣喜若狂，并不断赋予较高的股价，分析师也喜欢支持利润增长的公司，给予乐观评级。然而，盈利的增长并不必然伴随着价值的增长，企业通过扩大投资规模，也可以促使盈利增长。一旦有投资不能实现高于股东必要报酬率的回报水平，虽然盈利也在增长，但实际上价值并没有同步增长。也就是我们所强调的价值投资的基本原则：“不要为增长付太多的钱。”

最典型的例子就是并购导致的利润增加，收购方在并购中往往支付的是公允价值，并购本身并没有创造价值增值。虽然并购带来了盈利的增长，但该项投资只是赚得了必要报酬率，甚至比必要报酬率还低。近几年我国资本市场上盛行的高溢价并购，收购方的并购支付金额甚至超出了被并购企业净资产的公允价值，这些并购不仅没能带来价值的增值，甚至在并购后由于大额的商誉减值，而出现股价大幅下跌的情况。

因此，我们有必要进行净利润和剩余收益的匹配分析。我们还是以比亚迪为例，来说明净利润和剩余收益之间的匹配关系。

首先，我们需要计算出剩余收益。根据剩余收益的计算公式：剩余收益=净利润−初始投资 × 资本成本，其中初始投资是指期初的所有者权益，因此相对应的资本成本为权益资本成本，采用资本资产定价模型计算所得。

表 7–5　　比亚迪的剩余收益（2018—2022 年）

单位：元

指标	2017 年	2018 年	2019 年	2020 年	2021 年	2022 年
净利润		3,556,193,000	2,118,857,000	6,013,963,000	3,967,266,000	17,713,104,000
所有者权益	59,957,487,000	60,693,979,000	62,601,420,000	64,453,912,000	104,244,209,000	121,389,837,000
权益资本成本		6.68%	6.24%	7.30%	9.37%	7.19%
剩余收益		−448,226,657	−1,669,555,562	1,443,174,156	−2,070,799,035	10,221,860,785

从表7-5可以看出，在2018年、2019年和2021年，尽管比亚迪产生了净利润，但是其剩余收益表现为负数，这说明公司并没有给股东带来收益，并没有创造价值增值。但是这种情况在最近开始改善，例如在2020年和2022年，比亚迪的剩余收益转为正数，这表明公司赚取的净利润超过了公司股东的要求报酬。

接下来我们通过匹配分析的方法，结合净利润和剩余收益的趋势图，来查看净利润和剩余收益之间的匹配情况，见图7-3。

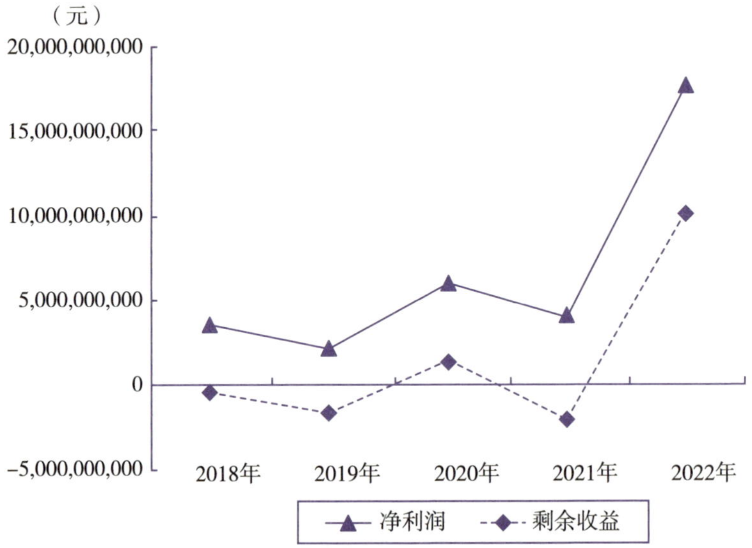

图7-3　比亚迪的净利润和剩余收益匹配状况

从图7-3可以看出，2018—2022年比亚迪的净利润和剩余收益呈现匹配的状态。就整体趋势而言，比亚迪的净利润和剩余收益在2019年和2021年处于低值，并于2020年和2022年有一定回升。这说明，在2020年和2022年比亚迪的盈利能力改善，从而出现了股票价值大幅增加的情况。因此我们知道，随着比亚迪盈利能力的变化，其公司的价值创造能力也是同步提升的，且在2022年达到峰值。

因此，尽管净利润和剩余收益的计算并不相同，但同样都反映了企业的盈利能力和绩效水平。所以在综合分析企业财务状况和投资回报时，需要同时关注净利润和剩余收益，从而能够更全面地评估企业的生产经营状况和价值增值能力。

7.4 净资产收益率与投入资本回报率

7.4.1 净资产收益率

（1）净资产收益率的作用

在对企业进行“挣钱”分析时，投资者往往使用最多的一个关键指标就是净资产收益率（ROE）。ROE是衡量企业盈利能力和经营效益的常用指标，甚至是“股神”巴菲特投资时最看重的指标之一。一家公司的ROE越高，说明其“挣钱”能力越强。

根据前面章节的内容，我们知道ROE指标的运用通常是结合杜邦分析法对企业的财务状况进行研判，它利用各主要财务比率指标之间的内在联系，对企业的财务状况及经济利益进行的综合分析和评价。杜邦分析的分解公式为：净资产收益率（ROE）= 销售净利率 × 总资产周转率 × 权益乘数，其中销售净利率、总资产周转率与经营效率相关，权益乘数与财务杠杆相关。

ROE指标的主要作用有：衡量企业的综合盈利能力，衡量公司对股东投入资本的利用效率，以及可以结合销售能力与财务杠杆评判企业盈利状况。

（2）净资产收益率存在的缺陷

尽管ROE指标可以从经营效率和财务杠杆两个维度来衡量，可以分解为销售净利率、总资产周转率和权益乘数三个指标的乘积，但是过高的权益乘数会使得企业的ROE出现虚高。权益乘数等于总资产除以所有者权益，企业的权益乘数越高，代表总资产中所有者权益占比越低，相反负债占比较高。

因此，有些经营不佳的企业却有着高ROE，这些企业的高ROE是增加债务杠杆所致，这也限制企业未来的融资能力，影响企业发展。我们将这类企业称为ROE虚高的企业，ROE虚高的企业往往有以下特点：业务模式较激进；相比于利润，更注重企业规模的扩张；财务杠杆高，依赖外源性融资；等等。

企业虚高的ROE指标会给投资者一种经营良好的错觉，但此类企业往往存在着一系列风险，表现为财务杠杆过高可能会出现财务风险，虚高的ROE容易掩盖企业较差的经营能力，虚高的ROE无法帮助投资者做出有效的投资决策。因此，对于采取高杠杆经营的企业，用ROE指标评价其盈利能力的方式欠妥。

（3）净资产收益率的应用举例

我们以房地产企业恒大集团为例，来说明出现债务危机企业的ROE指标所表现出来的特征，并与房地产龙头企业万科（股票代码：000002.SZ）进行比较分析。2021年初，恒大集团爆发债务危机，到期的商业承兑汇票无法兑付，并产生一系列负面的连锁反应。

长期以来，恒大集团在经营中采取高杠杆、高周转、高速扩张的模式，在全国各地建造了数百个住宅项目，成为全国最大的房地产开发商之一。然而正是这种过度扩张和高风险的经营策略，导致恒大陷入了巨额债务的泥潭。

我们比较恒大集团和万科的ROE指标，发现存在一个有趣的现象，恒大集团的ROE指标十分理想，甚至高于万科。恒大集团和万科的ROE指标见表7-6。

表7-6　恒大集团和万科历年的ROE指标（2014—2018年）

	2014年	2015年	2016年	2017年	2018年
恒大集团	25.28%	20.48%	10.69%	30.65%	30.18%
万科	17.43%	20.58%	19.03%	21.36%	23.34%

由表7-6可以看出，恒大集团2014—2018年的ROE数值基本上高于万科。其中，2014年、2017年和2018年恒大集团的ROE约为万科的1.5倍，2015年两者基本持平。此外，2016年恒大集团的ROE虽低于万科，但仍处于行业前列。因此，如果仅从ROE指标结果的角度看，恒大集团的盈利状况十分可观。

但是，我们根据杜邦分析法对恒大集团和万科的ROE指标进行分解，发现恒大集团的ROE指标存在着虚高的现象。恒大集团和万科的ROE指标分解见表7-7。

表7-7　恒大集团和万科的ROE指标分解（2014—2018年）

因素分解	2014年	2015年	2016年	2017年	2018年
恒大集团：					
销售净利率	16.09%	13.00%	8.33%	11.91%	14.27%
总资产周转率	0.27次	0.22次	0.20次	0.20次	0.26次
权益乘数	8.25	12.06	22.13	19.57	14.70
万科：					
销售净利率	13.18%	13.27%	11.79%	15.32%	16.55%
总资产周转率	0.30次	0.35次	0.33次	0.24次	0.22次
权益乘数	4.46	4.44	4.84	5.73	6.38

由表7-7可以看出，与处于同行业的万科相比，恒大集团的ROE实际是由异常高的权益乘数所致。具体来说，恒大集团的销售净利率大体上低于万科，可见其盈利能力弱于万科。其次，在总资产周转率水平上，恒大集团和万科表现相近，这表明两者营运能力相近。因此，恒大

集团的资产利用效率并非是提高其ROE的主要原因。最后，在权益乘数方面，恒大集团远高于万科，这表明恒大集团的负债超过其所有者投入的资本，所以存在较高的财务风险。

由此可知，恒大集团“优秀”的ROE指标主要来源于极高的权益乘数，恒大集团依赖于外源性融资支撑企业的发展，导致出现较高的财务杠杆。

恒大集团的多元化扩张战略形成了庞大的“恒大概念”，从快消品到恒大汽车，基本每年都有多项新业务的开展。与此同时，在房地产的主营业务上，恒大集团也不断地扩张土地储备。无论是多元化战略还是大量土地储备，都需要极大的资金支持。遗憾的是，恒大集团在多元化效益不高，内源性融资不足的情况下还要维持规模的扩张，必然需要大量的外源性债务融资。

因此，只通过ROE一个指标分析公司的经营业绩和财务情况是不够的，通常还需要分解其具体指标，综合考虑多个指标分析公司状况后，才能做出判断。

7.4.2 投入资本回报率

（1）为什么要用投入资本回报率?

根据ROE指标的分解我们可以看出，恒大集团虚高的ROE源于其过度的负债融资，导致权益乘数的增加，即所有者权益和负债相比较低。虚高的ROE指标已经失去了比较的意义。因此，我们有必要对ROE指标进行修正。一个修正的思路是用所有投入资本计算回报率指标，包括股东的投入和债权人的投入，该指标被称为投入资本回报率。

投入资本回报率（Return of Invested Capital，ROIC），等于息前税

后经营净利润与投入资本的百分比率。ROIC是生产经营活动中所有投入资本赚取的收益率，而不论这些投入资本是被称为债务还是权益，其简要构成如下所示：

$$投入资本回报率=\frac{息前税后净营业利润}{投入资本}$$

其中，息前税后净营业利润（Net Operating Profit After Tax，NOPAT）是指公司不包括利息收支的营业利润扣除实付所得税税金之后的数额，NOPAT=营业利润+财务费用−所得税；投入资本=有息负债+所有者权益。企业的投入资本回报率越大，为股东带来的收益越高，对债权人的风险也更低。

（2）投入资本回报率与净资产收益率的区别

投入资本回报率与净资产收益率的差别主要有两个方面。一方面是分子的利润指标不同，ROIC与ROE对应的利润指标分别是息前税后净营业利润与净利润。相较于净利润，息前税后净营业利润的可持续性更高。另一方面是分母的回报对象不同，ROE指标关注的回报对象是公司股东，而ROIC关注的对象不仅有公司股东，还有债权人。

因此，从“利润范围”“资本结构”“回报对象”等层面，我们发现相较于ROE，ROIC指标存在以下优势：在利润范围上，ROIC的利润剔除非经常性损益，ROE包括所有净利润；在杠杆效应上，ROIC剔除资本结构变动的影响，ROE易受杠杆变动影响；在回报对象上，ROIC同时考虑股东和债权人的回报，而ROE仅考虑股东的回报。

（3）投入资本回报率的应用举例

我们分别计算恒大集团和万科的投入资本回报率，在对恒大集团ROIC进行纵向分析的同时，将恒大集团的ROIC与万科进行横向比较，全面评价恒大的盈利能力。恒大集团和万科2014—2018年投入资本回报率（ROIC）的数据见图7-4。

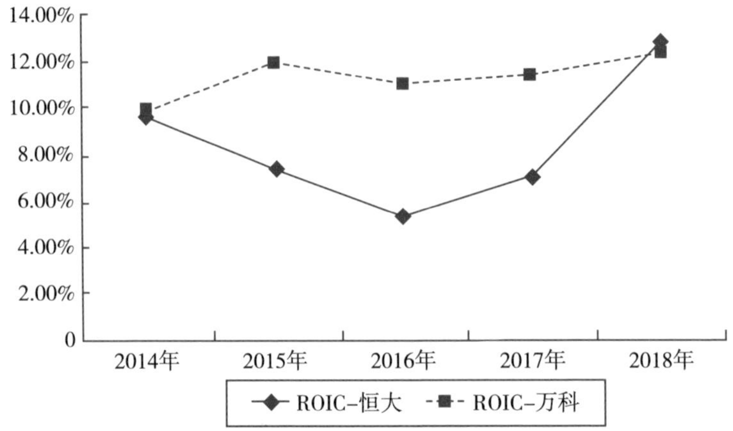

图7–4 恒大集团和万科的投入资本回报率

根据图7–4所示，从纵向趋势来看，近年来万科的ROIC远高于恒大集团。而且相较于万科，恒大集团的ROIC变化幅度更大，在5%—13%波动，万科的ROIC更加平稳，始终维持在11%—12%的区间，起伏较小。因此，我们可以推测，与万科相比，恒大集团ROIC的变化趋势与其高负债的经营模式密切相关。

我们可以采用“战略—业务—财务”的分析框架来分析恒大集团的债务危机，综合恒大集团的战略规划、经营模式和财务状况，其债务危机的发生并非起于一时，从企业战略布局开始，恒大集团这盘多元扩张的大棋就为其未来陷入财务困境埋下伏笔。恒大集团“战略—业务—财务”分析框架见图7–5。

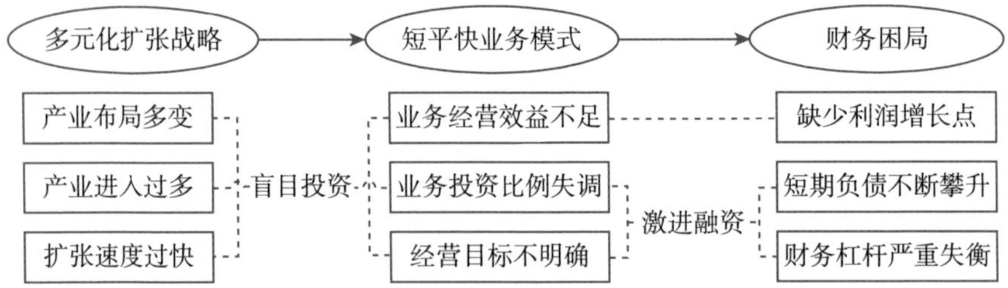

图7–5 恒大集团“战略—业务—财务”分析框架

根据“战略—业务—财务”的分析框架，企业财务指标出现问题，往往是由于业务出现问题，而业务出现问题，往往又是由于战略出现问题。企业在战略上进行多元化经营，导致各个业务之间无法产生协同作用，必然出现财务指标的不理想。

财务指标就好比人的体检指标，我们在体检时看到的血脂、血压、血糖等指标的不正常，往往是由于身体的某些机能或者器官受损，这就是业务问题，而身体机能或者器官的受损又跟生活习惯、工作作息、外部环境等息息相关，这就是战略问题。

7.5 经济增加值

7.5.1 经济增加值的作用

经济增加值（Economic Value Added，EVA）是指在衡量企业的“挣钱”能力时，从税后净营业利润中扣除股权和有息负债的资本成本之后的剩余。经济增加值是公司业绩度量指标，与其他度量指标的不同之处在于，经济增加值考虑了实现企业利润所付出的资金成本。经济增加值的计算公式如下：

经济增加值＝息前税后净营业利润－资本占用×加权平均资本成本

其中：息前税后净营业利润衡量的是企业的经营盈利情况；资本占用反映的是企业持续投入的股权资本和有息债务资本；加权平均资本成本反映的是企业各种资本的平均成本率。

之所以引入经济增加值的概念，就是要求我们在判断或者比较企业利润大小时，要考虑资本投入的总盘子。例如，虽然两家企业都产生了2个亿的利润，而如果其中一家企业初始投入的资本是1个亿，而另一家企业是100个亿，显然，第一家企业的资本回报率更高。甚至在考虑资本成本的情况下，第二家企业100个亿的资本成本都不止2个亿，没有给股东带来财富的增加。

实际上，经济增加值与剩余收益的概念本质上是一样的，在剩余收益概念的基础上，又考虑了全部的投入资本。与净利润、剩余收益、投入资本等指标相比，经济增加值有以下几个方面的不同：

第一，经济增加值的计算采用息前税后净营业利润，这一利润比企业净利润的可持续性更强，因此EVA是企业获得的持续性更强的收益。

第二，经济增加值考虑了公司对于全部资本的占用，包括权益资本和有息负债，而剩余收益考虑的是权益资本，因此用EVA评价企业的业绩比剩余收益更加苛刻和严格。

第三，经济增加值与投入资本回报率的计算有些类似，但EVA又考虑了投入资本的成本，即加权平均资本成本，具有更广泛的应用范围。

7.5.2 经济增加值的应用

我们同样以比亚迪为例，根据EVA的公式计算其2018—2022年的经济增加值，见表7-8。

表7-8 比亚迪的经济增加值（2018—2022年）

单位：元

指标	2017年	2018年	2019年	2020年	2021年	2022年
息前税后净营业利润		6,153,031,850	4,527,372,000	9,221,125,550	5,456,081,150	16,935,282,700
资本占用	116,468,503,000	119,889,970,000	133,597,720,000	115,893,016,000	139,637,232,000	143,218,633,000
加权平均资本成本		5.76%	5.26%	6.39%	8.16%	6.87%
EVA		–552,583,149	–1,780,916,939	683,558,162	–4,000,199,107	7,339,136,274

通过表7–8可以看出，在考虑了比亚迪为实现利润付出的资金成本后，2018年、2019年和2021年的经营并没有为股东带来财富的增加，这可能是由于比亚迪将更多经营获取的收益用于扩大化再生产投资以及研发投入等，没有在当年为股东带来更多收益。而在2020年和2022年比亚迪则产生了正的经济增加值，这就意味着在2020年和2022年，公司获得了超出资本投入的盈利，并且能够为股东带来价值的增值。

接下来，我们通过匹配分析法，进一步分析净利润和EVA之间的匹配关系，比亚迪2018—2022年净利润和EVA的变动趋势见图7–6。

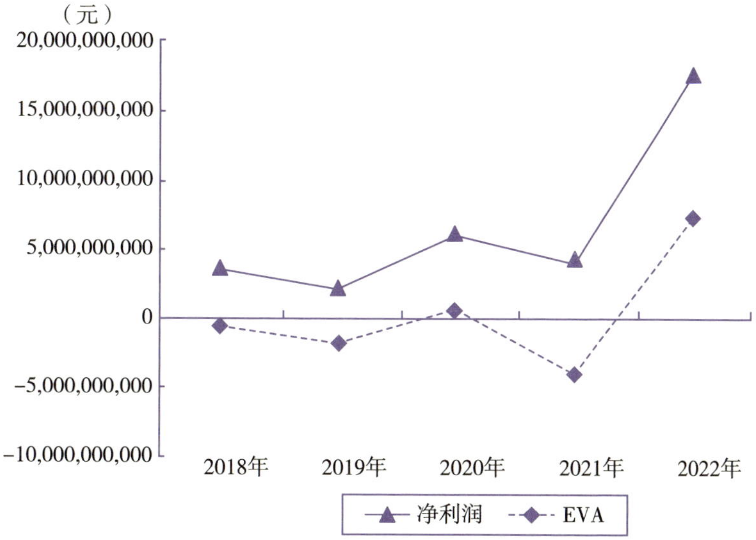

图7–6　比亚迪的净利润和EVA变动趋势

从图7–6可以看出，比亚迪的净利润和EVA总体上是匹配的。具体来说，比亚迪2018—2022年的净利润和EVA均呈现出上升趋势，并且在2022年出现了较大幅度的增加，这表明比亚迪的经营正稳步向好，并且能够为公司创造超过所需资本投入的价值。因此，我们可以借助净利润和EVA的变动，来综合评价公司的财务状况和价值创造能力。

第 8 章 / Chapter Eight

“有钱”分析：企业价值创造的源泉

8.1 什么样的企业算是“有钱”？

8.1.1 货币资金与现金流

跟现金相关的会计科目有四大类，主要分布在企业的现金流量表中，当然在资产负债表中也有相关科目。第一类是资产负债表中的货币资金（Cash），后面三类主要在现金流量表中列示。在企业的现金流量表中，所有项目都跟现金流（Cash Flow）相关，我们主要关注的是三个汇总类科目：经营活动产生的现金流量净额、投资活动产生的现金流量净额和筹资活动产生的现金流量净额。

其中，货币资金是一个存量的概念，包括库存现金、银行存款和其他货币资金。现金流量表中的现金流是一个流量的概念，包括经营活动、投资活动、筹资活动的流入量、流出量小计和净额。

8.1.2 企业现金的来源与使用

（1）企业现金的来源

既然商场如战场，如果将企业运作比作行军打仗，利润就是军队中的车马和辎重，而现金流就是粮草，"车马未动、粮草先行"讲的就是这个道理，也就是孙子兵法中常说的"军无辎重则亡，无粮食则亡"。细数一下，企业的现金主要有以下几个方面的来源：

第一，来源于投资者的"筹钱"，即股东的出资或者向债权人的借款，这一行为在企业资产负债表的资本端形成所有者权益或负债，在资产端形成货币资金，在现金流量表形成筹资活动产生的现金流入量，不影响利润表。

第二，来源于产品的销售或者预售，这一行为在企业资产负债表的资本端形成一项负债（预收账款或合同负债），在资产端形成货币资金，在现金流量表形成经营活动产生的现金流入量，在利润表形成营业收入和营业成本。

第三，来源于前一期赊销行为所产生的应收账款的收回，表现为资产端应收账款的减少和货币资金的增加，现金流量表经营活动产生的现金流入量的增加，不影响利润表。

第四，来源于对生产线或者固定资产等设备的销售，这一行为表现为资产负债表资产端一项资产的减少，货币资金的增加，在现金流量表形成处置固定资产、无形资产和其他长期资产收回的现金，在利润表形成营业外收入。

（2）企业现金的使用

当企业在使用现金时，表现为现金的流出，主要有以下几个方面的流出方式：

第一，向债权人归还欠款、股份回购或分红，这一行为在企业资产负债表的资本端表现为所有者权益或负债的减少，在资产端表现为货币资金的减少，在现金流量表形成筹资活动产生的现金流出量，不影响利润表。

第二，向上游供应商购买原材料支付现金，这一行为在企业资产负债表的资产端表现为存货这一资产的增加，货币资金的减少，在现金流量表形成经营活动产生的现金流出量，不影响利润表。

第三，前一期赊购行为所产生的应付账款的支付，表现为资产端货币资金和负债端应付账款的减少，现金流量表经营活动产生的现金流出量的增加，不影响利润表。

第四，中长期项目投资支付现金，例如对生产线或者固定资产等设备的购买，这一行为表现为资产负债表资产端一项资产的增加和货币资金的减少，在现金流量表形成购建固定资产、无形资产和其他长期资产支付的现金，不影响利润表。

8.1.3 企业“有钱”的本质

企业经营的核心实际上是“筹钱”和“用钱”的过程，这是总经理和财务总监要关注的重点。只有“筹钱”的成本足够低，“用钱”的效益足够大，才能产生理想的“挣钱”能力，即利润。

利润是什么？利润实际上是基于现有的会计准则，在权责发生制下所产生的一堆奇奇怪怪的数字。根据会计中权责发生制的确认要求，即便一项业务没有收到现金，只要发生了所有权或控制权的转移，就可以确认收入。例如，企业赊销一项商品，在做会计分录时，借方记作应收账款，贷方确认营业收入和应交的增值税销项税，营业收入在期末会结转到利润。因此，这项业务虽然在当期产生了利润，但并没有产生现金的流入。

与现金流相比，利润更容易造假。例如在赊销业务中，企业可以通过控制发出商品的时点，提前或者推后确认收入，或者通过应收账款的坏账计提来操纵利润。所以说，对于投资者来说，他们更喜欢现金，而不是一堆堆的利润数字。

如果我们把企业看成一个黑箱，这个黑箱就是管理人员把从投资者手中筹到的钱，通过购买原材料、生产加工，并销售出去产生利润和现金流的过程。企业黑箱的运作过程见图8–1。

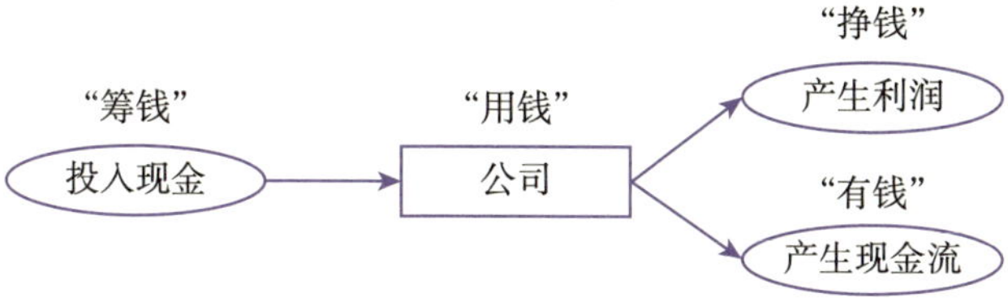

图8–1 企业黑箱的运作过程

可以看出，这里所说的“有钱”是源于企业的本源业务，通过正常的生产经营过程所产生的现金流，是指企业要有持续不断的造血能力，而且是源于本源业务的造血能力。如果企业是通过融资得到的现金，或者变卖公司固定资产、生产线等得到的现金，这都不叫“有钱”。“有钱”的企业一般货币资金较高，但并不是货币资金高的企业就一定有钱，例如我们在前面章节提到的存贷双高型企业。

8.2 企业“有钱”的结构分析

8.2.1 货币资金的结构分析

货币资金主要由三部分组成，库存现金、银行存款和其他货币资金。

其他货币资金是指企业除库存现金、银行存款以外的其他各种货币资金。包括外埠存款、银行汇票存款、银行本票存款、信用卡存款、信用卡保证金存款以及存出投资款等。

企业会在财务报表的附注中披露各个组成部分的金额。对企业的货币资金进行结构分析，主要是关注以下三点：

第一，货币资金中受限资金占比情况，例如货币资金的被冻结、被占用等，货币资金中受限资金占比越高，其流动性越差。例如乐视网2017年半年报显示，期末货币资金余额29.82亿元，但是受限资金高达21.51亿元，即虽然乐视网的账面货币资金很高，但基本都不能用，面临资金链断裂的风险。

第二，货币资金中其他货币资金的占比情况，与库存现金和银行存款相比，其他货币资金的使用用途容易受到限制，企业往往并不能随便支配，例如企业对外支付大额投资预付款、意向金、保证金等，导致货币资金被控股股东或关联方占用；或者即便没有受限，也可能是源于特殊的商业模式或者销售渠道所产生的资金，例如外币存款。

第三，货币资金和利息收入之间的匹配情况，例如货币资金产生的利息收入显著低于常见理财或银行存款利息，往往预示着企业存在着窗口粉饰（Window Dressing）行为。年末企业为了显示资金实力，货币资金虽然是真实的，却只在公司的银行账户上待过较短时间，所以利息收入才显著低于按照平均资金余额计算的应有利息。

8.2.2 现金流的结构分析

我们所讲的“有钱”是指企业经营活动产生的现金流，这也是企业进一步“用钱”的基础。如果存在着资金短缺的问题，就需要进行外部“筹钱”。企业要保证“有钱”“筹钱”“用钱”相互协调，才能实现资金使用的恰到好处。

对企业的现金流进行结构分析，就是要分析经营活动、筹资活动和投资活动三者的现金流之间相互的协调关系。处于不同生命周期的企业，其现金流量结构也有不同的特征。通过分析企业现金流量结构，有利于我们判断企业所处的生命周期，帮助价值投资者做出投资决策。企业经营活动、投资活动和筹资活动的现金流主要有以下几种组合：

第一，初创期企业（Start-up Enterprises），表现为经营活动产生的现金流量净额为负数、投资活动产生的现金流量净额为负数、筹资活动产生的现金流量净额为正数。在这个阶段，企业的"筹钱"和"用钱"占主导地位，需要筹集大量资金进行固定资产投资，形成生产能力，开拓市场。

第二，成长期企业（Growing Enterprises），表现为经营活动产生的现金流量净额为正数、投资活动产生的现金流量净额为负数、筹资活动产生的现金流量净额为正数。此时，企业生产的产品已经占领市场，销售呈现快速上升趋势，表现为经营活动中大量货币资金回笼，同时为了扩大市场份额，企业仍需要大量追加投资，而仅靠经营活动产生的现金流量净额可能无法满足所需投资，必须筹集必要的外部资金作为补充。

第三，成熟期企业（Mature Enterprises），表现为经营活动产生的现金流量净额为正数、投资活动产生的现金流量净额为正数、筹资活动产生的现金流量净额为负数。在这个阶段产品销售市场稳定，已进入投资回收期，通过经营活动产生的现金流量净额来偿还外部借款。

第四，衰退期企业（Enterprises in Recession），表现为经营活动现金流量净额为负数、投资活动产生的现金流量净额为正数、筹资活动产生的现金流量净额为负数。此时，企业的产品市场出现萎缩，产品的市场占有率下降，经营活动现金流入小于流出，同时企业为了偿还债务不得不大规模变卖资产、收回投资以弥补现金的不足。

不同生命周期的企业现金流组合特征见表8–1。

表8–1 不同生命周期企业的现金流组合特征

企业所处的生命周期	经营活动产生的现金流量净额	投资活动产生的现金流量净额	筹资活动产生的现金流量净额
初创期企业	–	–	+
成长期企业	+	–	+
成熟期企业	+	+	–
衰退期企业	–	+	–

当然，企业生命周期和现金流之间的组合也并不是完全绝对的，因为企业在生产经营过程中，无论是企业战略，还是日常业务，都是一个动态的调整过程，因此企业现金流也理应是动态变化的。例如，当企业在一个传统生产领域进入成熟期或者面临发展壁垒的时候，会想方设法开拓新的赛道，表现出在一个领域是成熟期企业的特征，而在另一个领域是初创期企业的特征。此时，企业的现金流结构就会变得较为复杂。

因此，在对企业进行现金流结构分析时，一定要结合业务或者企业战略进行分析，而不能简单地根据现金流的变化进行判断。但无论如何分析和判断，都要把握一个核心的关键点："有钱"是企业价值创造的源泉，这里所说的有钱主要是指经营活动产生的现金流量净额。经营活动产生的现金流量净额应该是正数，如为负数说明企业本期入不敷出。如果长期为负数，说明企业失去了创造价值的源泉。我国主要汽车制造企业的现金流组合特征见表8–2。

表 8-2　主要汽车制造企业的现金流组合特征（2022 年）

单位：元

股票代码	公司简称	经营活动产生的现金流量净额	投资活动产生的现金流量净额	筹资活动产生的现金流量净额
002594.SZ	比亚迪	140,837,657,000	−120,595,997,000	−19,488,683,000
601633.SH	长城汽车	12,311,254,519	−10,504,887,458	−3,132,968,026
600418.SH	江淮汽车	1,530,754,228	996,217,086	−663,048,365
600166.SH	福田汽车	869,939,506	−145,347,744	1,105,750,072
000625.SZ	长安汽车	5,666,346,859	−2,953,971,869	224,430,268
601238.SH	广汽集团	−5,348,877,783	−3,833,793,032	24,277,252,901
600006.SH	东风汽车	−290,033,753	139,587,914	625,158,194
600733.SH	北汽蓝谷	3,521,672,416	−1,532,573,629	−5,167,221,360
000550.SZ	江铃汽车	−1,518,573,952	−89,143,479	581,859,771
600213.SH	亚星客车	292,437,070	−4,132,003	−422,339,092
600686.SH	金龙汽车	−182,810,664	−1,116,061,383	−478,570,279
000957.SZ	中通客车	1,168,680,681	30,038,965	−843,536,005
600104.SH	上汽集团	9,504,540,285	−6,778,783,683	9,135,383,346
600609.SH	金杯汽车	350,368,303	−124,202,651	−427,733,478
000980.SZ	众泰汽车	218,931,398	−222,591,597	85,110,203

对于一家企业而言，合理的状态应该是经营活动"有点钱"，投资活动"用点钱"，筹资活动"融点钱"，即企业经营活动产生的现金流量净额不足以全部用于弥补投资活动的资金需求，这时候还需借助一部分外部融资。

当然，资本市场也存在着一类特殊的企业，即零杠杆企业（Zero-leverage Enterprises），从来不需要外部借款。虽然这样的企业没有还款压力和财务风险的烦恼，但是零杠杆久了，财务总监也可能会丧失基本的资本运作能力。

如果企业出现筹资活动产生的现金流量净额大于本期经营活动产生的现金流量净额时，说明企业未来的还款压力还是比较大。而且还要警惕企业投资活动的现金流出情况，是否存在着多元化扩张或者新业务的拓展。进一步，还要关注资产负债表是否会出现资金错配的问题。

当经营活动产生的现金流量净额和投资活动产生的现金流量净额都为正数，但是两者之和都小于筹资活动产生的现金流量净额时，说明企业的还款能力较差或者面临着较大的还款压力，未来出现财务风险的可能性较大。

8.3 企业的可支配资金

8.3.1 货币资金

（1）大股东具有占用资金的直接动力

虽然货币资金是企业流动性最强的资产，但企业对于货币资金的使用并不是完全自由。前面我们已经提到，货币资金往往存在着被冻结、被占用或者受限的情况，导致企业无法使用。因此，货币资金并不是企业的可自由支配资金。

实际上，公司的大股东具有占用企业货币资金的直接动力，尤其是上市公司，经常成为大股东的“提款机”。这主要是源于现代企业公司治理的金字塔控股结构，以及由此所产生的大股东和中小股东之间的委托代理问题。

我们在前面章节提到，现代企业存在着所有权和经营权的分离，导致出现管理层和股东之间的委托代理问题，这又被称为第一类委托代理问题（Type-Ⅰ Agency Problem）。大股东和中小股东之间的委托代理问题又被称为第二类委托代理问题（Type-Ⅱ Agency Problem），源于金字塔控股结构所导致的所有权和现金流权的分离。金字塔控股结构是上市公司所普遍采用的控股结构，如图8-2所示。

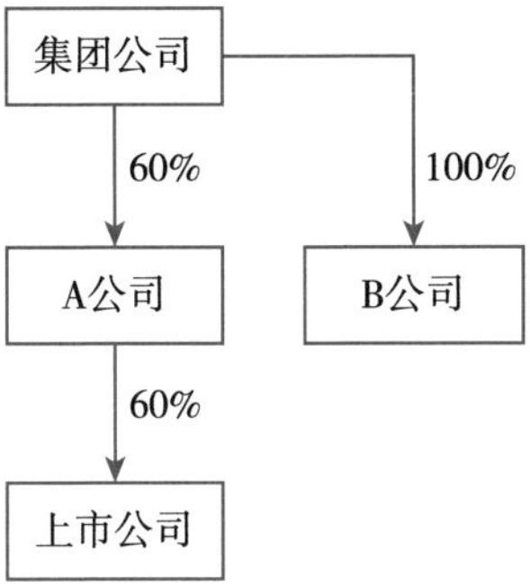

图8-2 金字塔控股结构

根据图8-2所示，某上市公司的控股公司是A公司，A公司上面有一个实际控制人，是一家集团公司。假设集团公司持有A公司60%的股份，A公司持有上市公司也是60%的股份。同时，集团公司还拥有一家100%持股公司B公司。

根据金字塔控股结构，如果上市公司分配100元的现金股利，A公司可以拿到60元。如果A公司将拿到的60元现金股利也全部分出去的话，集团公司可以拿到36元。这就是所有权和现金流权的分离，集团公司对上市公司拥有60%的所有权，但只能获得36%的现金流权。

此时，集团公司就会觉得将上市公司的100元现金分出来并不划算，它可以根据拥有的所有权控制上市公司的经营决策，将100元现金转移到自己100%持股的B公司。对于集团公司而言，这是一笔比较划算的买卖。但这一行为对于其他中小股东来说，却是利益的损失。这就是由于所有权和现金流权的分离所导致的第二类委托代理问题，即大股东和中小股东的代理问题。

（2）集团资金集中归集

接下来，我们举上市公司康得新的例子，来说明康得新的货币资金是如何被大股东占用，不能被上市公司自由使用的。上市公司康得新及其母公司之间就是典型的金字塔控股结构，康得新受到母公司康得集团的控制，康得集团还拥有大量的其他下属子公司。

母公司康得集团通过与商业银行签订集团资金管理协议，将上市公司货币资金归集到集团公司的资金池统一调度，即将所有下属子公司账户上的资金归集到指定的集团公司账户。集团资金集中归集的业务流程见图8-3。

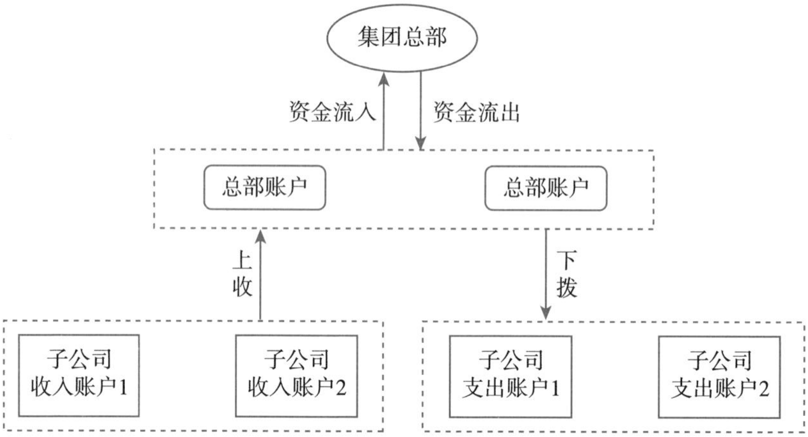

图8-3　集团资金集中归集业务流程

虽然商业银行推出的集团资金集中归集业务属于金融创新，能够帮助客户实现集团内部资金集中调度、定向支付控制、内部资金市场定价，协助企业减少资金沉淀，提升资金利用效率，为集团公司降费增利做出贡献。但我们认为这一业务也存在着一个很大的隐患，即将一个独立实体的资金挪作他用。本来子公司是一个独立的法人实体，却不是一个独立的资金实体，自己的自有资金甚至都不能独立使用。

康得集团将上市公司康得新的货币资金归集到自己的账户统筹使用，并且进行了大量的多元化投资。最后导致虽然康得新手握150亿元巨额货币资金，却无法偿还区区10亿元的到期债务。因此，我们可以看出，货币资金难以成为企业的可自由支配资金。

8.3.2 现金流

（1）持续经营假设

货币资金容易出现被占用、被挪用，或者使用受限的情况，不是企业的可支配资金。但即便完全不被占用、不被挪用、不受限制，也不是可支配资金，因为企业还要满足持续经营假设。

我们在第2章介绍财务报表编制基础时已经提到，持续经营假设认为在可以预见的将来，企业将会按当前的规模和状态继续经营下去，不会停业、也不会大规模削减业务，不会破产，也不会清算。

因此，企业经营所形成的资金首先要满足持续经营假设，比如进行必要的投资性支出，在满足这一假设的前提下如果还有剩余才算得上可自由支配。

举一个简单的例子，贵州茅台或比亚迪经过多年的经营，在资产负债表产生了大量的货币资金，这些货币资金对于两家企业来说是一笔流动性很强的资产。但是，经过持续的运营，两家企业的产品生产线也可能面临着年久失修、过度损耗等现象，需要进行必要的修理和维护。这是保证两家公司不会停业，能够正常经营下去的前提。

在资产负债表中，这一必要的修理和维护支出形成企业的固定资产。

在现金流量表中，形成购建固定资产、无形资产和其他长期资产支付的现金。除了必要的修理和维护支出外，企业还要进行扩大化再生产，即企业在经营过程中，要不定时地进行“修补+添新”，“修补”是为了满足持续经营假设，“添新”是为了满足再投资的需要。

（2）现金流也不是可支配资金

既然货币资金不是企业可自由支配资金，那么经营活动产生的现金流是否为可自由支配资金？答案也是否定的，因为经营活动产生的现金流量净额还需要满足持续经营假设下的各项支出。

当然，投资活动和筹资活动产生的现金流更不是可自由支配的了。当企业投资活动的现金流入量大于流出量时，投资活动现金流量净额为正，这一行为往往是由于企业收回投资或变卖资产。变卖资产所收到的现金流量净额是否可自由支配？答案依然是否定的。正常情况下，企业的投资活动现金流量净额都是负值，那何时会出现正值呢？企业为何要变卖资产呢？当上述情形出现时，说明企业通常面临着破产清算或债务重组，何谈持续经营。

对于企业筹资活动产生的现金流，也并非可自由支配资金。因为当企业进行外源性融资时，也会存在一些约束性条款，尤其是债权融资，一方面受到还款时间和还款条件的约束，另一方面债权人会要求企业指定资金使用用途，投向特定的领域。这些都有可能导致筹资活动产生的现金流使用受限。

通过上述分析，我们发现一个有趣的现象，资产负债表的货币资金并非可自由支配资金，现金流量表中的经营活动、投资活动和筹资活动产生的现金流量净额也都并非是可自由支配资金，利润表反映的利润更不是可自由支配资金。那么，究竟哪类现金才是企业真正的可自由支配资金呢？

8.3.3 自由现金流

（1）什么是自由现金流？

自由现金流量（Free Cash Flow，FCF）是企业产生的，在满足了"修补类+添新类"的投资需求之后剩余的现金流量，这部分现金流量是在不影响公司持续发展的前提下可供分配给企业资本供应者的最大现金额。因此，自由现金流是可以分配给股东和债权人的现金流，而且这种分配不会影响到企业的持续经营。

自由现金流不仅仅是企业"有钱"的最直观体现，它还是企业价值评估时最常用的估值指标。同等条件下，企业的自由现金流量越大，它的价值也就越高。许多投资者把公司产生自由现金流的能力摆在考察指标的第一位。往往会计方法的轻微变动就会引起收益的变动，从而造成不同时间或不同公司间的利润不可比。实际的自由现金流可以克服这一不足。自由现金流主要有以下几个方面的作用：

第一，评估企业经营风险。自由现金流是真正属于企业的可支配资金，可用于支付债务利息、偿还本金、给股东进行现金分红。如果一家企业自由现金流与账面货币资金的差额巨大，甚至自由现金流常年为负，则说明该公司偿债能力差，很可能面临较大的经营风险。

第二，识别财务舞弊行为。自由现金流是基于收付实现制确定的，相较于利润，它不受大部分报表粉饰行为的影响，从而更真实地反映公司情况。如果一家公司的自由现金流量与利润长期不匹配，则其利润质量较差，盈利的真实性存疑。

第三，考量企业真实投资价值。一般来说，企业的自由现金流越充沛，表示其获取现金的能力越强，从而越具有投资价值；而一家企业如果长期无法创造自由现金流，则很可能是不值得投资的公司。

（2）自由现金流的计算

自由现金流该如何测算？根据定义，公司所产生的现金流量在扣除库存、厂房设备等资产所需的投入及缴纳税金后，剩余现金流量就是自由现金流量。自由现金流的计算公式如下：

自由现金流量＝经营活动产生的现金流量净额－资本性支出
＝经营活动产生的现金流量净额－（购建固定、无形和其他长期资产支付的现金－处置固定、无形和其他长期资产所收回的现金净额）

因此，自由现金流可以分解为经营活动产生的现金流量净额和资本性支出两部分，二者都可以通过企业的现金流量表获取。资本性支出等于企业购建固定资产、无形资产和其他长期资产支付的现金，与处置固定资产、无形资产和其他长期资产收回的现金净额之差。

一般而言，经营活动产生的现金流量净额会对企业的自由现金流产生正向影响，而资本性支出的增加和资产购买等投资行为则会给企业的自由现金流带来负向影响。其中，购建固定资产、无形资产和其他长期资产支付的现金的增加和处置固定资产、无形资产和其他长期资产收回的现金净额的减少则会进一步导致企业资本性支出的增加。

自由现金流量又可分为企业股权自由现金流量和企业债权自由现金流量，即自由现金流＝股权自由现金流＋债权自由现金流。股权自由现金流是指扣除所有开支、税收支付、投资需要以及还本付息支出之后的剩余现金流量。债权自由现金流是指企业层面的自由现金流减去股权自由现金流。

（3）自由现金流的应用举例

根据康得新2014—2018年的财务数据，我们得出公司的自由现金流指标，见表8-3。公司的自由现金流在2015年、2016年、2017年和2018年均为负，并于2018年达到历史最低点－41.07亿元。

表 8-3　　康得新的自由现金流计算（2014—2018 年）

单位：元

	2014年	2015年	2016年	2017年	2018年
经营活动产生的现金流量净额	429,685,348	−1,407,988,681	−3,099,038,403	−462,717,225	−3,409,483,384
购建固定、无形和其他长期资产支付的现金	267,991,735	214,623,447	379,229,538	334,964,325	700,161,049
处置固定资产、无形资产和其他长期资产收回的现金净额	60,175	19,700	1,740,759	400,745	3,015,900
自由现金流	161,753,789	−1,622,592,429	−3,476,527,182	−797,280,805	−4,106,628,533

这是因为除了2014年外，康得新在2015—2018年经营活动产生的现金流量净额都是负数，且在此期间，公司逐年进行了大量的资本性支出，高额的资金投入导致公司自由现金流常年为负。但这也说明公司的资本性支出过大，在投资后经营欠佳，无法利用过往的投资赚取更多的现金流入。

换而言之，公司的自由现金流常年为负，说明公司很少能够分配资金给投资者，并且也揭示出了其经营模式存在的问题，即过度的多元化扩张带来的较差的偿债能力和较高的经营风险。因此，如果能够在考察公司业务状况时考虑到其自由现金流的情况，可以帮助投资者判断企业的资金来源与去向，评估企业的投资价值。

8.4　自由现金流的优化调整

8.4.1　自由现金流的优化思路

企业的自由现金流量会随着资本性支出的增加而减少，所以尽管这些资本性支出是能够创造价值的，但大量的投资会使自由现金流量变为负数，从而错杀很多有前途的公司。因此在自由现金流的计算中，将资本性支出全部作为价值的减少来看待是有问题的。

自由现金流虽然比货币资金、营运资金等指标能更真实地反映企业的可支配资金，但在现有计算方式下，如果一家企业项目投资所支付的现金大于从经营活动中所获得的现金，这项投资所产生的自由现金流就是负数。即便这项投资能够带来正的净现值，自由现金流也是减少的，此时的项目投资被当成了一件有损企业价值的事情，导致一些优质企业的自由现金流出现负数，并不能真实反映此类企业的持续经营能力。

因此，根据前面的划分，我们可以将资本性支出划分为两类，一类是“修补类”投资，另一类是“添新类”投资。在计算自由现金流时，“修补类”投资是一定要扣减的，此类投资与企业的持续经营能力紧密相关。

但是，“添新类”投资要不要扣减，要根据不同企业的类型区别判断。我们可以坚持“产品市场空间足够大”的原则进行判断，因为“企业经营中的所有关键问题都可以理解成产品销售的问题”。

第一，对于高速成长期的、产品市场空间足够大的企业，在计算自由现金流时，我们只需把“修补类”投资视为当年的自由现金流扣减项，而不应扣减“添新类”投资，因为这类资本支出在未来能够为企业带来更多的现金流入。

第二，对于产量稳定、不再扩张的企业而言，资本性支出绝大多数用于维持现有水平，可以将“修补类”和“添新类”投资全额扣除，并不会导致与实际存在过大偏差。

第三，对于横向多元化企业而言，往往没有足够的资金支持，产业协同性差，可以考虑将“修补类”和“添新类”投资全额扣除。

8.4.2 自由现金流的优化应用

（1）优化后的自由现金流计算公式

在计算优化后的自由现金流时，对于“修补类”投资，我们可以采用固定资产折旧、无形资产摊销、长期待摊费用摊销，以及处置固定资产、无形资产和其他长期资产的损失等来衡量。因此，对于满足“产品市场空间足够大”的企业，优化后的自由现金流计算公式如下：

优化自由现金流＝经营活动产生的现金流量净额－“修补类”投资

其中，“修补类”投资＝固定资产折旧＋无形资产摊销＋长期待摊费用摊销＋处置长期资产的损失＋固定资产报废损失；当然，如果想要计算“添新类”投资，用全部的资本性支出减掉“修补类”投资即可。

（2）优化后的自由现金流应用举例

我们仍然以新能源汽车企业比亚迪为例，来说明优化后的自由现金流的应用。我们优化的一个原则就是看这家企业是否“产品市场空间足够大”。我们来看看比亚迪近两年新能源汽车的销售情况，2021年比亚迪新能源汽车销量创下新高，全年共计销售了730,093辆，相比2020年增长了75.4%。2022年更是大幅增加，比亚迪新能源汽车累计销量突破186万辆，荣膺全球新能源汽车销量冠军。

因此，我们认为比亚迪符合“产品市场空间足够大”的标准，可以采用优化后的指标计算比亚迪的自由现金流，计算过程见表8-4。

表 8–4　比亚迪优化前后的自由现金流计算（2018—2022 年）

单位：元

		2018 年	2019 年	2020 年	2021 年	2022 年
摘自企业财务报表	经营活动产生的现金流量净额（1）	12,522,909,000	14,741,007,000	45,392,668,000	65,466,682,000	140,837,657,000
	购建固定资产、无形资产和其他长期资产支付的现金（2）	17,842,390,000	20,627,160,000	11,774,094,000	37,343,609,000	97,456,862,000
	处置固定资产、无形资产和其他长期资产收回的现金净额（3）	3,936,074,000	413,119,000	258,977,000	826,389,000	268,237,000
	固定资产折旧（4）	7,589,338,000	8,104,315,000	9,242,103,000	10,877,352,000	14,602,466,000
	无形资产摊销（5）	1,809,347,000	1,476,948,000	3,073,097,000	2,928,244,000	5,099,231,000
	长期待摊费用摊销（6）	25,970,000	42,508,000	30,821,000	27,283,000	81,586,000
	处置固定资产、无形资产和其他长期资产的损失（7）	18,526,000	99,754,000	375,662,000	112,802,000	876,123,000
	固定资产报废损失（8）					
详细计算过程	“修补类”投资（9）=（4）+（5）+（6）+（7）+（8）	9,443,181,000	9,723,525,000	12,721,683,000	13,945,681,000	20,659,406,000
	传统自由现金流（10）=（1）–（2）+（3）	–1,383,407,000	–5,473,034,000	33,877,551,000	28,949,462,000	43,649,032,000
	优化自由现金流（11）=（1）–（9）	3,079,728,000	5,017,482,000	32,670,985,000	51,521,001,000	120,178,251,000

由表8-4可以看出，在优化前，比亚迪2018年和2019年的自由现金流均为负值，而优化后变为正值。在优化后，比亚迪的自由现金流普遍升高，其中2021年和2022两年提升幅度更大，2021年的自由现金流提升了近1倍，而2022年提升了近2倍之多。

优化后的自由现金流普遍高于传统指标，新的计算方法所反映的比亚迪企业价值得到了提升。在优化后，比亚迪2018年和2019年自由现金流由负转正，更好地刻画了公司的现金流状况，符合其盈利且未来发展空间较大的特点。比亚迪优化前后的自由现金流变动情况见图8-4。由变动趋势可以看出，在优化后，比亚迪的自由现金流得到了大幅提升。

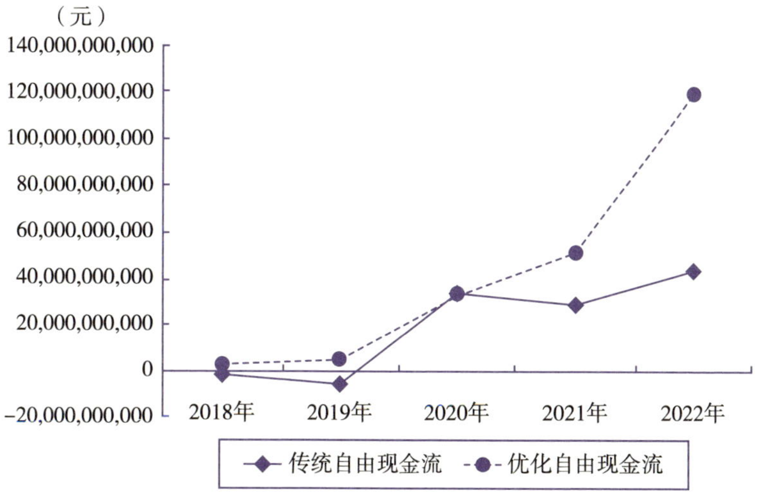

图8-4 比亚迪优化前后的自由现金流变动趋势

第 9 章 / Chapter Nine

“挣钱”和“有钱”的匹配分析

9.1 “挣钱”和“有钱”的关系

“挣钱”衡量企业在生产经营过程中产生的净利润，“有钱”衡量的是产生的现金流。“挣钱”和“有钱”产生不一致的原因，可以通过间接法下编制的现金流量表，即现金流量表补充资料加以说明。

在间接法下，我们以净利润为起点，将净利润调节为经营活动产生的现金流量净额，实际上就是将在权责发生制原则下确定的净利润，调整为收付实现制下的现金流的过程。间接法下编制的现金流量表见表9-1。

表 9-1　间接法下编制的现金流量表

补充资料	本期金额	上期金额
将净利润调节为经营活动现金流量：		
净利润		
加：资产减值准备		
固定资产折旧、油气资产折耗、生产性生物资产折旧		
无形资产摊销		
长期待摊费用摊销		

续表

补充资料	本期金额	上期金额
处置固定资产、无形资产和其他长期资产的损失（收益以"–"号填列）		
固定资产报废损失（收益以"–"号填列）		
公允价值变动损失（收益以"–"号填列）		
财务费用（收益以"–"号填列）		
投资损失（收益以"–"号填列）		
递延所得税资产减少（增加以"–"号填列）		
递延所得税负债增加（减少以"–"号填列）		
存货的减少（增加以"–"号填列）		
经营性应收项目的减少（增加以"–"号填列）		
经营性应付项目的增加（减少以"–"号填列）		
其他		
经营活动产生的现金流量净额		

具体调整方法可用公式表示如下：

$$\begin{aligned}\text{经营活动产生的现金流量净额} = {} & \text{净利润} + \text{实际没有支付现金的费用} - \text{实际没有收到现金的收益} \\ & + \text{不涉及经营活动的费用} - \text{不涉及经营活动的收益} + \text{与经营活动有关的、非现金流动资产的减少数} \\ & + \text{与经营活动有关的流动负债的增加数}\end{aligned}$$

上述公式可以进一步简化为我们在第2章中提到的第三大会计恒等式，即"净利润=现金流+应计项"。导致"挣钱"和"有钱"不一致的原因就是那些应计项，主要有以下几个方面：

第一，没有支付现金的费用，包括：计提的资产减值准备；计提的固定资产折旧、油气资产折耗、生产性生物资产折旧；无形资产的摊销、长期待摊费用的摊销；递延所得税资产的减少或递延所得税负债的增加。

第二，没有收到现金的收益，包括：冲销已计提的资产减值准备；

递延所得税资产的增加或递延所得税负债的减少；等等。

第三，不涉及经营活动的费用，包括：投资损失；财务费用；非流动资产处置损失；固定资产报废损失以及与投资性房地产、生产性生物资产有关的公允价值变动损失；等等。

第四，不涉及经营活动的收益，包括：投资收益；财务收益；非流动资产处置收益；固定资产报废收益以及与投资性房地产、生产性生物资产有关的公允价值变动收益；等等。

第五，与经营活动有关的、非现金流动资产和流动负债项目，是指存货、应收账款等经营性应收项目、应付账款等经营性应付项目的增加（减少）。

9.2 净利润与现金流的匹配

9.2.1 二者的匹配类型

根据现金流量表间接法的编制原理，即第三大会计恒等式“净利润=现金流+应计项”，企业利润由两部分组成：带来现金的利润和不带来现金的利润。从这个等式关系可见，应计项和现金流的变动都会导致企业利润呈现不同的结果。

所以，结合现金流与净利润的匹配程度对企业进行财务分析，往往会得到更接近于企业真实经营状况的判断。以下列出了利润与现金流的三种常见匹配关系：

第一，利润远大于现金流。处于该种状态的企业往往存在着收入以应收而未收居多、权益性投资收益多、筹资活动的还本付息不匹配等情况，并且企业的利润通常没有足够的现金流量作为支撑，此时企业的巨额利润往往会沦为纸上富贵。在这种情况下，利润表中的利润状况不一定能真实反映企业的盈利能力，与现金流量表进行对比分析后，往往可以发现企业存在着大量应计项目，在一定程度上有着避免亏损的利润操纵动机。

第二，利润与现金流接近。在这种匹配状态时，企业利润中应计项目所占金额较少，企业进行盈余管理或盈余操纵的可能性较低，在一定程度上可以说，此时企业净利润的质量较高。同时，利润表与现金流量表可以相互印证，使得企业会计信息的可靠性和相关性增强，信息使用者可以对企业的经营状况和盈利能力做出较准确的判断。

第三，利润远小于现金流。一般观点认为，利润大于现金流的状况及在这种状况背后可能隐藏的企业利润操纵动机较值得关注。但是，利润作为企业现金流的基础来源，在利润保持在一定的水平之下时，现金流却呈现高于利润的状态同样值得思考。在这种情况下，企业的利润保持在一定的水平，而企业经营活动产生的现金流量净额高于利润并呈现持续上升趋势，说明企业的经营活动虽然带来了现金流，但是这些现金流很可能来源于对上游供应商或下游客户的资金占用。

9.2.2 不匹配产生的原因

由第三大会计恒等式“净利润＝现金流＋应计项”，我们知道如果企业出现利润和现金流的不匹配，是由“应计项”带来的，应计项越大，利润和现金流的不匹配程度越高。

企业的应计项主要有：资产减值准备，信用减值损失，固定资产折旧、油气资产折耗、生产性生物资产折旧，使用权资产折旧，无形资产摊销，投资性房地产折旧，长期待摊费用摊销，处置固定资产、无形资产和其他长期资产的损失，公允价值变动损失，财务费用，投资损失，递延所得税资产，递延所得税负债，存货的变化，经营性应收和应付项目的变化等。

因此，导致利润与现金流不匹配的原因主要有三个方面：收到非现金收入、支出非付现成本和发生非收付现损益。具体内容如下：

第一，收到非现金收入。根据《企业会计准则第14号——收入》规定，企业销售商品收入需要同时满足下列条件的，才能予以确认：企业已将商品所有权上的主要风险和报酬转移给购货方；企业既没有保留通常与所有权相联系的继续管理权，也没有对已售出的商品实施有效控制；收入的金额能够可靠地计量；相关的经济利益很可能流入企业；相关的已发生或将发生的成本能够可靠地计量。反映企业收到非现金收入的科目有应收账款、应收票据、其他应收款等。

第二，支出非付现成本。根据《企业会计准则——基本准则》，与支出非付现成本有关的内容涉及：第三十四条，费用只有在经济利益很可能流出从而导致企业资产减少或者负债增加，且经济利益的流出额能够可靠计量时才能予以确认。第三十五条，企业为生产产品、提供劳务等发生的可归属于产品成本、劳务成本等的费用，应当在确认产品销售收入、劳务收入等时，将已销售产品、已提供劳务的成本等计入当期损益。企业发生的支出不产生经济利益的，或者即使能够产生经济利益但不符合或者不再符合资产确认条件的，应当在发生时确认为费用，计入当期损益。企业发生的交易或者事项导致其承担了一项负债而又不确认为一项资产的，应当在发生时确认为费用，计入当期损益。反映企业支出非付现成本的科目有固定资产折旧、无形资产摊销、长期待摊费用等。

第三，发生非收付现损益。根据《企业会计准则——基本准则》，与非收付现损益有关的重要内容涉及：第三十八条，直接计入当期利润的利得和损失，是指应当计入当期损益、会导致所有者权益发生增减变动的、与所有者投入资本或者向所有者分配利润无关的利得或者损失。第三十九条，利润金额取决于收入和费用、直接计入当期利润的利得和损失金额的计量。反映企业产生的非收付现损益的科目有公允价值变动收益、投资收益等。

9.2.3 第三大会计恒等式的应用

（1）利润和现金流不匹配的表现

我们仍然以乐视网为例，来说明利润和现金流的匹配关系，及第三大会计恒等式的应用。在2016年爆发供应链危机之前，乐视网号称构建了“平台+内容+应用+终端”的生态模式，涵盖云计算、体育赛事、智能手机、汽车等领域，快速扩张了内容生态、手机生态、汽车生态、体育生态、互联网及云生态及互联网金融生态，进而形成了七大子生态并立的乐视生态。乐视网构建的生态结构见图9-1。

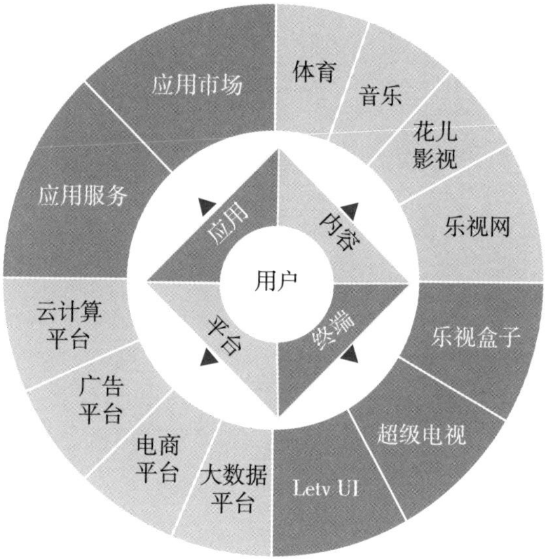

图9-1　乐视网的生态结构

在我们看来，这种生态模式就是横向多元化扩张，需要大量的资金支持。但乐视网并没有发挥各个子生态之间的协同效应，反而互相牵制、互相拖累。我们可以从利润和现金流的匹配关系来分析这一影响。乐视网2012—2016年的现金流量表补充资料见表9-2。

表 9-2 乐视网的现金流量表补充资料（2012—2016年）

单位：元

科目	2012年	2013年	2014年	2015年	2016年
补充资料：					
净利润	189,965,814	232,380,751	128,796,561	217,116,826	−221,892,632
加：资产减值准备	6,904,765	27,769,540	53,689,255	120,153,303	351,968,232
固定资产折旧、油气资产折耗、生产性生物资产折旧	47,893,619	38,929,442	46,692,204	113,574,966	209,272,104
无形资产摊销	381,190,903	587,085,449	1,032,639,065	1,526,123,746	2,071,436,289
长期待摊费用摊销			317,023	943,669	678,802
待摊费用减少					
预提费用增加					
处置固定资产、无形资产和其他长期资产的损失				37,634,807	35,423,474
固定资产报废损失		1,167			
公允价值变动损失					
财务费用	58,480,325	114,181,126	151,285,870	284,322,482	550,138,357
投资损失		1,355,139	−5,038	−78,749,438	−36,637,103
递延所得税资产减少	−632,732	−24,376,444	−169,126,785	−311,032,872	−256,091,968
递延所得税负债增加				6,489,862	−3,452,009
存货的减少	−21,371,696	−123,162,887	−471,152,318	−403,711,271	167,064,615
经营性应收项目的减少	−774,187,166	−978,264,761	−1,602,441,440	−4,226,975,861	−4,806,681,102
经营性应付项目的增加	210,918,388	271,839,256	994,837,303	3,555,649,118	734,982,837
其他	7,037,700	28,113,618	68,651,034	34,162,539	135,729,334
经营活动产生的现金流量净额	106,199,921	175,851,397	234,182,734	875,701,876	−1,068,060,769

根据第三大会计恒等式：净利润=现金流+应计项，我们可以看出应计项越大，代表利润和现金流的不匹配程度越高，利润的质量越差。据此，我们绘制乐视网的利润和现金流的匹配关系图，见图9-2。

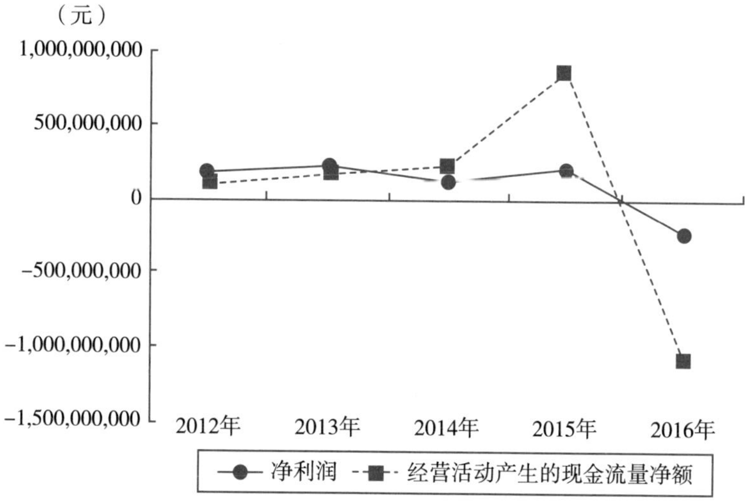

图9-2 乐视网的利润和现金流匹配关系

由图9-2可以看出，在2012年至2014年，乐视网的净利润与经营活动产生的现金流量净额较为匹配，获现率指标保持在接近1的水平。然而，在2015年及之后，伴随着乐视网的生态扩张，净利润和经营活动产生的现金流量净额变得不匹配了，表现为在2015年，乐视网的净利润仅增长了68%，但经营活动产生的现金流量净额却暴增了274%，导致净利润明显小于现金流。这些现金流主要来自对上游供应商或下游客户的资金占用，这为其2016年爆发供应链危机埋下了伏笔。

在2016年，乐视网的净利润和现金流出现了暴跌，甚至变为负值，现金流远小于净利润。这主要是因为乐视网过于自信于多元化战略，资金并没有投入到高盈利的产业中，反而出现大量的业务亏损，而且亏损的业务还占用了大量现金流。这不仅增加了应收账款回款风险，还导致资金成本上升，压缩了利润空间，最终导致了资金链的断裂。

（2）利润和现金流不匹配的财务指标解读

根据第三大会计恒等式，我们知道利润和现金流的不匹配是由于应计项目带来的，应计越大，利润和现金流不匹配程度越高。我们可以将应计项目进一步划分为下面三种类型：

第一，日常经营类。日常经营类项目包括存货，应收、应付项目，财务费用等。其中，存货是企业日常经营中所形成的原材料、半成品、产成品、低值易耗品等。应收项目主要是企业向客户进行赊销所形成的，客户凭借企业授予的商业信用暂未付款的项目。应付项目是由于企业自身利用商业信用向供应商进行赊购，相当于为企业提供了无息的流动资金。财务费用主要是应付的借款利息费用。在现金流量表补充资料中，应收应付项目表现为存货的减少、财务费用、经营性应收项目的减少和经营性应付项目的增加等科目。

第二，折旧摊销类。折旧摊销类项目指的是按照系统合理的方法进行折旧，或者按照对应摊销金额进行摊销，主要包括固定资产折旧、无形资产摊销等。企业应当自固定资产或无形资产可供使用起至不再作为资产确认时，对固定资产或无形资产按照相关规定进行折旧或摊销。其中，固定资产或无形资产的应摊销金额为其成本扣除预计残值后的金额。已计提减值准备的固定资产或无形资产，还应扣除已计提的减值准备累计金额。在现金流量表补充资料中，折旧摊销项目表现为固定资产折旧、油气资产折耗、生产性生物资产折旧，无形资产摊销、长期待摊费用摊销等科目。

第三，非经常性损益类。非经常性损益项目是指企业发生的与经营业务无直接关系，以及虽与经营业务相关，但由于其性质、金额或发生频率影响了企业真实公允地反映正常盈利能力的各项收入、支出。在现金流量表补充资料中，非经常性损益项目表现为处置固定资产、无形资产和其他长期资产的损失，固定资产报废损失、公允价值变动损失、投资损失等科目。

我们可以将上述导致利润和现金流不匹配的三大类因素进行指标化，采用"金额大""占比高""变化大"等判断标准，选择合适的科目，进行比率分析和趋势分析。

结合乐视网的案例，根据其现金流量表补充资料，我们可以计算或构建相关指标，来考察利润和现金流不匹配的指标表现。根据表 9–2 我们看到，存货、经营性应收和应付项目、无形资产摊销等项目的金额较大。因此，我们构建的相关指标主要包括存货周转率，关联应收款项与销售商品、提供劳务收到的现金之比，经营性应付增量占比，无形资产摊销占比等。

其中，存货周转率等于营业成本与存货余额之比，关联应收款项与销售商品、提供劳务收到的现金之比等于关联方交易的应收款项除以销售商品、提供劳务收到的现金，经营性应付增量占比等于经营性应付项目的增加除以应付账款、应付票据、预收款项和其他应付款之和，无形资产摊销占比等于本期无形资产摊销额除以本期无形资产。乐视网近几年相关指标的变化情况见表 9–3。

表 9–3　乐视网相关指标的变化情况（2012—2016 年）

指标	2012 年	2013 年	2014 年	2015 年	2016 年
存货周转率	42.83	19.26	13.24	11.87	17.49
关联应收款项与销售商品、提供劳务收到的现金之比	0.00004	0.00010	0.01015	0.39828	9.35014
经营性应付增量占比	0.04	0.05	0.50	4.13	2.06
无形资产摊销占比	0.22	0.22	0.31	0.31	0.30

由表 9–3 可以看出，存货周转率整体呈下降趋势，表明乐视网在管

理存货方面存在问题，导致存货占用资金的时间较长，影响了现金流的匹配性。在关联应收款项与销售商品、提供劳务收到的现金之比方面，2015年和2016年突然增高的数据表明，应收款项远远高于实际现金收入，尤其是2016年，意味着公司对关联方存在重大依赖，且资金占用问题严重，导致现金流不匹配。

在经营性应付增量占比方面，2015年和2016年占比暴涨，尤其是2015年，意味着公司可能过度依赖供应商的商业信用，采取了大量的赊购方式，增加了负债，而没有足够的现金来支付应付款项。在无形资产摊销占比方面，可以发现乐视网2014—2016年占比均较高，表明公司正在将较大的无形资产成本分摊到每个会计期间，会导致每期的费用增加，从而降低净利润。由于乐视网对主要无形资产——影视版权采取直线摊销法而不是其他公司常用的减值测试法，导致后期摊销压力过大，降低了净利润，从而产生利润和现金流的不匹配。

综上所述，我们发现上述这些指标可以准确地反映利润和现金流不匹配的问题，具体而言，由于存货周转率降低，关联应收款项与销售商品、提供劳务收到的现金之比提高，经营性应付增量占比提高，无形资产摊销占比提高，导致乐视网出现了利润和现金流的不匹配。

9.3 现金流与自由现金流的匹配

9.3.1 匹配的表现形式

根据匹配分析方法，两个指标相互匹配并不是指完全相等，而是走势一致，即变动趋势和方向一致。接下来，我们采用匹配分析方法，来分析现金流，即经营活动产生的现金流量净额与自由现金流之间的匹配关系。我们希望经营活动产生的现金流量净额与自由现金流的走势一致，如果出现二者的变动趋势和方向不一致，我们就可以进行重点关注，并分析不一致产生的原因。

根据第8章介绍的自由现金流的计算公式，自由现金流量=经营活动产生的现金流量净额-资本性支出=经营活动产生的现金流量净额-（购建固定、无形和其他长期资产支付的现金-处置固定、无形和其他长期资产收到的现金净额），我们将经营活动产生的现金流量净额与自由现金流量之间的匹配类型也分成三种情况：

第一，现金流远大于自由现金流。这种情况表明，虽然企业经营活动产生的现金流量净额很大，但是公司选择将其中的一部分投入到资本性支出。其中，资本性支出包含为购建固定、无形和其他长期资产支付的现金以及处置固定资产、无形资产和其他长期资产收回的现金。对此，我们可以掌握公司当前的发展战略，即通过加大资本性支出的投资行为，实施增长的公司战略，意图扩展业务和市场。通过减少当前期间的自由现金流，来赚取未来期间更多的现金流，进而实现公司的长远发展。但要特别警惕那种自由现金流持续为负的企业，它们实施的扩张战略可能长期入不敷出，反而阻碍公司的发展。

第二，现金流与自由现金流接近。在这种情况下，公司几乎没有将其经营活动产生的现金流量净额用于投资。可见，公司目前采用的战略以稳定战略为主，并不会产生较大金额的投资行为。在业务层面，表现为对既有业务的维持，而很少有新业务的拓展。于是，公司经营活动产生的现金流量净额几乎都转化为了当期的自由现金流量，换而言之，都转化为了可以分配给股东和债权人的现金流。虽然此类公司能够维持持续经营，抗风险能力较强，但在面临外部环境的变化或者激烈竞争中，应变能力可能不足。所以说，现金流与自由现金流十分接近并不像现金流与利润接近那样，表现出一种好的状态。

第三，现金流远低于自由现金流。这说明公司在当期的资本性支出为负值，给自由现金流量带来了正向影响。资本性支出等于购建固定、无形和其他长期资产支付的现金和处置固定、无形和其他长期资产支付的现金净额之差。如果现金流远低于自由现金流，表明购建固定、无形和其他长期资产支付的现金和处置固定、无形和其他长期资产收到的现金之差为负，这往往代表资产规模的压缩，企业在收缩产能。对于处于正常生产经营状态的企业而言，以牺牲未来的获利能力而得来的自由现金流并不值得提倡。

（1）康得新的案例解读

康得新作为新材料领域的龙头企业，近年来推行了大量的多元化投资，在预涂膜、光学膜、碳纤维等项目中投入了大量资金，形成了横跨医疗、消费、交通、新能源等多个领域，甚至是全产业链、全系列的大型企业集团。康得新的产业布局见图9-3。

图9-3　康得新的产业布局

大量的项目投资占用了康得新巨额资金，导致其自由现金流长期持续为负，我们已经在第8章中的案例讲解中有所提及。接下来，我们绘制康得新的现金流与自由现金流的匹配关系图，见图9-4。

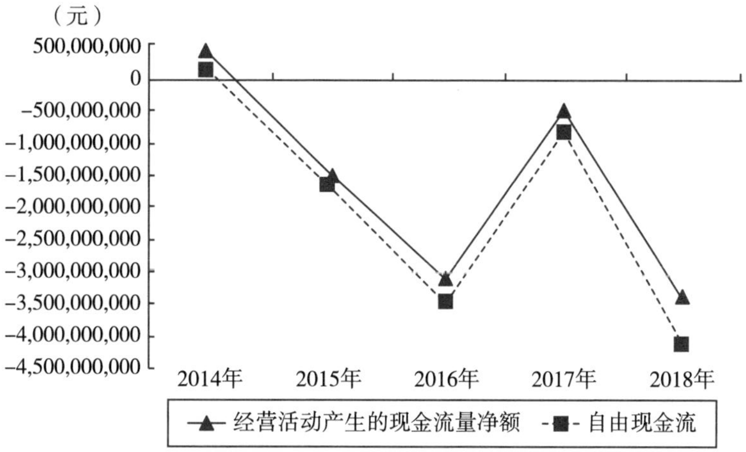

图9-4　康得新的现金流和自由现金流匹配关系

由图9-4可以看出，虽然康得新的现金流和自由现金流之间呈现大致匹配的走势，但二者常年持续为负，表现为除了2014年之外，康得新经营活动产生的现金流量净额和自由现金流均小于零。表明康得新虽然进行了大量的资本性支出，但公司的造血能力堪忧。

2018年，公司经营活动产生的现金流量净额与自由现金流出现小幅背离，表明即使康得新的造血能力较差，但在2018年仍然扩大了资本性支出，从而不可避免地出现了后续的财务危机。

（2）比亚迪的案例解读

我们以新能源汽车企业比亚迪为例，来说明现金流与自由现金流之间的关系。近年来，比亚迪进行了大量的资本性投资，同时也产生了大量的现金流。我们分别计算经营活动产生的现金流量净额和自由现金流，并绘制该公司的现金流与修正前后的自由现金流的匹配关系图，见图9-5。

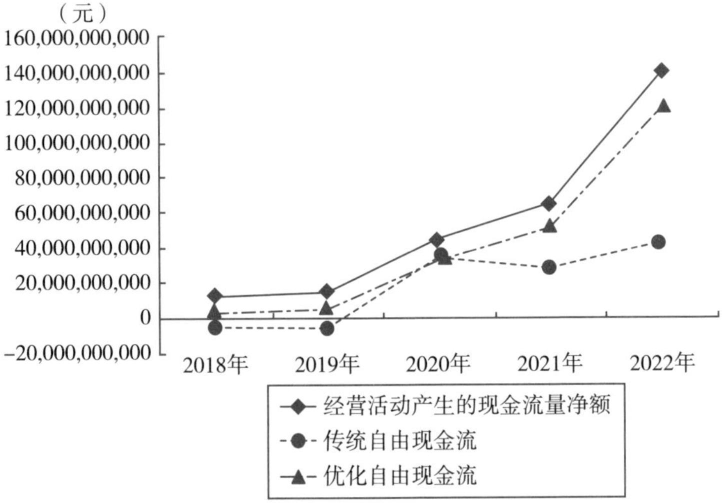

图9-5　比亚迪的现金流和自由现金流匹配关系

由图9-5可以看出，2018—2022年，比亚迪经营活动产生的现金流量净额持续为正，且呈现逐渐增加趋势。虽然在优化前，比亚迪的自由现金流在2018年和2019年出现负值，但优化后，其自由现金流均为正值，而且呈现逐年持续增长的态势。

比亚迪经营活动产生的现金流量净额和自由现金流由优化前的不匹配状态，转化为优化后的匹配状态，而且是持续增加的正向匹配，表明近几年比亚迪投资产生现金流的能力在增强。

除了上述分析之外，我们还可以计算现金流的可自由支配率指标，用于衡量企业现金流的可自由支配情况。指标计算如下：

$$可自由支配率=\frac{自由现金流}{经营活动产生的现金流量净额}$$

这一指标越大，代表企业现金流中的自由现金流含量越高，企业现金流的可自由支配程度越高。自由现金流的计算可以用传统自由现金流，也可以用优化自由现金流。

9.3.2 不匹配产生的原因

可以看出，对于大多数公司而言，经常会出现经营活动产生的现金流量净额和自由现金流之间的不匹配。我们可以通过对自由现金流指标进行分解，来查看二者之间不匹配的原因。

根据自由现金流的计算公式，即自由现金流量=经营活动产生的现金流量净额-资本性支出，可知二者的不匹配往往是由公司的投资行为所造成的。根据第8章，我们将投资划分为"修补类"投资和"添新类"投资。

考虑到自由现金流量是满足了"修补+添新"类投资需求之后剩余的现金流量，所以现金流和自由现金流量之间的不匹配往往是由"修补+添新"类的投资引起的。更具体地，"修补类"投资包含固定资产折旧、无形资产摊销、长期待摊费用摊销，处置固定资产、无形资产和其他长期资产的损失等。"添新类"投资是全部的资本性支出减掉"修补类"投资。

（1）康得新的案例解读

我们以康得新为例，对其自由现金流指标进行分解，来分析该公司经营活动产生的现金流量净额和自由现金流不匹配的原因。康得新的自由现金流的分解见图9-6。

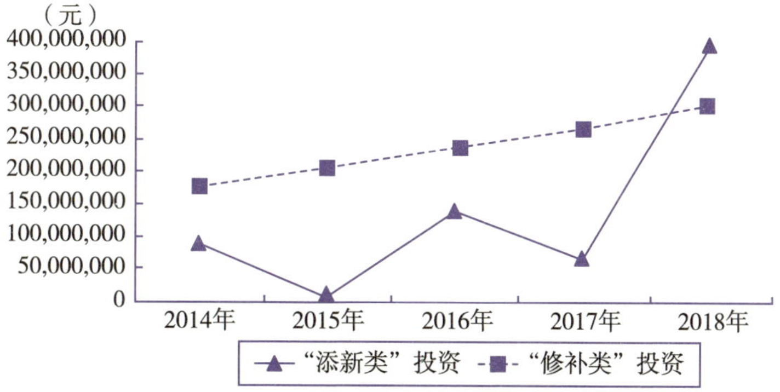

图9-6 康得新的自由现金流分解情况

可以看出，康得新的“修补类”投资变动幅度较为平稳，而“添新类”投资呈现出整体上升趋势。2018年，康得新的“添新类”投资大幅度增加，导致其经营活动产生的现金流量净额和自由现金流出现了背离。

（2）比亚迪的案例解读

以比亚迪为例，我们采用同样的方法对其自由现金流进行分解，从而解释其经营活动产生的现金流量净额和自由现金流之间的不匹配情况，见图9-7。

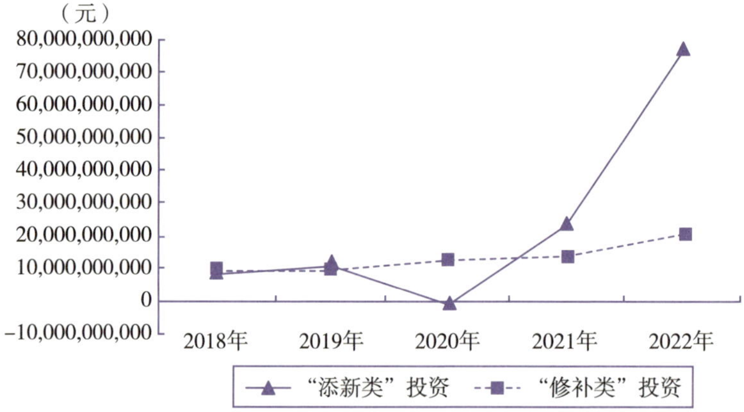

图9-7 比亚迪的自由现金流分解情况

可以看出，比亚迪的“添新类”投资在2021年和2022年发生的变动较大。2021年，比亚迪“添新类”投资同比增长了243.46亿元，2022年同比增长了534亿元，这些变动就促成了自由现金流和经营活动产生的现金流量净额之间的背离。

因此，如果我们采用传统的自由现金流指标计算，会发现在用经营活动产生的现金流量净额减去全部的资本性支出后，会明显拉低比亚迪的自由现金流。而采用经营活动产生的现金流量净额减去“修补类”投资，可以对比亚迪的自由现金流指标进行修正。相对于“添新类”投资，比亚迪的“修补类”投资变化相对比较平稳。之所以能够采用这种方法进行修正，还是源于比亚迪“添新类”投资在未来转化为现金流的能力，即满足“产品市场空间足够大”的修正原则。

9.4 现金增加值与经济增加值的匹配

9.4.1 现金增加值

（1）概念界定

接下来，我们讲解一个与经济增加值相类似的概念——现金增加值（Cash Value Added，CVA）。我们在第7章中已经介绍了经济增加值的概念，其衡量的是从净利润中扣除投入资本的成本之后的剩余。而现金增加值衡量的是从经营活动中产生的现金流中扣除投资者要求的现金流之后的剩余。

根据定义，现金增加值为经营现金流和经营要求现金流的差额。我们一般用经营活动产生的现金流量净额减去资本性支出，即自由现金流来替代经营现金流，而经营要求的现金流需要根据企业的长期资本投入情况进行测算。

企业经营活动产生的现金流来源于长期的资本投入，长期的资本投入形成企业的固定资产。我们在讲解经营杠杆的时候已经知道，固定资产是通过折旧的形式转移到产品成本中，并通过将产品销售出去产生收益，而这个收益就包含企业产生的经营现金流。现金增加值的计算公式如下：

$$\begin{aligned}\text{现金增加值} &= \text{经营现金流} - \text{经营要求现金流}\\ &= \text{自由现金流} - \text{经营要求现金流}\\ &= \text{自由现金流} - \text{资本占用} \times \text{加权平均资本成本}\end{aligned}$$

类似于计算经济增加值时，从息前税后净营业利润中扣除机会成本

（即资本成本）来衡量企业为投资者带来的超额“挣钱”能力。从现金流的角度来看，我们同样可以利用资本成本来模拟企业应该为股东和债权人创造出的必要现金流，而在此金额之外的自由现金流才是企业真正为股东创造出的现金增加值。

从这个概念来看，一个企业要真正为股东创造价值，不但要创造出基于权责发生制的经济增加值，还要创造出基于收付实现制的现金增加值。

（2）现金增加值的应用举例

根据第8章计算的2018—2022年比亚迪优化前后的自由现金流，以及第7章计算比亚迪经济增加值时所用的资本占用和资本成本数据，我们可以计算公司的现金增加值指标，见表9-4。

由表9-4可知，无论是采用传统自由现金流指标，还是优化后的自由现金流，比亚迪在2020—2022年的现金增加值均为正值，表明公司在这几年真正为股东创造了现金的价值增加。

表9-4　　比亚迪的现金增加值（2018—2022年）

单位：元

时间	2018年	2019年	2020年	2021年	2022年
传统自由现金流	−1,383,407,000	−5,473,034,000	33,877,551,000	28,949,462,000	43,649,032,000
优化自由现金流	3,079,728,000	5,017,482,000	32,670,985,000	51,521,001,000	120,178,251,000
资本占用	119,889,970,000	133,597,720,000	115,893,016,000	139,637,232,000	143,218,633,000
加权平均资本成本	5.76%	5.26%	6.39%	8.16%	6.87%
传统自由现金流下的CVA	−8,286,011,227	−12,502,588,010	26,471,403,396	17,555,774,565	33,806,764,622
优化自由现金流下的CVA	−3,822,876,227	−2,012,072,010	25,264,837,396	40,127,313,565	110,335,983,622

比亚迪2018年和2019年的现金增加值都为负值，这是因为公司在这两年将较多的经营现金流量用于投资行为，以支持其持续经营和规模扩张，导致比亚迪这两年的自由现金流相对较小，以至于没有超出股东和

债权人的预期。

此外，无论是使用传统自由现金流，还是优化后的自由现金流，比亚迪的现金增加值基本呈逐年上升趋势，且在优化自由现金流下现金增加值的上涨速度明显快于传统自由现金流下的现金增加值。

一方面，在此期间，比亚迪的盈利能力和利润质量都较高，净资产收益率、“挣钱”的质量指标（利润的可持续率、获现率和增值率）等表现良好，使得其经营现金流逐年攀升并超过资本占用的机会成本，从而支撑了现金增加值的增长；另一方面，我们认为比亚迪的“产品市场空间足够大”，在优化自由现金流中剔除了“添新类”投资的影响，导致优化自由现金流相较于传统自由现金流得到大幅提高，从而提升了优化自由现金流下的现金增加值。

9.4.2 二者的匹配分析

（1）现金增加值和经济增加值的匹配类型

根据现金增加值的计算公式，我们知道现金增加值＝自由现金流－资本占用 × 加权平均资本成本，而经济增加值＝息前税后净营业利润－资本占用 × 加权平均资本成本。

现金增加值为正表示在收付实现制下，本期自由现金流超出了股东和债权人的期望，即企业现金充足，真正为投资者创造了自由现金流；而经济增加值为正则表示在权责发生制下，本期盈利超出了投资者的要求，即企业业绩表现良好，真正为投资者创造了利润。由现金增加值减去经济增加值，我们可以得到：

现金增加值－经济增加值＝自由现金流－息前税后净营业利润

可见，现金增加值与经济增加值的差额为企业的自由现金流减去企业的息前税后净营业利润。据此，我们借助匹配分析方法，来分析现金增加值与经济增加值之间的匹配关系。二者之间的匹配类型主要有以下四种情况：

第一，现金增加值和经济增加值都是正值。在这种状态下，企业本期的自由现金流超出了股东和债权人的期望，同时所创造的盈利也超出了投资者的要求。这种情况表明企业很安全，业绩表现良好且现金充沛，财务风险较低，不仅真正地为股东创造了自由现金流，而且还挣得了超额利润。进一步来看，因现金增加值和经济增加值均为正，故二者的大小关系可以衡量自由现金流与息前税后净营业利润的相对大小。当现金增加值大于经济增加值时，本期的自由现金流便超过了息前税后净营业利润，表明企业的自由现金流非常充足，反之同理。

第二，现金增加值为正，经济增加值为负值。在这种状态下，企业本期的自由现金流超出了股东和债权人的期望，但所创造的盈利低于投资者的要求。这种情况表明企业还算稳健，虽然业绩表现不佳，但现金充足，因此须具体分析企业有可能存在的财务风险。

第三，现金增加值和经济增加值都为负值，在这种状态下，企业本期的自由现金流低于股东和债权人的期望，所创造的盈利也低于投资者的要求。这种情况表明企业存在财务问题，不仅业绩表现不佳，还存在着现金短缺。当然，我们对于公司的判断不能只看财务指标，还要进行业务分析和战略分析，分析其战略规划、业务领域、发展趋势、核心竞争力和市场壁垒等。

第四，现金增加值为负值，但经济增加值为正值。在这种情况下，说明企业本期的自由现金流低于股东和债权人的期望，但所创造的盈利超出了投资者的要求。这种情况表明企业虽然业绩表现良好，但现金短缺，企业可能存在流动性危机和风险。

（2）比亚迪的案例解读

我们同样以比亚迪为例，分析其现金增加值和经济增加值的匹配情况。根据前述计算的比亚迪2018—2022年现金增加值，以及第7章计算的经济增加值，我们可以绘制该公司的现金增加值与经济增加值的匹配关系图，见图9-8。

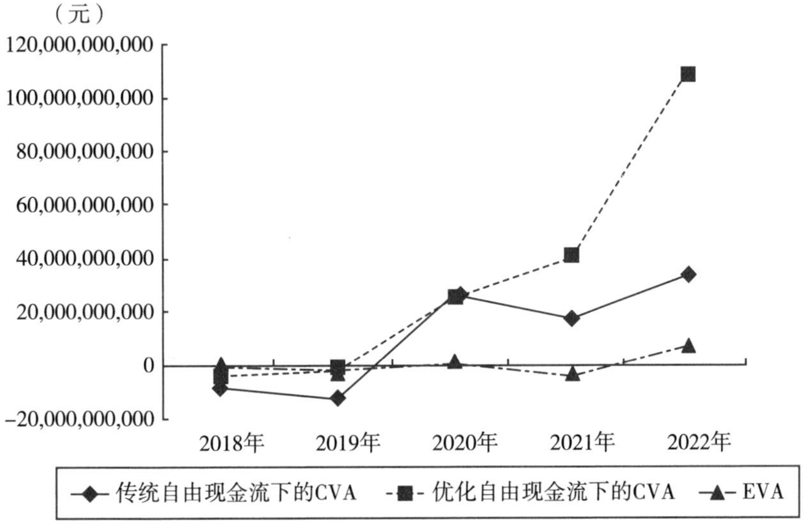

图9-8 比亚迪的现金增加值和经济增加值的匹配关系

由图9-8可以看出，在自由现金流优化前后，比亚迪在2020—2022年的现金增加值都为正值，而2018年和2019年的现金增加值都为负值。结合前面的分析，我们认为现金增加值为负的原因是比亚迪在2018年和2019年将较多的经营现金流量用于投资行为，以支持其持续经营和规模扩张，导致自由现金流相对较小且没有超出股东和债权人的预期。

同时，在自由现金流优化前后，比亚迪的现金增加值基本展现了逐年上升的态势，而优化自由现金流下的现金增加值更是一路高歌猛进，2022年较2021年上涨了近1.7倍。对此，我们给出了两点原因：

一方面，在此期间，比亚迪较强的盈利能力和较高的利润质量使得其经营现金流逐年攀升，从根本上支撑了现金增加值的增长；另一方面，在第8章的分析中，我们认为比亚迪的“产品市场空间足够大”，并对其产生的自由现金流进行了优化，进而导致基于优化自由现金流计算的现金增加值大额上涨。

因此，在排除了2018年和2019年因投资扩张导致的现金增加值为负的影响后，我们认为比亚迪的现金增加值指标表现良好，能够真正为股东创造出不断增长的自由现金流。

此外，比亚迪在2018年、2019年和2021年的经济增加值为负值。主要是由于在此期间比亚迪投资较多但尚未产生回报，从而没有在当年为股东带来更多收益。而在2020年和2022年比亚迪产生了正的经济增加值，这就意味着投资项目开始产生大量的收益，并超出了投资者要求的回报，业绩表现好转。

综合来看，现金增加值走势基本位于经济增加值的上方。对比优化自由现金流下的现金增加值与经济增加值的走势，我们可以发现两者走势基本相近且差距逐渐拉大，其原因是优化后的自由现金流剔除了“添新类”投资的影响，表现为企业拥有了更多的自由现金流并大幅增长，超出了息前税后净营业利润。

最后，在排除了因投资而导致的现金增加值以及经济增加值为负的影响后，我们认为，比亚迪不断进行投资扩张，业绩表现总体良好，且企业的现金充足，能够真正为股东创造出自由现金流和超额利润，在权责发生制和收付实现制下，都实现了股东和债权人财富的增加。

第 10 章 / Chapter Ten

“值钱”分析：企业价值创造的终极目标

10.1 什么样的企业算是“值钱”？

10.1.1 有效市场假说

讲到这里，我们知道企业经营就是在“筹钱”“用钱”“挣钱”和“有钱”中进行循环，但最终都是为了实现一个终极目的，即“值钱”。在现代资本市场的理念下，企业可以不挣钱，也可以没有钱，但不能不值钱。“值钱”有赖于市场是否有效，即股票价格是否真实有效地反映企业信息。因此，在介绍企业“值钱”的相关知识之前，我们有必要讲解一下有效市场假说。

有效市场假说（Efficiency Market Hypothesis，EMH）认为资本市场是有效的，信息能够充分、及时地反映到资产的价格中，即资产的现有市场价格能够充分反映所有有关的可用信息。根据有效市场假说，信息可以划分为三类：历史信息、公开信息和所有信息。

如果资本市场是有效的，将表现为每个投资者都能够同时获得同等质量的信息。一旦有与证券相关的新信息披露出来，证券价格会迅速反应并完成调整，不存在没有反应或反应迟钝的情况。按照资本市场证券价格对信息的反映程度，我们将市场分为弱式有效市场、半强式有效市场以及强式有效市场。

在弱式有效市场（Weak-Form Market Efficiency）中，资产的现有市场价格仅能反映财务和非财务的历史信息，任何投资者都不能通过分析历史信息赚取超额收益。当然，不赚取超额收益不代表不能赚取收益，仅仅是赚取平均收益而已。如果一个市场的历史信息能够影响股价，还有投资者可以通过分析历史信息赚取超额收益，那说明此时市场还没有完全反映历史信息，没有达到弱式有效。

在半强式有效市场（Semi-Strong-Form Market Efficiency）中，资产的现有市场价格不仅能反映历史信息，还能反映目前的公开信息，任何投资者都不能通过分析公开信息获取超额收益。这里的分析公开信息，是指通过技术分析对历史股价走势的分析，或者借助基本面分析方法对公开的财务信息和非财务信息进行的分析，以及利用各种估值模型进行的建模和估值。

在强式有效市场（Strong-Form Market Efficiency）中，资产的现有市场价格不仅反映所有的历史信息和公开信息，还能够反映内部信息，即资产的现有市场价格反映了所有与该公司相关的信息。此时，投资者不能通过分析既有的历史信息、公开信息和内部信息获取超额收益。三种类型的有效市场和信息之间的关系见图10-1。

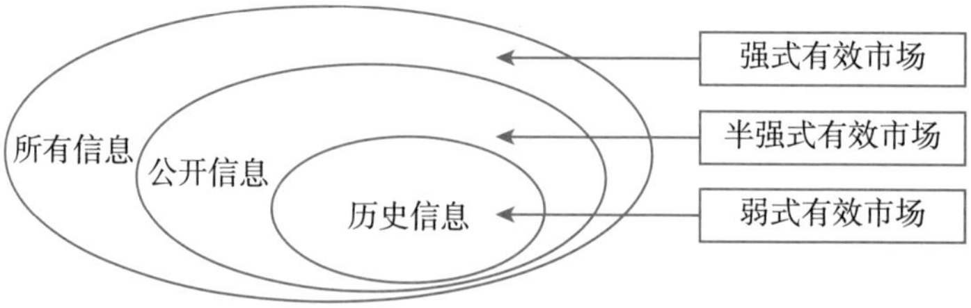

图10-1 信息集和有效市场形式

实际上，有效市场假说的要求还是相对比较苛刻的，在全球大部分资本市场，资产价格对于信息的反映都是不完全、不充分的，能够达到强势有效的资本市场几乎没有。但是，有效资本市场对于公司的管理者，尤其是财务总监而言意义重大，它要求管理层要懂得信息披露和市值管理，通过高效、合理的方式将企业的信息（包括基本面的财务信息和非财务信息）传递到资本市场，来提升公司价值。

10.1.2 估值是看过去还是看未来?

根据第1章的讲解，我们知道价值源于主体对于客体的主观判断，既具有客观性，又具有主观性。企业价值更是源于投资者对于企业未来增值能力的预期，预期越高，价值越大。因此，我们可以看出估值主要是看未来，而不是看过去。估值是基于过去的我们已经知道的信息，然后再将主观估测的价值与之相加，即：

企业价值=以已知信息为基础的价值+主观估计的价值

这主要是因为估值是建立在持续经营的基本假设之下，假定被评估公司在评估基准日后仍将按照原来的经营目的、经营方式持续经营下去。它意味着企业在出售、兼并、重组、合并以后，其继续使用价值没有发生变化，提供的产品或服务仍能满足市场需求，并产生一定的效益。满足这一假设条件，估值才有意义。

当然，我们在估值的时候会用到过去的、历史的信息和数据，看上去是"看过去"，而实际上使用历史信息和数据的目的是更好地预测未来。但是，历史和未来之间不一定存在着必然的联系，历史数据好，并不代表未来的数据也好，更不代表企业价值高。

10.2 企业估值的底层逻辑

10.2.1 “挣钱”“有钱”和“值钱”的关系

企业可以不挣钱，也可以没有钱，但不能不值钱，这就是“挣钱”“有钱”和“值钱”之间最根本的关系。我们在本书第1章已经探讨了企业价值的内涵，企业价值既具有客观性，又具有主观性。因此，企业价值就是客观性和主观性的统一，这个统一的点便是投资者对于企业未来发展前景的预期。对于一家上市公司而言，其价值的决定因素主要有以下三个方面：

第一，整体宏观经济与金融环境。宏观经济和金融环境是企业价值的首要决定因素，如果企业面临的整体宏观经济较好，或者投融资等金融环境较为宽松，公司价值的增值空间就会更大。这主要是源于宏观经济和金融环境带来的系统风险或不可分散风险，决定投资者购买股票至少可以获得市场层面的投资收益。

第二，企业所处行业的发展前景。在证券投资中，选股票的前提实际上是选行业，一家公司是处于朝阳行业还是夕阳产业，对于投资者而言，是能否获取投资回报的关键。处于朝阳行业的企业，其投融资环境较为宽松，具有更好的发展前景，投资者会赋予更高的增值空间。行业发展前景所带来的投资收益也是源于或部分源于行业层面的系统风险或不可分散风险。

第三，企业未来增值能力与风险。在证券投资中，企业层面的因素实际上是最后要考虑的，在对宏观经济和金融环境、行业发展前景做出判断之后，我们需要在处于宽松经济环境、良好发展前景的企业中选择投资标的。对于投资标的，即个股的选择，重点是看其未来的增值能力和风险。我们期望选择那些增值能力强，且风险较低的企业。

因此，通过上述分析，我们就可以得出“挣钱”“有钱”和“值钱”之间的关系，“挣钱”“有钱”“值钱”三者之间没有必然的充分、必要关系。因为“值钱”源于投资者对于未来的预期和判断，会出现不挣钱、没有钱的企业，却往往拥有高价值，反之，许多既挣钱又有钱的企业，反而价值并不高。既然企业价值源于投资者的预期，一家企业过去不挣钱，并不代表未来不挣钱，过去没有钱，并不代表未来没有钱。

10.2.2 价值评估还是价值判断？

（1）价值评估的误区

我们知道，企业价值有五个之多，包括经济价值、内在价值、会计价值、账面价值和市场价值。价值评估（Value Evaluation）就是采用适当的方法，对企业整体或其构成（例如股东权益等）的内在价值进行估计的过程。价值评估中所指的内在价值是企业经济价值的内在体现。

价值评估是价值投资者常用的投资技术，其目的就是将估计的内在价值与市场价值（即价格）进行比较，从而做出买卖决策。当一家企业估计的内在价值高于市场价值时，说明市场低估了这家企业，从而可以做出买进的决策。反之，当内在价值低于市场价值时，说明市场高估了这家企业，可以做出卖出的决策。我们可以看出，对于价值投资者来说，价值评估的目的就是打败市场，即购买那些被市场低估的公司股票，从而获得超额收益。

对于价值评估，我们往往存在着一个很严重的认识误区，即我们希望能够得到一个确切的值。投资者会认为既然价值评估是为了获得被评估企业的内在价值，内在价值是一个企业的本源价值，理论上应该具有唯一性。但我们不要忘记，企业价值又具有主观性的一面，不同的投资者会赋予一家企业不同的内在价值。同一家公司，对于稳健型的投资者，可能会赋予较低的内在价值，从而舍弃这家公司，而对于激进型的投资者，可能会赋予较高的内在价值，从而选择投资这家公司。

因此，价值评估不是为了获得一个确切的值，而是为了做出内在价值和市场价值之间的高低判断。评估一家企业的价值究竟是值100亿，还是105亿，还是110亿，是没有本质区别的，也是没有意义的。我们认为只要评估的内在价值高于市场价值，就说明市场低估了这家公司的股票，投资者就可以据此做出买卖决策。因此，价值评估的目的还是打败市场。

（2）价值判断

所以说，价值评估的概念未免有些误导，称作价值判断可能更为合适。价值判断（Value Judgement）是价值投资者采取的估值策略，是判断一家企业有无投资价值，并据此做出买卖决策的方法。在价值判断中，我们可以模拟稳健型和激进型两种投资者的决策，对一家企业赋予不同的内在价值。

如果我们发现，无论是采用稳健型还是激进型的估值策略，评估的企业内在价值均高于其市场价值，说明市场远远低估了这家企业。同理，如果无论采用哪种估值策略，评估的企业内在价值均低于其市场价值，说明市场远远高估了这家企业。

因此，分别采用稳健型和激进型的估值策略，我们会得到一个价值区间。当采用稳健型估值策略时，得到的企业内在价值较低，记作$\underline{V}$，而采用激进型估值策略时，得到的内在价值较高，记作$\overline{V}$，即我们得到的价值区间为［$\underline{V}$，$\overline{V}$］。假设一只股票的当前市场价值为P，会存在着市场价值和内在价值之间的如下关系：

第一种，P<［$\underline{V}$，$\overline{V}$］，表示市场价值远远低于内在价值，股票价值

被低估。作为价值投资者，此时应该买进公司股票。

第二种，[$\underline{V}$，$\overline{V}$] <P，表示市场价值远远高于内在价值，股票价值被高估。作为价值投资者，此时应该卖出公司股票。

第三种，$\underline{V} \leqslant P \leqslant \overline{V}$，表示市场价值位于价值区间中间，具体是买进还是卖出，要结合其他财务和非财务信息进行综合判断。

10.2.3 财务数据和企业价值之间的关系

既然“挣钱”“有钱”“值钱”三者之间没有必然的充分、必要关系，那么财务数据和企业价值之间也不存在着必然的联系。企业价值是基于过去看未来，等于以已知信息为基础的价值，加上主观估测的价值，以已知信息为基础的价值往往与财务数据相关，即硬信息，而主观估测的价值与非财务数据相关，属于软信息。

一家企业财务数据表现好，价值不一定高，而财务数据表现差，也不一定企业价值低。我们举两家企业的例子来说明这一现象，我们选择乐视网和一家化工类企业鲁西化工（股票代码：000830.SZ），来看看两家企业2014年和2015年的财务数据和价值表现，见表10-1。

表 10-1　乐视网和鲁西化工的财务数据比较（2014—2015 年）

单位：元

指标	2014年	2015年
乐视网：		
营业收入	6,818,938,622	13,016,725,124
净利润	128,796,561	217,116,826
总资产	8,851,023,247	16,982,154,559
净资产	3,343,473,396	3,815,134,280
总市值	27,288,206	109,084,239

续表

指标	2014年	2015年
鲁西化工：		
营业收入	13,029,377,003	12,870,896,824
净利润	361,066,572	289,313,759
总资产	19,861,878,673	22,366,813,161
净资产	5,975,314,502	7,963,139,620
总市值	7,910,248	10,151,485

由表10-1我们不难发现，无论是营业收入、净利润、总资产、净资产等指标，乐视网的财务数据都远远低于鲁西化工。但从企业价值的角度来看，乐视网却远远高于鲁西化工。所以说财务数据好并不代表公司价值一定大，真正决定公司价值的因素并非简简单单的财务数据。因此，我们在评估一家公司的价值时，既要综合考量其所处的经济与金融环境，还要考虑其所在行业的前景，更要关注企业未来的增值能力与风险。而不单单是去看财务报表上的数字，数字是会说谎的，但客观事实永远不会骗人。

10.3 企业估值的常用方法

10.3.1 不涉及预测的方法

（1）乘数分析法

不涉及预测方法就是不需要预测一家企业未来的投资回报，就可以估算其价值的方法。乘数分析法（Multiplier Analysis）是常用的不涉及预测的估值方法，是通过选择合适的乘数因子，并通过分析可比公司的市场价值，以确定目标公司价值的方法。常见的乘数因子包括市盈率、市净率和市销率等。

其中，市盈率（Price to Earnings Ratio，P/E）是指普通股每股市价与每股收益的比例关系，是衡量股票价格水平的重要指标，也称为投资的“翻本期”，即基于目标公司当前的每股盈利水平，购买一只股票需多久能回本。市净率（Price to Book Ratio，P/B）是指每股股价与每股净资产的比率，该指标的好处是避开了企业净利润为负值的干扰，适用于那些拥有大量资产、净资产为正值的企业。市销率（Price to Sales Ratio，P/S）是指每股市价与每股营业收入的比率，该指标最大的好处在于没有哪家企业销售会出现负值，即使是亏损企业和资不抵债的企业，也能计算出一个有意义的市销率。但如果换作市盈率，对于亏损企业该方法就会失效。我们仍然以乐视网和鲁西化工为例，来比较两家公司的乘数因子差异，见表 10–2。

表 10–2　乐视网和鲁西化工的财务数据比较（2014—2015 年）

单位：元

指标	2014 年	2015 年
乐视网：		
市盈率	211.87	502.65
市净率	8.16	28.61
市销率	4.00	8.38
每股价格	32.44	58.80
每股收益	0.15	0.12
鲁西化工：		
市盈率	21.91	35.09
市净率	1.32	1.27
市销率	0.61	0.79
每股价格	5.40	6.93
每股收益	0.25	0.20

由表10-2我们可以看出，乐视网的乘数因子市盈率、市净率、市销率都远超鲁西化工，这反映了市场对乐视网未来盈利和成长的更高期望，给予了乐视网更高的估值。而鲁西化工整体估值偏低，这些差异可能是由于两家公司所处行业、经营状况以及市场地位的不同，投资者对它们的风险和回报有着不同的看法。互联网行业因其科技含量、用户规模和多元化变现渠道而受到市场追捧，具备相对高的估值。相比之下，化工行业由于产品较为标准化，盈利模式相对单一，整体估值较为保守。这也强调了在使用乘数分析法时，需要考虑公司特定的情境和行业因素。

找到乘数因子，并选择合适的可比公司后，我们就可以采用乘数分析法进行估值。乘数分析法的估值原理见如下公式：

$$V_{目标公司}=\frac{P_{可比公司}}{E_{可比公司}}\times E_{目标公司}$$

其中，V为我们要估计的目标公司的总价值，P为可比公司当前的市场价值，分母中的E为可比公司的净利润，分子中的E为目标公司的净利润。这是以市盈率作为乘数因子进行估值的公式，如果乘数因子为市净率或市销率，将分母和分子中的净利润分别替换为可比公司或目标公司的账面净资产或营业收入即可。

因此，我们要估计的目标公司的价值取决于可比公司的乘数和目标公司基础财务指标。只要我们知道可比公司的乘数，就可以根据该乘数因子乘以目标公司的净利润、净资产和营业收入等，计算其价值。

（2）乘数分析法的应用

接下来，我们还是以新能源汽车企业为例，来介绍乘数分析法的应用。为了预测比亚迪在2022年末的价值，我们选取长城汽车和长安汽车（股票代码：600733.SH）作为可比公司，主要是基于长城汽车和长安汽车作为中国最大的SUV和皮卡制造企业之一，它们在整车研发、制造和销售方面都具备丰富的经验和庞大的市场份额。同时，这两家公司都在积极推动新能源和智能汽车领域的发展，与比亚迪有一定的业务重叠。

比亚迪是全球新能源汽车产业的领先者，而长城汽车和长安汽车也在新能源汽车领域取得了显著成绩，尤其是在新能源车型的销售和技术创新方面表现出色。表10-3列示了长城汽车、长安汽车和比亚迪在2022年的销售收入、净利润、净资产和总市值，以及长城汽车和长安汽车在2022年末的市销率、市盈率和市净率。

表10-3　比亚迪与可比公司的乘数（2022年）

单位：元

	销售收入	净利润	净资产	市值	市销率	市盈率	市净率
长城汽车	137,339,985,187	8,252,807,609	65,215,908,115	259,604,845,704	1.89	31.46	3.98
长安汽车	121,252,864,085	7,744,682,355	62,948,804,561	122,137,372,156	1.01	15.77	1.94
比亚迪	424,060,635,000	17,713,104,000	121,389,837,000				

以长城汽车和长安汽车作为可比公司，我们接下来采用乘数分析法来估算比亚迪的企业价值。根据上述计算公式，我们将可比公司的三个乘数均值分别乘以比亚迪的销售收入、净利润和净资产，就可以估算出比亚迪的企业价值，结果见表10-4。

表10-4　估算比亚迪的企业价值（2022年）

单位：元

	可比公司乘数均值	比亚迪金额	比亚迪估值
市销率	1.45	424,060,635,000	614,364,205,866
市盈率	23.61	17,713,104,000	418,268,638,144
市净率	2.96	121,389,837,000	359,372,366,727
平均估值			464,001,736,912

由表10-4可以看出，以市销率估算的比亚迪价值为614,364,205,866元，以市盈率估算的价值为418,268,638,144元，以市净率估算的价值为

3,593,723,667,267元，我们对这三个估值进行平均，结果显示比亚迪在2022年的估值为464,001,736,912元。

接着，将这一估值除以比亚迪流通在外的股份数量11.6亿股，得到每股股票价值为398.37元。其中，市销率乘数给出的估值最高，为每股527.46元；市净率乘数给出的估值最低，为每股308.54元；而市盈率乘数给出的估值适中，为每股359.10元。比亚迪在2022年末的真实交易价格为每股256.97元，我们的分析结果表明比亚迪的股票价格明显低于按照乘数分析法估计的内在价值，即被低估了。

采用乘数分析法进行估值能否得到正确结果的关键是可比公司的选择，选择一个好的可比公司，才能确保目标公司的估值更为精确合理。对于可比公司的选择，实际上是非常困难的一件事情，我们一般要坚持以下几个原则：

第一，选择业务范围相似的可比公司。既然是可比公司，应该与目标公司的主营业务、专业领域和发展方向等相似。所以，在使用乘数分析法时，选择的可比公司往往是处于同一行业的企业，甚至是细分行业。

第二，选择公司规模相当的可比公司。虽然是同一行业的可比公司，但与目标公司之间也可能存在着规模的差异。如果可比公司和目标公司之间的规模差异较大，甚至不属于同一量级，也不算是一个好的可比公司。

第三，选择财务数据相近的可比公司。虽然选择的可比公司和目标公司之间的规模相当，但也要力求相关的财务数据相近，不能差异太大。财务数据包括总资产、营业收入、营业利润、净利润和净资产等。

因此，基于上述原则，我们可以选择出若干家优质的可比公司，用于对目标公司进行价值评估。可比公司与目标公司之间在业务范围、公司规模和财务数据之间越接近，我们预测的目标公司的价值越精确。

可以看出，乘数分析法相对比较简单，不需要预测一家企业未来创造的回报，也不需要折现等，是最为常用的估值方法之一，经常被各大券商的分析师和行业研究员所采用。但这一方法也有其不足之处：

首先，选择合适的可比公司是一件非常困难的事情。我们有时候很难找到两家或若干家公司既业务相近，又规模相当，财务数据还相似。其次，用可比公司来估算目标公司的企业价值，本身在理论上就站不住脚，仿佛一家公司的价值是由另外一家公司所决定的。最后，给人一种错觉，好像价值是由价格决定的，我们选择的可比公司价值，实际上是公司价格，而不是价值。

10.3.2 涉及预测的方法

（1）价值构成

根据资产负债表，企业资本的来源包括权益资本和债务资本，可以看出企业价值的诉求主要有两个利益相关方，股东和债权人。因此，企业价值由股权价值和债权价值两部分构成，即：

企业价值 = 股权价值 + 债权价值

价值评估或价值判断就是要估算企业的内在价值，包括股权的内在价值和债权的内在价值。我们一般用债权的账面价值来衡量其内在价值。

对于股权，我们要估计其内在价值，而资产负债表的股东权益合计数代表了股东权益的账面价值。根据会计恒等式，它是由资产的账面价值减去负债的账面价值得到。而资产和负债有些是以历史成本计入资产负债表的，另一些则是以公允价值计入资产负债表的，还有一些特殊的资产和负债未计入资产负债表，因此资产负债表上的股东权益合计数往往不等于其内在价值。

如果我们能够计算出股东权益的市场溢价部分，再加上资产负债表上股东权益的账面价值，就能对股东权益的价值做出合理估计，即：

股权价值＝账面价值＋市场溢价

因此，对于股东权益，估值的关键就是在账面价值的基础上，给予一个合理的市场溢价。溢价空间越大，股权的内在价值越高。在价值评估或价值判断的时候，我们可以直接预测企业价值，也可以单独预测股权价值，然后用股权价值加上债权的账面价值，就得到企业价值。

（2）估值原理

关于涉及预测的估值方法，就是需要通过预测一家企业创造的收益或者现金流，来估算其企业价值。既然价值衡量的是一种预期或者主观感受，那么我们就可以通过预测未来的回报来估算一家企业的价值。未来的回报包括股利、自由现金流和剩余收益等。具体的估值原理见图10-2。

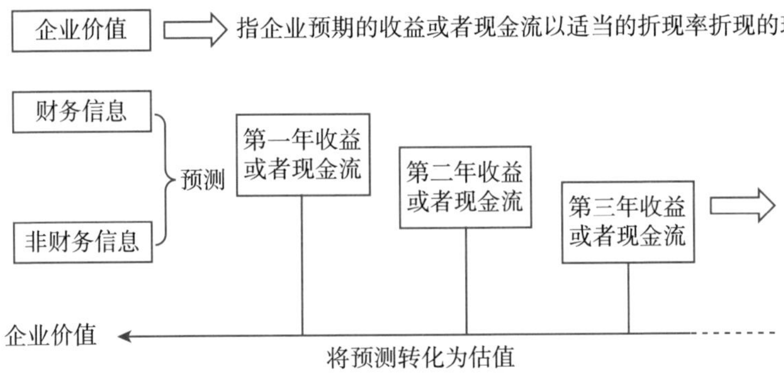

图10-2　涉及预测的企业价值评估原理

首先，确定要预测的回报类型和预测期间。回报类型就是上述提到的股利、自由现金流和剩余收益等，预测期间包括预测期和永续期，预测期一般是五年，永续期是没有到期日。

其次，确定要预测的增长率。收集财务信息（又称为硬信息）和非财务信息（又称为软信息）对增长率进行预测，可以采用财务信息来考察历史的增长率，采用非财务信息来预测未来的增长空间。

再次，确定要预测的折现率。折现率包括权益资本成本和加权平均资本成本，分别对应评估权益价值和评估企业价值。权益资本成本采用资本资产定价模型来计算，加权平均资本成本是权益资本成本和债务资本成本的加权平均。

最后，将预测值转化为企业价值。根据预测的回报、增长率和折现率，进行折现加总，计算得出一个公司的企业价值。

（3）代表性的估值模型

常用的基于预测的估值模型包括股利折现模型（Discount Dividend Model，DDM）、自由现金流折现模型（Discount Cash Flow，DCF）和剩余收益模型（Residual Earnings Model，REM），三个模型分别预测股利、自由现金流和剩余收益。

第一，股利折现模型。股利折现模型是通过预测股利进行估值的方法，股利是股东所获取的投资回报，因此股利折现模型预测的是股东的价值，即股权价值。当投资者购入企业的股票时，就成为该企业的股东，因此，对于投资者来说企业估值的实质就是对企业的股权进行估值，股权价值的增长意味着股东通过投资该企业获得了股利。

股利折现模型虽然常见，但不太适用于我国资本市场。我们在第4章已经提到，我国资本市场大部分上市公司并不发放现金股利，即便是有些公司会发放现金股利，但也并非自愿发放，而是为了满足再融资需求，因为我国资本市场存在着“半强制股利政策”。企业发放股利是为了迎合监管要求，否则大概率不会主动发放股利。

第二，自由现金流折现模型。自由现金流折现模型是通过预测企业的自由现金流进行估值的方法。自由现金流是可以用于分配给股东或者偿还债权人债务的现金流，即归股东和债权人共同享用。因此自由现金流折现模型预测的是整个企业的价值，包含股权价值和债权价值。

该模型是基于收付实现制的估值模型，现金流相对于利润来说，其真实性更高，受操纵的空间更低。可以说，自由现金流折现模式是最实用的估值方法。在证券投资领域，分析师和行业研究员使用最多的也是这个模型。

第三，剩余收益模型。剩余收益模型是用于预测企业的剩余收益进行估值的方法，剩余收益归股东所有，因此该模型估计的是股权价值。

剩余收益模型是基于权责发生制的估值模型，该模型对会计信息质量要求较高。剩余收益模型的估值基础是利润指标而非现金流指标，而利润指标的主观性较强，人为操纵空间较大，容易出现信息失真的情况，因此该模型需要企业有高质量的信息披露。在使用该模型时，也要对企业披露的净利润保持谨慎的态度。在实务操作中，往往存在着一个剩余收益模型的变形，即经济增加值模型。

10.4 自由现金流折现模型及其应用

10.4.1 自由现金流折现模型

（1）模型简介

我们在前面章节已经介绍了自由现金流的概念及其计算过程。接下来我们在这一概念的基础上，介绍自由现金流折现模型。自由现金流折现模型是基于收付实现制的估值模型。

我们将企业所有项目的资金投入称为资本性支出或现金投资，将企业通过运营所有项目产生的现金流称为经营活动现金流，即对应现金流量表中的经营活动产生的现金流量净额。将经营活动产生的现金流量净额与资本性支出的差额称为自由现金流，即企业经营活动现金流投资于“修补+添新”类资产后的剩余部分。

我们可以采用自由现金流折现模型估算企业价值，因为自由现金流可以供股东和债权人所享用，因此估算的价值是整个企业价值。在估算的过程中，用到的折现率也是股东和债权人的共同折现率，即根据加权平均资本成本计算的折现率。自由现金流折现模型的具体形式如下：

$$V_0^F=\frac{FCF_1}{1+r_F}+\cdots\frac{FCF_N}{(1+r_F)^N}+\frac{CV_N}{(1+r_F)^N}$$

在上式中，V_0^F表示企业价值，FCF_1，……，FCF_N表示预测期的自由现金流，采用经营活动产生的现金流量净额减去资本性支出得到，一般是基于基期的自由现金流预测得出。CV_N表示永续期的自由现金流，是预测期之外期间的现金流状况。r_F表示加权平均资本成本，即股权资本成本和债权资本成本的加权平均。

采用自由现金流折现模型进行企业价值评估，需要用到预测期和永续期两个阶段，一般预测期时间跨度为5年左右。对于预测期的自由现金流，我们可以采用两种方法进行预测：第一种方法，计算基期的和历史的自由现金流，并根据历史的财务数据，再加上非财务信息，预测自由现金流的增长率；第二种方法，根据第8章介绍的自由现金流的计算公式，计算基期的和历史的各分项指标，并根据历史的财务数据，再加上非财务信息，预测各分项指标的增长情况，并加总计算预测期的自由现金流。理论上来讲，采用的方法越复杂详细，预测的自由现金流越精准。

既然我们将价值评估称之为价值判断，就需要我们在预测增长率的时候，同时模拟稳健型和激进型的投资决策，给出高低不同的增长率。因此，我们预测的自由现金流应该是一个高低区间，最后得到的企业价值也是一个价值区间。

（2）模型的优缺点

自由现金流折现模型的优势在于以下两点：第一，在权责发生制下，自由现金流较为客观。与利润指标相比，现金流指标剔除了可操纵性强的应计项目（如应收账款等）与主观性强的会计估计项目（如资产减值等），且需要与资产负债表中货币资金项目的变化相对应，这使得它不受会计准则变化和人为操纵的影响，更为客观真实。第二，该模型的估值不受企业分红行为的影响。与股利折现模型相比，自由现金流模型突破了企业分红行为的制约，这使得它的应用更加广泛。

当然，自由现金流折现模型仍然存在着一些不足之处。最大的问题就在于自由现金流割裂了企业的经营活动与资本性支出活动。从权责发生制的角度来看，企业进行资本性支出的最终受益期间是投资之后的项目运营期间，但资本性支出却在投资当期全额扣除，这说明自由现金流折现模型并未匹配每期的经营现金流入与投资现金流出，违反了配比原则，造成了自由现金流与公司当期经营活动现金流的脱节。

我们可以通过两个问题来阐明经营现金流与资本性支出的不配比给自由现金流折现模型带来的负面影响：第一，自由现金流的减少对企业来说一定是坏消息吗？假设企业在某一年进行了一笔金额较大，但具有潜力的投资，则从当年看自由现金流会有大幅下降，然而如果我们将投资的现金流出与未来受益期间进行匹配，则该项投资对经营现金流的增加可能远大于每期的资本性支出，最终使企业的价值上升。第二，自由现金流的增加对于企业来说一定是好消息吗？如果自由现金流的增加是由企业刻意减少投资导致的，那么这种“增长”对于企业今后的发展可能不会带来任何好处，也就不会使得企业的价值有实质性的增加。

这种不配比性导致了自由现金流折现模型必须有一个较长的预测期。尤其是对于导入期和成长期的企业而言，由于企业的前期投入较大，在短期内资本性支出必然大于经营现金流入，自由现金流为负。只有当企业减少投资，并在项目中取得超出投资的现金流入时，自由现金流才会最终由负变正。因此该模型只适用于长期的价值预测，而当企业投资活动较为频繁时，企业价值的预测期就会进一步拉长，这增加了自由现金流预测的难度，降低了企业估值的准确性。

因此，我们在采用自由现金流折现模型进行价值判断时，就需要对自由现金流进行一定的修正，具体修正的方法和思路我们已经在第8章给出了详细说明。

10.4.2 自由现金流折现模型的应用

我们以新能源汽车企业比亚迪为例，采用自由现金流折现模型估算其企业价值。我们估算比亚迪在2022年末的企业价值，预测期为5年，即从2023年至2027年，后续年份为永续期。根据自由现金流折现模型，我们需要估算企业的自由现金流，以及所适用的折现率和增长率。具体的估算顺序如下：

首先，计算比亚迪在预测期的营业收入增长率，并且根据共同比利润表，通过净利润在营业收入中的占比，计算预测期的净利润。

其次，根据现金流量表补充资料，计算预测期比亚迪经营活动产生的现金流量净额。

再次，根据自由现金流的计算公式，由经营活动产生的现金流量净额减去资本性支出，计算比亚迪在预测期的自由现金流。

最后，计算比亚迪在预测期的价值，并通过与永续期的价值加总，计算公司的总价值。

（1）预测营业收入

比亚迪作为全球新能源汽车行业先行者和领导者，积极响应国家“双碳”号召，已于2022年宣布停止燃油车整车生产，聚焦新能源汽车业务发展，成为全球首家停产燃油车的车企。从宏观政策来看，未来新能源汽车势必成为主流。

我们以2018—2022年的数据为依据，取5年数据的均值为模拟基期。基于对非财务信息的分析，未来汽车市场销量会继续增长，考虑到新能源汽车渗透率将不断上升，我们认为涨幅逐年收缩，直至饱和，我们预测增长率每年递减。

因此，我们对比亚迪的营业收入进行预测，设定一般增长率为模拟基期的增长率 ×70%，且逐年递减，永续增长率为3%；稳健增长率为模拟基期的增长率 ×50%，且逐年递减，永续增长率为1%。模拟基期的增长率等于2018—2022年增长率的几何平均值。由此可以得出预测期的营业收入，预测结果见表10-5。

（2）预测净利润

在预测净利润时，我们借助共同比利润表，根据各项目占营业收入的百分比结构来计算预测期的净利润。根据第7章中所提到的，比亚迪利润表中各项目的结构在近几年并未发生太大变化。因此，我们以2022年的结构为基准，假定未来期间净利润占营业收入的比重不变（等于4.18%），分别根据营业收入的一般增长率和稳健增长率，对比亚迪未来的净利润进行预测，见表10-5。

（3）预测经营活动产生的现金流量净额

当计算经营活动产生的现金流量净额时，我们需要根据现金流量表的补充资料，以净利润为起点，通过加回调整项目，即应计项，将其调整为经营活动产生的现金流量净额。

我们同样以2018—2022年的平均值作为基期，通过一般增长率和稳健增长率，分别预测比亚迪在预测期的应计项。之后综合应计项以及预测得出的净利润，我们可以估计比亚迪在预测期的经营活动产生的现金流量净额，见表10-6。

（4）预测资本性支出

根据自由现金流的计算公式，自由现金流等于经营活动产生的现金流量净额减去资本性支出，我们接下来预测比亚迪的资本性支出。根据第8章的内容，我们知道在计算比亚迪的自由现金流时，可以采用优化后的计算指标，等于经营活动产生的现金流量净额减去“修补类”投资。因此，我们相应地计算“修补类”投资占营业收入的比重，并借此进行预测比亚迪的资本性支出。

根据第8章，我们分别计算2018—2022年比亚迪“修补类”投资占营业收入的比重，并取均值（约等于7%），作为后续预测期对于“修补类”投资的预测基准，并据此预测比亚迪在预测期的“修补类”投资情况，见表10-7。

（5）预测自由现金流

根据上述预测，我们就可以计算比亚迪的自由现金流，等于经营活动产生的现金流量净额减去“修补类”投资，见表10-8。

（6）确定折现率

接下来，我们需要确定一个折现率，将预测的自由现金流折为现值。我们通常采用加权平均资本成本作为折现率，根据第7章，我们已经计算过比亚迪2018—2022年的加权平均资本成本，我们取近几年的均值7%为折现率。

（7）估计企业价值

最后，我们通过自由现金流折现模型计算比亚迪的企业价值，见表10-9。在一般增长率下，通过自由现金流折现模型估计的每股价值为529.58元，而在稳健增长率下，估计的每股价值为302.28元，即估计出的价值区间为［302.28，529.58］。

通过比较2022年底比亚迪年底真实的股价256.97元，可以看出2022年底的市场价值低于我们所估计的价值区间，说明即便在给予稳健增长率下，根据自由现金流折现模式所估计的内在价值也高于市场价值，我们认为市场远远低估了比亚迪的内在价值。

表 10-5　　预测比亚迪的营业收入

单位：元

	模拟基期	2023E	2024E	2025E	2026E	2027E	永续期
营业收入	210,918,790,200	250,289,451,530	282,993,236,977	308,877,128,743	328,653,076,672	343,382,552,791	
增长率（一般增长）		18.67%	13.07%	9.15%	6.40%	4.48%	3.00%
营业收入	210,918,790,200	239,040,691,150	254,976,394,729	263,475,425,221	267,866,587,931	270,098,761,522	
增长率（稳健增长）		13.33%	6.67%	3.33%	1.67%	0.83%	1.00%
净利润（一般增长）		10,454,644,263	11,820,688,421	12,901,864,151	13,727,909,753	14,343,163,141	
净利润（稳健增长）		9,984,781,121	10,650,418,890	11,005,425,223	11,188,845,034	11,282,083,406	

表 10-6　　预测比亚迪经营活动产生的现金流量净额

单位：元

	项目	模拟基期	2023E	2024E	2025E	2026E	2027E
一般增长	净利润	8,810,123,265	10,454,644,263	11,820,688,421	12,901,864,151	13,727,909,753	14,343,163,141
	增长率		18.67%	13.07%	9.15%	6.40%	4.48%
	应计项	13,002,121,800	58,286,861,772	65,902,848,023	71,930,632,303	76,536,011,940	79,966,180,224
	经营活动产生的现金流量净额	57,928,431,265	68,741,506,035	77,723,536,444	84,832,496,455	90,263,921,693	94,309,343,365
稳健增长	净利润	8,810,123,265	9,984,781,121	10,650,418,890	11,005,425,223	11,188,845,034	11,282,083,406
	增长率		13.33%	6.67%	3.33%	1.67%	0.83%
	应计项	13,002,121,800	55,667,274,980	59,378,346,885	61,357,582,576	62,380,186,973	62,900,010,693
	经营活动产生的现金流量净额	57,928,431,265	65,652,056,101	70,028,765,774	72,363,007,798	73,569,032,008	74,182,094,098

表 10–7　　预测比亚迪的资本性支出

单位：元

		2023E	2024E	2025E	2026E	2027E
一般增长	营业收入	250,289,451,530	282,993,236,977	308,877,128,743	328,653,076,672	343,382,552,791
	“修补类”投资占比	7%	7%	7%	7%	7%
	“修补类”投资	16,732,848,381	17,848,347,631	18,443,279,765	18,750,661,155	18,906,913,307
稳健增长	营业收入	239,040,691,150	254,976,394,729	263,475,425,221	267,866,587,931	270,098,761,522
	“修补类”投资占比	7%	7%	7%	7%	7%
	“修补类”投资	17,520,261,607	19,809,526,588	21,621,399,012	23,005,715,367	24,036,778,695

表 10–8　　预测比亚迪的自由现金流

单位：元

		2023E	2024E	2025E	2026E	2027E
一般增长	经营活动产生的现金流量净额	68,741,506,035	77,723,536,444	84,832,496,455	90,263,921,693	94,309,343,365
	“修补类”投资	17,520,261,607	19,809,526,588	21,621,399,012	23,005,715,367	24,036,778,695
	自由现金流	51,221,244,428	57,914,009,856	63,211,097,443	67,258,206,326	70,272,564,670
稳健增长	经营活动产生的现金流量净额	65,652,056,101	70,028,765,774	72,363,007,798	73,569,032,008	74,182,094,098
	“修补类”投资	16,732,848,381	17,848,347,631	18,443,279,765	18,750,661,155	18,906,913,307
	自由现金流	48,919,207,720	52,180,418,143	53,919,728,033	54,818,370,853	55,275,180,792

表 10-9 预测比亚迪的企业价值

单位：元

		2022 年	2023E	2024E	2025E	2026E	2027E	永续期
一般增长	预期自由现金流		51,221,244,428	57,914,009,856	63,211,097,443	67,258,206,326	70,272,564,670	1,809,518,540,241
	折现率		1.0700	1.1449	1.2250	1.3108	1.4026	1.4026
	预期自由现金流现值		47,870,321,895	50,584,339,117	51,599,084,638	51,310,963,577	50,103,367,406	1,290,161,710,711
	企业价值	1,541,629,787,345						
	股本	2,911,000,000						
	每股价值	529.58						
稳健增长	预期自由现金流		48,919,207,720	52,180,418,143	53,919,728,033	54,818,370,853	55,275,180,792	930,465,543,327
	折现率		1.0700	1.1449	1.2250	1.3108	1.4026	1.4026
	预期自由现金流现值		45,718,885,720	45,576,398,064	44,014,559,516	41,820,672,656	39,410,439,973	663,409,072,878
	企业价值	879,950,028,806						
	股本	2,911,000,000						
	每股价值	302.28						

10.5 剩余收益模型及其应用

10.5.1 剩余收益模型

（1）模型简介

剩余收益模型，即通过剩余收益这一股东获得的回报来预测权益内在价值的方法。剩余收益的基本观点认为企业只有赚取了超过股东要求的投资回报，才算是获得了真正的剩余收益。剩余收益模型使用公司权益的账面价值和预期剩余收益的现值来表示股权的内在价值。剩余收益模型的估值原理是以下公式：

股权价值=账面价值+市场溢价

股东如何获取超出账面价值的市场溢价部分？你可能会说，如果企业取得了正的净利润，就说明股东权益的内在价值实现了增长，事实果真如此吗？打个比方：如果企业的收入为正，就说明企业当年一定盈利。这两者都没有考虑成本的扣除问题。

对于权益资本而言，净利润仅仅相当于权益资本的"收入"，我们要计算净利润对股东权益的增值程度，还要扣除股东权益的"成本"，即期初股东权益的账面价值与权益资本成本的乘积。剩余收益的详细计算，我们已经在第7章做了介绍。剩余收益模型的具体形式如下：

$$V_0^E=B_0+\frac{RE_1}{1+r_E}+\cdots+\frac{RE_N}{(1+r_E)^N}+\frac{CV_N}{(1+r_E)^N}$$

在上式中，V_0^E表示股权价值，RE_1，……，RE_N为预测期的剩余收益，采用净利润减去权益成本得到，一般是基于基期的剩余收益预测得出。CV_N为永续期的剩余收益，是预测期之外期间的剩余收益状况。

r_E为权益资本成本，采用资本资产定价模型计算得到。

剩余收益模型为我们揭示了一个资本市场常见的现象——为什么有些企业一直在挣钱，但股价却没有明显增长？这是因为企业的盈利没有或只是勉强达到投资者的期望，导致剩余收益较低，没有对企业的权益资本起到显著的增值作用。

当然，采用剩余收益模型预测增长率的时候，同样可以模拟稳健型和激进型的投资决策，给出高低不同的增长率。因此，我们预测的剩余收益应该是一个高低区间，最后得到的股权价值也是一个区间。

（2）模型优缺点

剩余收益模型给我们提出一个理念，即企业不仅要挣钱，而且要持续不断地挣更多的钱。企业只有所挣的钱超出了股东的期望回报，才能获得价值的增值。剩余收益的计算主要取自资产负债表和利润表的数据，计算过程较为简单，因此投资者可以根据企业的财务报表数据来估算权益价值。

剩余收益模型也存在如下的不足之处。第一，从概念的可理解性来看，剩余收益比现金股利和自由现金流等概念都要复杂，且要求投资者对权责发生制和财务报表的基本原理有一定的理解，提高了投资者运用该模型的门槛。第二，剩余收益模型遗漏了部分股权价值。对于企业发行或回购股票，剩余收益模型认为只要权益资本变动部分的收益率等于权益资本成本，就不会改变股权价值，然而如果股东发行或回购股票的价格与市场价格不同也会影响股东的收益。如发行股票的价格高于市场价格或回购股票价格低于市场价格都能使股东获得额外收益，从而提升股权价值，而这部分价值并没有包括在剩余收益模型之中。第三，剩余收益模型对会计信息质量要求较高。与前两个估值模型不同的是，剩余收益模型的估值基础是利润指标而非现金流指标，而利润指标的主观性较强，人为操纵空间较大，容易出现信息失真的情况，因此该模型需要企业有高质量的信息披露。因此，我们在使用该模型时，也要对企业披露的净利润保持谨慎的态度。

10.5.2 剩余收益模型的应用

接下来，我们仍然以比亚迪为例，采用剩余收益模型估算其权益价值。我们拟估计比亚迪在2022年末的权益价值，预测期为5年，即从2023年至2027年，后续年份为永续期。根据剩余收益模型，需要估算企业的净利润、现金股利、权益账面价值、权益资本成本，以及所适用的增长率。具体的估算顺序如下：

（1）预测净利润

由于我们在前面自由现金流计算时，预测比亚迪未来的净利润相对较低，用剩余收益模型计算出的权益价值与实际相差很大，因此，我们不直接采用前述净利润的预测结果，而是根据实际情况进行合理估计。

考虑到未来新能源汽车领域良好的发展前景，以及比亚迪在当前行业内的市场地位，我们对比亚迪的净利润增长情况进行预测，设定一般增长率为2018—2022年净利润增长率的几何平均值 ×70%，且逐年递减，永续增长率为3%；稳健增长率为2018—2022年增长率的几何平均值 ×50%，且逐年递减，永续增长率也为3%。由此可以得出预期的净利润区间，预测结果见表10-10。

（2）预测权益账面价值

由于企业期末所有者权益的账面价值等于期初所有者权益与本期净利润之和扣除企业发放的现金股利之后的余额，我们只需要知道预测基准日的期末权益账面价值、各预测期的净利润和预测期发放的现金股利，就可以计算出各个预测期的权益账面价值。

根据比亚迪2018—2022年的年报，我们可以得到发放现金股利的数据，见表10－11。可以看出，比亚迪的现金股利支付率最低维持在7%左右，最高维持在18%左右，因此我们把近五年的现金股利和净利润分别加总，然后相除求得现金股利支付率的平均值14.25%，以此作为未来期间现金股利支付率的预测值。用预测的现金股利支付率乘以预测的净利润即可得到预测的现金股利。再据此，我们可以计算比亚迪在预测期的权益账面价值，见表10－12。

（3）预测权益资本成本

根据前面第7章我们计算的比亚迪2018—2022年的权益资本成本，我们对其求算术平均，计算结果为7.36%，以此作为未来预期的权益资本成本。

（4）预测剩余收益

根据上述预测，我们就可以计算比亚迪预测期的剩余收益，等于本期产生的净利润，减去上期的权益账面价值乘以权益资本成本，见表10－13。

（5）估计权益价值和企业价值

参考前面预测净利润时给出的永续增长率，假设剩余收益在永续期的增长率稳定在3%，那么我们可以利用剩余收益模型估计出比亚迪在2022年时的权益价值，再加上负债的账面价值，就可以得到比亚迪在2022年的企业价值，见表10－14。

在一般增长率下，通过剩余收益模型估计的每股价值为432.12元，而在稳健增长率下，估计的每股价值为258.86元，即估计出价值区间为［258.86，432.12］。通过比较2022年末比亚迪的真实股价256.97元，可以看出2022年底的市场价值还是低于我们所估计的价值区间，同样说明即便赋予稳健增长率，我们基于剩余收益模型估计的比亚迪的内在价值也高于市场价值。

表 10–10　　预测比亚迪的净利润

单位：元

项目	2022 年	2023E	2024E	2025E	2026E	2027E	永续期
净利润	17,713,104,000	26,461,960,083	35,611,023,754	44,229,631,970	51,722,775,400	57,856,589,093	
增长率（一般增长）		49.39%	34.57%	24.20%	16.94%	11.86%	3%
净利润	17,713,104,000	22,087,532,041	24,814,900,422	26,346,972,331	27,160,303,344	27,579,522,614	
增长率（稳健增长）		24.70%	12.35%	6.17%	3.09%	1.54%	3%

表 10–11　　比亚迪发放的现金股利（2018—2022 年）

单位：元

项目	2018 年	2019 年	2020 年	2021 年	2022 年	合计
现金股利	556,541,142.40	163,688,571	403,765,143	305,670,000	3,324,525,140	4,754,189,996
净利润	3,556,193,000	2,118,857,000	6,013,963,000	3,967,266,000	17,713,104,000	33,369,383,000
现金股利支付率	15.65%	7.73%	6.71%	7.70%	18.77%	14.25%

表 10-12 预测比亚迪的权益账面价值

单位：元

	项目	2022 年	2023E	2024E	2025E	2026E	2027E
一般增长	权益账面价值	121,389,837,000	144,081,718,807	174,619,182,379	212,547,347,107	256,901,094,995	306,514,762,213
	净利润	17,713,104,000	26,461,960,083	35,611,023,754	44,229,631,970	51,722,775,400	57,856,589,093
	现金股利支付率		14.25%	14.25%	14.25%	14.25%	14.25%
	现金股利		3,770,078,275	5,073,560,182	6,301,467,242	7,369,027,512	8,242,921,875
稳健增长	权益账面价值	121,389,837,000	140,330,522,608	161,610,004,010	184,203,280,556	207,494,011,530	231,144,234,926
	净利润	17,713,104,000	22,087,532,041	24,814,900,422	26,346,972,331	27,160,303,344	27,579,522,614
	现金股利支付率		14.25%	14.25%	14.25%	14.25%	14.25%
	现金股利		3,146,846,433	3,535,419,020	3,753,695,784	3,869,572,370	3,929,299,218

表 10-13 预测比亚迪的剩余收益

单位：元

	项目	2022 年	2023E	2024E	2025E	2026E	2027E
一般增长	净利润	17,713,104,000	26,461,960,083	35,611,023,754	44,229,631,970	51,722,775,400	57,856,589,093
	权益账面价值	121,389,837,000	144,081,718,807	174,619,182,379	212,547,347,107	256,901,094,995	306,514,762,213
	权益资本成本		7.36%	7.36%	7.36%	7.36%	7.36%
	剩余收益		17,533,425,842	25,013,443,334	31,385,942,684	36,089,372,198	38,960,853,834
稳健增长	净利润	17,713,104,000	22,087,532,041	24,814,900,422	26,346,972,331	27,160,303,344	27,579,522,614
	权益账面价值	121,389,837,000	140,330,522,608	161,610,004,010	184,203,280,556	207,494,011,530	231,144,234,926
	权益资本成本		7.36%	7.36%	7.36%	7.36%	7.36%
	剩余收益		13,158,997,801	14,493,230,115	14,460,141,521	13,611,679,025	12,317,805,222

表 10–14 预测比亚迪的权益价值和企业价值

单位：元

	项目	2022年	2023E	2024E	2025E	2026E	2027E	永续期
一般增长	剩余收益		17,533,425,842	25,013,443,334	31,385,942,684	36,089,372,198	38,960,853,834	921,407,882,298
	折现率		1.0736	1.1525	1.2373	1.3283	1.4260	1.4260
	剩余收益现值		16,332,153,976	21,703,353,805	25,366,773,548	27,169,776,552	27,321,962,462	646,152,973,934
	股权价值	885,436,831,278						
	负债账面价值	372,470,809,000						
	企业价值	1,257,907,640,278						
	股本	2,911,000,000						
	每股价值	432.12						
稳健增长	剩余收益		13,158,997,801	14,493,230,115	14,460,141,521	13,611,679,025	12,317,805,222	291,310,936,663
	折现率		1.0736	1.1525	1.2373	1.3283	1.4260	1.4260
	剩余收益现值		12,257,432,187	12,575,305,877	11,686,987,998	10,247,512,081	8,638,070,749	204,286,756,908
	股权价值	381,081,902,800						
	负债账面价值	372,470,809,000						
	企业价值	753,552,711,800						
	股本	2,911,000,000						
	每股价值	258.86						

10.6 构建中国特色的估值体系

截至目前，我们所讲解的基本面分析和价值投资的理论知识，都是基于西方财务学、会计学和金融学所提出来的知识概念。在这一理论体系下，已经形成了一套系统的估值思路。虽然这一理论体系能够作为价值评判标准对企业价值进行评估、测算，并得到相应的估值结果，但这一体系也存在着一些缺陷。

第一，没有考虑不同资本市场发展阶段和投资者的成熟程度。与西方发达资本市场相比，我国资本市场无论在有效程度、资产价格对于信息的反应程度，还是投资者的成熟程度等方面，均存在着一定的差距。优质企业好的信息并不能充分、有效地反映到资产价格中。而且，我国资本市场的投资者主要以散户为主，他们往往并不能公允地评判一家优质企业的质量，正确地评估他们的价值。

第二，没有考虑不同经济体的实体经济特点和发展方向。与西方经济体相比，我国经济结构中国有企业占有较大比重，他们担负着保障国家安全、履行社会责任和增强国家实力等方面的重要职责。国有企业在推动经济发展中具有很强的正外部性，但这一正外部性却并没有有效、公允地反映到其资产价格中，导致国有企业价值往往被低估。因此，我们构建中国特色的估值体系，需要考虑我国经济体的国有企业特征和未来的发展方向，发挥好优质国有企业在资本市场价值风向标中的引领作用，着力提升企业价值创造能力。

第三，基于会计信息的估值思路的价值相关性逐渐降低。目前我们所采用的估值模型均是基于企业的会计、财务数据构建的理论模型，采用这些模型可以计算出一系列所谓的“精准的”价值数据。但是，会计数据和企业价值之间的相关性却在逐渐降低，会计数据衡量的是已有的、历史的信息，而企业价值更多地与未来的、战略的、方向性的信息相关。随着近年来企业数字化转型、社会责任、绿色环保、可持续发展等理念的兴起，会计信息在企业价值中所占比重越来越小。因此，构建中国特色的估值体系，需要将这些非财务、会计方面的因素纳入进来，对已有的估值模型进行优化，甚至创造更为合理的估值模型。

因此，对于我国资本市场而言，构建中国特色的估值体系尤为重要。中国特色的估值体系不仅要体现当前我国资本市场的发展阶段和实体经济的特点，还应该将中国特有的制度环境、人文特色、创新能力等因素纳入进来。我们认为中国特色的估值体系应该具有以下几个方面的特征：

第一，培育投资者的价值投资理念和氛围。价值投资是中长期投资理念的具体体现，但是由于我国资本市场的波动性较大，大量投资者是因为投资“套牢”而被动地选择中长期投资，可以说是不得已的、被动的价值投资者。因此，我们在引导投资者树立价值投资理念的同时，更应该营造价值投资氛围。加强上市公司的信息披露、鼓励上市公司分红，完善上市公司监管，都是营造价值投资氛围的重要手段。另外，还要加强对机构投资者的培育和引导，由散户投资向机构投资转变，培育一批主动的中长期投资者。

第二，优化和提升国有企业的内在价值。国有企业是中国实体经济的主要组成部分，既然价值投资是实业投资理念在资本市场的体现，因此国有企业理应成为价值投资者的重要投资标的。我国国有企业的估值长期较低，普遍低于非国有企业。国有企业承担了保障民生，服务国家战略的重要角色，目前的估值体系尚未充分反映其内在价值。因此，中国特色的估值体系需要将国有企业的保障民生、服务国家战略和国家安全、承担环境和社会责任、解决就业和税收等方面的内容反映到其内在价值中。

第三，体现中国特有的制度环境和人文特色。与西方国家相比，我们无论是在正式的法律、监管制度，还是在非正式的社会规范等方面，均存在着不同之处。这些不同既可能影响到投资者的投资决策，趋于稳健还是趋于冒险，也可能影响到管理层的行为决策，例如战略规划、投融资决策、财务行为等。因此，中国特色的估值体系要将中国制度环境和人文特色中特有的元素纳入进来，并通过构建和创造合适的估值模型，将其反映到企业价值中。我们在讲好中国故事的同时，更要创造中国价值。

第四，提升企业的创新研发能力和科技含量。既然企业价值与未来的、战略的、方向性的信息相关，那些能够增强投资者对企业未来发展趋势进行评估和判断的行为，都可以提升企业价值，其中企业的创新研发能力和科技含量是最能代表未来发展方向的重要信息。因此，构建中国特色的估值体系，需要提升企业的创新研发能力和科技含量，着力打造一批拥有核心竞争力，具有全球影响力的企业。同时，资本市场也应该具有赋予此类企业高估值的价值导向，将拥有核心技术和创新研发能力的优质企业价值体现出来。

核心知识点思维导图

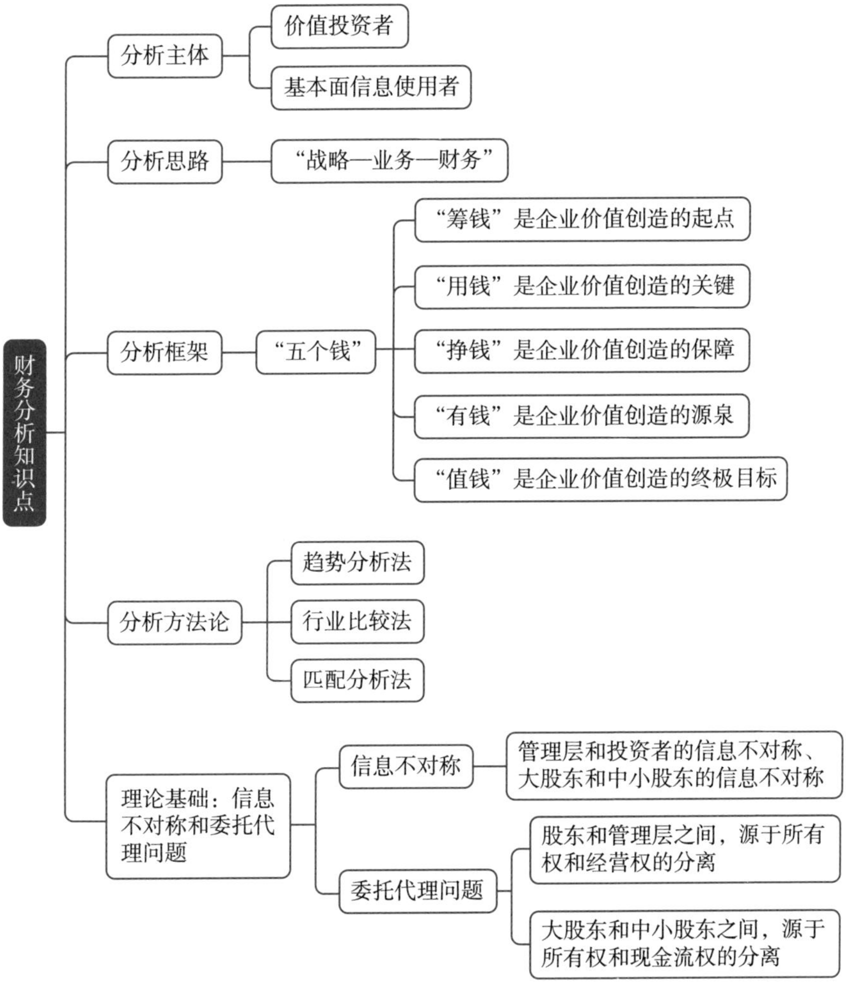
财务分析知识点
分析主体
价值投资者
基本面信息使用者
分析思路
“战略—业务—财务”
分析框架
“五个钱”
“筹钱”是企业价值创造的起点
“用钱”是企业价值创造的关键
“挣钱”是企业价值创造的保障
“有钱”是企业价值创造的源泉
“值钱”是企业价值创造的终极目标
分析方法论
趋势分析法
行业比较法
匹配分析法
理论基础：信息不对称和委托代理问题
信息不对称
管理层和投资者的信息不对称、大股东和中小股东的信息不对称
委托代理问题
股东和管理层之间，源于所有权和经营权的分离
大股东和中小股东之间，源于所有权和现金流权的分离

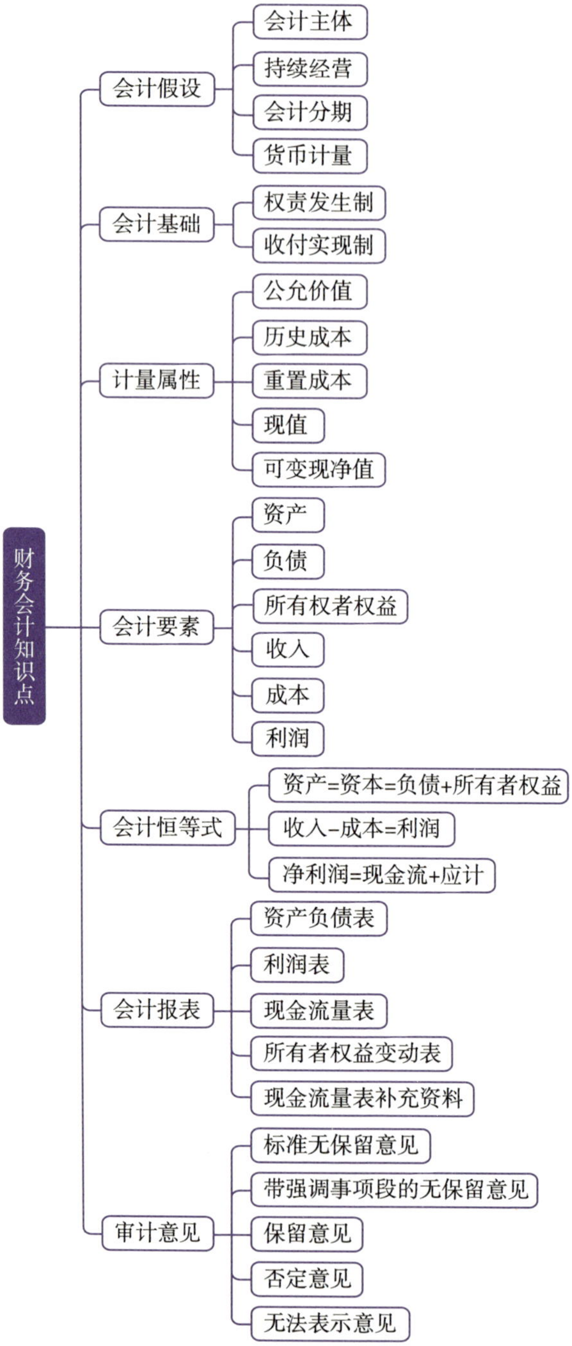
财务会计知识点
会计假设
会计主体
持续经营
会计分期
货币计量
会计基础
权责发生制
收付实现制
计量属性
公允价值
历史成本
重置成本
现值
可变现净值
会计要素
资产
负债
所有权者权益
收入
成本
利润
会计恒等式
资产=资本=负债+所有者权益
收入−成本=利润
净利润=现金流+应计
会计报表
资产负债表
利润表
现金流量表
所有者权益变动表
现金流量表补充资料
审计意见
标准无保留意见
带强调事项段的无保留意见
保留意见
否定意见
无法表示意见

- 财务管理知识点
  - 核心知识
    - 货币时间价值和折现
  - 企业资本的来源
    - 股东
      - 追求资本的增值
    - 债权人
      - 追求资本的保值
  - 八大绝对指标
    - 营业收入、营业成本、净利润、扣非净利润、经营活动产生的现金流量净额、总资产、净资产、总市值
  - 八大相对指标
    - 毛利率、销售净利润、ROA、ROE、资产负债率、总资产周转率、市盈率和市净率
  - 主要的利润指标
    - 毛利润、营业利润、息税前利润、税前利润、净利润、扣非净利润、综合收益
  - 杜邦分析法
    - 净资产收益率=销售净利率×总资产周转率×权益乘数
  - 杠杆效应
    - 经营杠杆是企业由于固定资产经营带来的随着产销量的增加，导致单位固定成本的下降，进而对股东收益的撬动作用
    - 财务杠杆是企业由于负债经营而锁定融资成本，随着产销量的增加对股东收益的撬动作用
    - 总杠杆是经营杠杆和财务杠杆的共同作用，即企业固定资产经营和负债经营带来的对于股东财富的撬动作用
  - 五个层次的匹配
    - 净利润⟷扣非净利润
    - 净利润⟷经营活动产生的现金流量净额
    - 净利润⟷剩余收益
    - 经营活动产生的现金流量净额⟷自由现金流
    - 现金增加值⟷经济增加值
  - “挣钱”和“有钱”的质量分析
    - 可持续率=扣非净利润/净利润
    - 获现率=经营活动产生的现金流量净额/净利润
    - 增值率=剩余收益/净利润
    - 可自由支配率=自由现金流/经营活动产生的现金流量净额

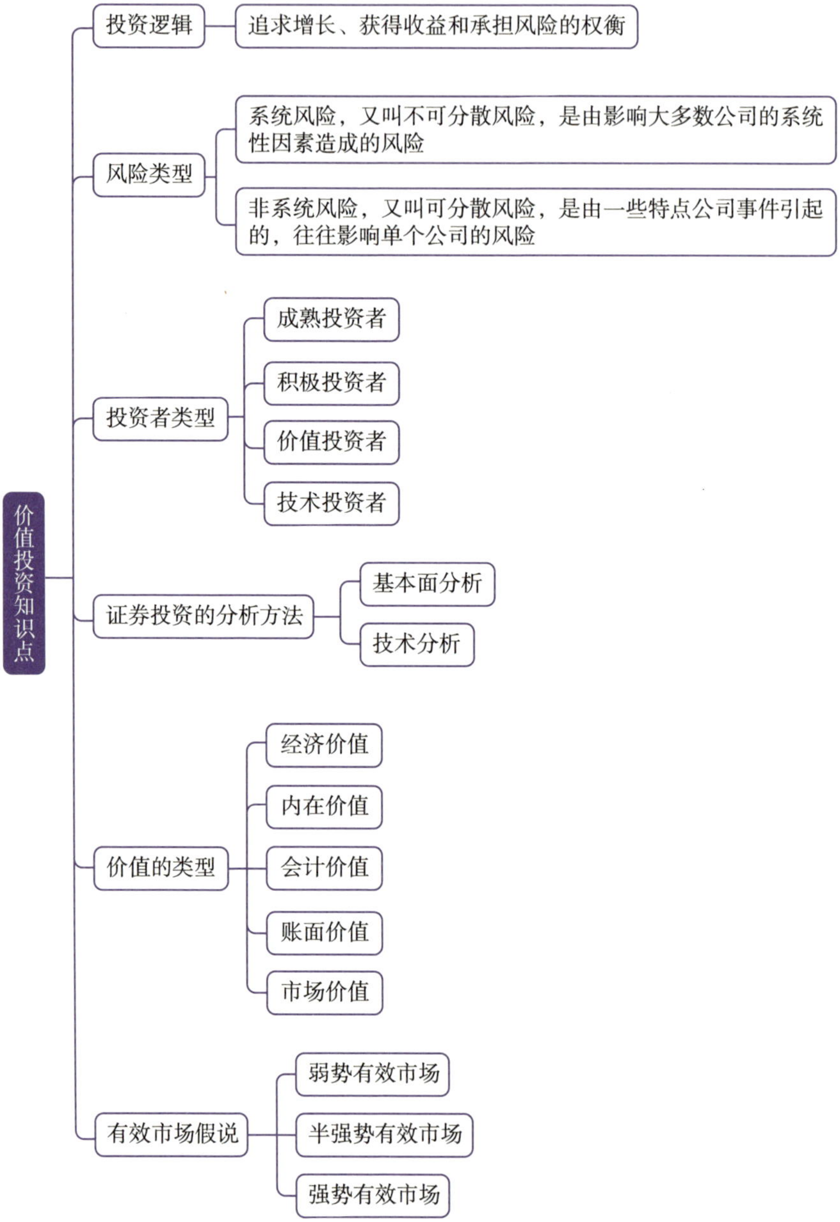
价值投资知识点
投资逻辑
追求增长、获得收益和承担风险的权衡
风险类型
系统风险，又叫不可分散风险，是由影响大多数公司的系统性因素造成的风险
非系统风险，又叫可分散风险，是由一些特点公司事件引起的，往往影响单个公司的风险
投资者类型
成熟投资者
积极投资者
价值投资者
技术投资者
证券投资的分析方法
基本面分析
技术分析
价值的类型
经济价值
内在价值
会计价值
账面价值
市场价值
有效市场假说
弱势有效市场
半强势有效市场
强势有效市场

- 价值评估知识点
  - 估值模型
    - 乘数分析法
    - 股利折现模型
    - 自由现金流折现模型
    - 剩余收益模型
  - 估值原理
    - $V=\dfrac{FCF}{r-g}$
    - 估值就是获得收益FCF、追求增长g和承担风险r三者之间的权衡
  - 乘数因子
    - 市盈率——普通股每股市价与每股收益的比例关系
    - 市净率——普通股每股股价与每股净资产的比率
    - 市销率——普通股每股市价与每股营业收入的比率
  - 定价模型
    - 资本资产定价模型
      - 股票的期望收益率由无风险收益率以及风险溢价组成
      - $R_E=R_F+\beta\times(R_M-R_F)$
    - 套利定价模型——股票的收益率是各种因素综合作用的结果
    - 三因子模型——股票的收益率受到市场收益率、公司规模、公司价值等因素的影响
    - 五因子模型——股票的收益率受到市场收益率、公司规模、公司价值、盈利水平和投资风险等因素的影响

主要参考文献

［1］［美］阿斯沃斯·达摩达兰.故事与估值：商业故事的价值［M］.廖鑫亚，艾红，译.北京：中信出版社，2018.

［2］［美］本杰明·格雷厄姆，［美］贾森·兹威格，［美］沃伦·巴菲特.聪明的投资者［M］.王中华，黄一义，译.北京：人民邮电出版社，2018.

［3］蔡宇欣，万苗苗，吕怀立.债河之舟：恒大激进扩张下的债务危机.全国“百篇”优秀管理案例，2022.

［4］［美］蒂姆·科勒，［荷］马克·戈德哈特，［美］戴维·威赛尔斯.价值评估：公司价值的衡量与管理（第四版）［M］.高建，魏平，朱晓龙，等，译.北京：电子工业出版社，2007.

［5］［美］克莱德·斯蒂克尼，［美］保罗·布朗，［美］詹姆斯·瓦伦.财务呈报、报表分析与公司估值：战略的观点（第6版）［M］.朱国泓，译.北京：中国人民大学出版社，2014.

［6］郭永清.财务报表分析与股票估值（第2版）［M］.北京：机械工业出版社，2022.

［7］姜国华.财务报表分析与证券投资［M］.北京：北京大学出版社，2008.

［8］［英］杰弗里·惠廷顿.价值与利润：财务报告计量导论［M］.乔元芳，译.上海：立信会计出版社，2022.

［9］陆正飞.财务报告与分析（第3版）［M］.北京：北京大学出版版

社，2020.

［10］吕怀立.保荐人：制度创新与功能演进［M］.北京：中国财政经济出版社，2022.

［11］吕怀立，王海婷，吴凯蕾，等.带刺的“玫瑰”：从利润和现金流的匹配关系解密乐视生态.全国“百篇”优秀管理案例，2017.

［12］吕怀立，王海婷.极速过山车：乐视网的信用与价值嬗变之谜.清华经管学院中国工商管理案例中心首届“卓越开发者”案例大奖赛三等奖，2018.

［13］吕怀立，李东阳，于晓宇，等.一半“海水”，一半“火焰”：康得新的存贷双高.全国“百篇”优秀管理案例，2019.

［14］吕怀立，李东阳，陈若曼.一波三折：贸易制裁下的谷底“中兴”之路.中国工商管理国际案例库，2020.

［15］吕怀立，李东阳，陈若曼，等.又双叒叕：木瓜移动的IPO“漂流记”.中国工商管理国际案例库，2021.

［16］吕怀立，祝菡怡，李安，等.技术“鱼塘”比亚迪：现金流缘何逆袭？中国工商管理国际案例库，2023.

［17］［美］马丁·弗里德森，费尔南多·阿尔瓦雷斯.财务报表分析［M］.刘婷 译.北京：中国人民大学出版社，2016.

［18］［美］穆雷·罗斯巴德.人、经济与国家［M］.董子云，李松，杨震，译.杭州：浙江大学出版社.

［19］钱爱民，张新民.财务报表分析（第5版）［M］.北京：中国人民大学出版社，2020.

［20］［美］斯蒂芬·佩因曼.财务报表分析与证券估值（原书第5版）［M］.朱丹，屈腾龙，译.北京：机械工业出版社，2021.

［21］［美］斯蒂芬·佩因曼，林小驰，王立彦.财务报表分析与证券定价（第3版）［M］.北京：北京大学出版社，2013.

［22］［美］斯蒂芬·佩因曼.投资中最重要的事：股票估值与选股策略［M］.戴德明，周华，译.北京：中国人民大学出版社，2015.

［23］［美］斯蒂芬·罗斯，［美］伦道夫·维斯特菲尔德，［美］布拉德福德·乔丹.公司理财（精要版，原书第12版）［M］.崔方南，谭跃，周卉，译.北京：机械工业出版社，2021.

［24］［法］托马斯·皮凯蒂.21世纪资本论［M］.巴曙松，等，译.北京：中信出版社，2014.

［25］王化成，支晓强，王建英.财务报表分析（第2版）［M］.北京：中国人民大学出版社，2019.

［26］吴世农，吴育辉.CEO财务分析与决策（第2版）［M］.北京：北京大学出版社，2013.

［27］［英］亚当·斯密.国富论［M］.冉明志，译.北京：台海出版社，2016.

［28］张然，汪荣飞.基本面量化投资（第2版）［M］.北京：北京大学出版社，2022.

［29］张新民.从报表看企业：数字背后的秘密（第4版）［M］.北京：中国人民大学出版社，2021.

［30］张新民.中小企业财务报表分析［M］.北京：中国人民大学出版社，2020.